Christoph Heusgen
Führung und Verantwortung

CHRISTOPH HEUSGEN

FÜHRUNG UND VERANTWORTUNG

Angela Merkels Außenpolitik
und Deutschlands künftige Rolle
in der Welt

Siedler

Sollte diese Publikation Links auf Webseiten Dritter enthalten, so übernehmen wir für deren Inhalte keine Haftung, da wir uns diese nicht zu eigen machen, sondern lediglich auf deren Stand zum Zeitpunkt der Erstveröffentlichung verweisen.

Penguin Random House Verlagsgruppe FSC® N001967

Erste Auflage 2023
Copyright © 2023 by Siedler Verlag, München,
in der Verlagsgruppe Penguin Random House GmbH,
Neumarkter Straße 28, 81673 München
Redaktion: Fabian Bergmann
Umschlaggestaltung: Büro Jorge Schmidt, München
Satz: KCFG – Medienagentur, Neuss
Druck und Bindung: GGP Media GmbH, Pößneck
Printed in Germany
ISBN 978-3-8275-0169-1

www.siedler-verlag.de

Vorwort

»Good riddance« – »Ein Glück, dass wir den los sind!«. Das waren die Worte des chinesischen Botschafters, nachdem ich am 22. Dezember 2020 meine Abschiedsrede im Sicherheitsrat der Vereinten Nationen gehalten hatte. Nach zwei Jahren schied Deutschland turnusgemäß aus diesem wichtigsten UNO-Gremium aus.

Ich hatte daran erinnert, wofür sich Deutschland engagiert: für die Charta der Vereinten Nationen, für das Völkerrecht und den Schutz der Menschenrechte. Deutschland werde nicht aufhören, sich für verfolgte Minderheiten einzusetzen, seien es die Jesiden, die Uiguren oder die Rohingya. Und dann appellierte ich an den chinesischen Botschafter, die beiden kanadischen Männer freizulassen, die von der chinesischen Regierung der Spionage bezichtigt und als Geiseln festgesetzt worden waren. Dem russischen Botschafter hielt ich die Bombardierung von Krankenhäusern in Syrien vor, die Vergiftung des Oppositionsführers Nawalny und die Verunglimpfung der humanitären Helfer »White Helmets«. Auch der ließ das nicht auf sich sitzen und prophezeite, dass Deutschland wegen meines ungebührlichen Verhaltens nicht mehr in den Sicherheitsrat gewählt werden würde.

Ich nahm es gelassen, denn ich hatte in den beiden Jahren im Sicherheitsrat schon öfter erlebt, dass deutliche Worte zwar Ärger einbrachten, aber auch Respekt. Von allen Kontinenten kamen regelmäßig Aufmunterungen, mit den klaren Ansagen weiterzumachen. Als viertstärkste Wirtschaftsnation sei Deutschland vielleicht das einzige Land, das sich es leisten könne, Russland oder China unter Druck zu setzen. Wegen seines internationalen

Engagements, als zweitgrößter Geber von Entwicklungsunterstützung und zweitgrößter Beitragszahler zum UNO-System, genieße Deutschland hohes Ansehen. Nicht zuletzt hatte Angela Merkel durch ihr stets ausgleichendes und lösungsorientiertes Auftreten Deutschlands internationalen Ruf gemehrt.

So verließ ich New York nach einundvierzig Jahren im Dienste der deutschen Diplomatie mit der Überzeugung, dass unser Land, wenn es 2026 wieder für einen Sitz im Sicherheitsrat kandidiert, auch tatsächlich gewählt werden wird. Der russische Botschafter würde nicht recht behalten.

Zugleich war mir bei meinem Abschied aus New York klar, dass die Bundesregierung künftig eine sehr viel aktivere Außenpolitik würde betreiben müssen. Spätestens mit dem Amtsantritt des irrlichternden US-Präsidenten Donald Trump war deutlich geworden, dass Deutschland seine historisch begründete Zurückhaltung aufgeben und mehr Führung und Verantwortung übernehmen musste. Die USA, während vieler Jahrzehnte westliche Führungsmacht und Garant unserer Sicherheit, war unberechenbarer geworden. Auch wenn Präsident Biden wieder als der gewohnt verlässliche transatlantische Partner auftrat, wurde deutlich, dass die USA sich vermehrt ihren großen Herausforderungen zu Hause widmen mussten und sich außenpolitisch in erster Linie auf den immer selbstbewusster auftretenden Rivalen China konzentrieren würden.

Und so richten sich die Augen der Welt zunehmend auf das bevölkerungsreichste und wirtschaftsstärkste Land in Europa. Der Krieg Russlands gegen die Ukraine machte es dann überdeutlich. Deutschland rückte, ob es wollte oder nicht, in den Mittelpunkt. Energieversorgung Europas, Sanktionsverhängung gegen Russland, Waffenlieferungen an die Ukraine: Alles hängt auch von Deutschland ab. Die Bundesregierung wirkte dabei oft wie getrieben, nicht vorangehend. Sie muss noch lernen, die vom Bundeskanzler verkündete Zeitenwende konsequent umzusetzen, muss sich bewusst werden, dass Führung und Verantwortung nicht heißen kann, immer nur als Letzter das Richtige zu tun.

Die Welt hat sich in den letzten zwanzig Jahren grundlegend verändert. Die USA wurden unberechenbarer, Russland aggressiver, China stärker. Bundeskanzlerin Angela Merkel hat Deutschland durch viele Stürme gesteuert, hat mit ihrer ruhigen, berechenbaren, auf Kompromisse bedachten Art ihren Ruf und Deutschlands Ansehen gestärkt. Sie legte die Grundlage für die Übernahme von mehr Führung und Verantwortung durch unser Land.

Ich hatte das Privileg, zwölf Jahre als ihr Berater die Außenpolitik der Bundeskanzlerin zu begleiten. Sie war – dem Wesen der Kanzlerin entsprechend – systematisch angelegt. Emotional den USA am nächsten stehend, wusste sie, dass Deutschland immer den Schulterschluss mit Frankreich suchen musste, nur so konnte das europäische Einigungswerk fortgesetzt werden. Die NATO blieb die deutsche Rückversicherung. Mit dem stärker werdenden China galt es die Beziehungen zu intensivieren. Russland musste eingehegt werden.

Im Laufe ihrer Amtszeit richtete sich ihr Blick dann vermehrt auf die Nachbarschaft der EU: den Balkan, den Nahen Osten – mit dem Sonderverhältnis zu Israel – und Afrika. Ich zeichne in diesem Buch die großen Linien dieser Politik nach und führe den Leser an die wichtigsten außenpolitischen Stationen der letzten Jahre.

Zugleich weist mein Buch aber in die Zukunft. Es legt dar, wie auf der von der ehemaligen Bundeskanzlerin geschaffenen Grundlage sich die deutsche Außenpolitik weiterentwickeln und verändern sollte, um die vor uns liegenden Herausforderungen zu bewältigen. Mein Buch zeigt auf, wie die von den Bundespräsidenten Gauck und Steinmeier jeweils auf der Münchner Sicherheitskonferenz eingeforderte Übernahme von mehr Führung und Verantwortung in die Tat umgesetzt werden kann.

Inhalt

Vorwort 7

1. Kapitel
Der Anruf 11

2. Kapitel
Frankreich, unser wichtigster Partner in Europa 23

3. Kapitel
Die Europäische Union: »… zu unserem Glück vereint« 43

4. Kapitel
Die NATO: Deutschlands Lebensversicherung 63

5. Kapitel
Unsere europäische Nachbarschaft 77

6. Kapitel
Das Mittelmeer, Israel und die besondere deutsche Verantwortung 103

7. Kapitel
Die USA, unser wichtigster Verbündeter – auch in Zukunft? 137

8. Kapitel
Russland: Von der Partnerschaft zum Zivilisationsbruch *171*

9. Kapitel
China: Der Umgang mit der neuen Weltmacht *199*

10. Kapitel
Die globale Verantwortung Deutschlands:
Afrika, Lateinamerika, Asien *221*

Ausblick *231*

Dank *239*

Anhang *241*

Personenregister *243*

1. Kapitel

Der Anruf

Nach der knapp verlorenen Bundestagswahl 2005 musste sich die SPD mit der Rolle als Juniorpartner in einer großen Koalition begnügen. Anfang November stand der Inhalt des Koalitionsvertrags, verhandelt wurden noch die Zuschnitte der Ressorts und die Vergabe der Ministerämter. Zugleich wurden auch weitere Posten in der kommenden Bundesregierung besetzt. Peter Hintze, damals Vorsitzender der NRW-Landesgruppe und langjähriger politischer Weggefährte Angela Merkels, der in der CDU vor und hinter den Kulissen Europa- und Personalpolitik betrieb, hatte mich der zukünftigen Kanzlerin für den Posten des außen- und sicherheitspolitischen Beraters empfohlen.

Bisher war ich in Brüssel tätig, als Leiter des Politischen Stabs von Javier Solana, damals Hoher Vertreter für die Gemeinsame Außen- und Sicherheitspolitik der EU. Die neue Rolle als außenpolitischer Berater war für mich besonders reizvoll, denn dieser beschränkt sich keineswegs nur auf die Beratung, er stimmt vielmehr die außenpolitische Linie der Bundesregierung mit den Ministerien ab, vor allem mit dem Auswärtigen Amt, dem Verteidigungs- und dem Entwicklungsministerium. In »seiner« Abteilung 2 des Bundeskanzleramtes unterstützen ihn dabei etwa vierzig Mitarbeiter.

Auf Peter Hintzes Empfehlung also lud mich Angela Merkel Ende Oktober zu einem Kennenlerngespräch nach Berlin ein. Ich begegnete ihr zum ersten Mal. Und sie beeindruckte mich rasch durch ihre »Normalität«. Wie auch später als Bundeskanzlerin ließ sie es sich nicht nehmen, den Kaffee selbst einzuschenken, nur in großen Runden überließ sie es anderen. Überhaupt hatte sie nichts Überhebliches, Einschüchterndes an sich und machte es mir leicht, sofort zur Sache zu kommen. Eine Stunde saßen wir in ihrem Büro zusammen, und das Gespräch wurde zu einer außenpolitischen Tour d'Horizon: Es ging um aktuelle Krisen, die Beziehungen zu den Nachbarn, den Umgang mit der Türkei, den USA und Russland, auch um europäische Außenpolitik. Dabei spürte ich ihr aufrichtiges Interesse an meinen Ausführungen, sie hatte keine festen, vorgefertigten Meinungen, sondern zeigte – da schien die Wissenschaftlerin auf – eine ehrliche Bereitschaft, eigene Ansichten zu hinterfragen. Eine Eigenschaft, die man eigentlich allen Politikern wünscht.

Am Ende dann die Überraschung: Merkel sagte, sie könne mich gar nicht einstellen, dies obliege dem künftigen Chef des Bundeskanzleramts, Thomas de Maizière. So machte ich mich ein paar Tage später nach Dresden auf, um dort den damaligen sächsischen Innenminister zu treffen. War das Gespräch mit der Bundeskanzlerin eine Art außenpolitischer Meinungsaustausch, fühlte ich mich bei Thomas de Maizière wie im Examen. Es ging um Verfahren und Abläufe, Beziehungen zu den Ressorts, Zuschnitte im Kanzleramt. De Maizière spielte mit dem Gedanken, die Position des außenpolitischen Beraters im Kanzleramt dem Amt des Nationalen Sicherheitsberaters, wie die USA es praktizieren, anzugleichen und mir auch die für die Nachrichtendienste zuständige Abteilung zu unterstellen. Zu meiner Erleichterung setzte er das nie in die Realität um, denn von der Menge der Aufgaben wäre dies zu viel geworden, jedenfalls so lange, wie Deutschland nicht dem amerikanischen Beispiel folgt und einen Nationalen Sicherheitsrat schafft mit Strukturen, die es einer Person erlauben, die Aufgabenfülle zu bewältigen. Grundsätzlich befürworte ich allerdings die Einrichtung eines solchen Rates – dazu später mehr.

Nach den beiden Gesprächen damals war zumindest klar: Ich würde mit dem Amtsantritt der neuen Bundeskanzlerin ihr außenpolitischer Berater werden. Ein Lebenstraum ging in Erfüllung. Zumal ich meine Vorgänger teilweise aus der Nähe hatte beobachten können und fasziniert war von den Möglichkeiten, die sich für einen Kanzlerberater eröffneten: Einfluss auf die Gestaltung der Außenpolitik zu nehmen, an den wichtigsten außenpolitischen Ereignissen teilzuhaben und die prominentesten Politiker der Welt kennenzulernen. Das Gewicht in der außenpolitischen Entscheidungsfindung hatte sich zudem in den letzten Jahren immer mehr von den Außenministerien in die Ämter der Regierungschefs verlagert, sodass für mich die Position des außenpolitischen Beraters der attraktivste für einen deutschen Diplomaten war, attraktiver als die des Staatssekretärs im Auswärtigen Amt, das zwar besser dotiert war, aber letztlich weniger einflussreich und vor allem mit noch mehr Verwaltungsarbeit verbunden. Zwölf Jahre sollte ich diese Position innehaben, so lange wie keiner meiner Vorgänger. Sie hat mich für immer geprägt.

Anfang November 2005 rief mich Angela Merkel in Brüssel an. Ich solle mir Gedanken über die Antrittsreise am ersten Tag ihrer Kanzlerschaft machen. Ein Besuch in Frankreich, so Merkel, verstehe sich von selbst. Schon ihre Vorgänger hätten die Freundschaft zwischen Frankreich und Deutschland auf diese Weise gewürdigt. Aber welches zusätzliche Signal würde sie mit der ersten Reise setzen können? Antrittsreisen erfahren stets eine besondere Aufmerksamkeit, geben sie doch einen Hinweis darauf, welche außenpolitischen Schwerpunkte in der Amtszeit gesetzt werden sollen. Diese Chance wollte Angela Merkel unbedingt nutzen.

Bald darauf erläuterte ich ihr am Telefon, wo aus meiner Sicht die Schwerpunkte deutscher Außenpolitik liegen sollten, die man jeweils durch einen Besuch hervorheben könnte. Erste Station Paris! Die enge Beziehung zu Frankreich gehört zur Staatsraison, ohne die deutsch-französische Zusammenarbeit geht in

Europa nichts voran. Und für die Zukunft Deutschlands ist eine erfolgreiche Europäische Union entscheidend. Deswegen solle die zweite Station Brüssel sein, zugleich Sitz der NATO, die transatlantische sicherheitspolitische Rückversicherung Deutschlands. Die Ostpolitik ist ebenfalls ein – wenn auch lange Zeit umstrittenes – Standbein deutscher Außenpolitik. Nach der gelungenen Versöhnung mit Frankreich galt es deshalb, das Verhältnis mit unserem zweiten großen Nachbarn – Polen – auf ein vergleichbares Niveau zu heben. Warschau, so schlug ich vor, solle deshalb dritte Station ihrer Antrittsreise sein.

Ich hielt kurz inne, und fragte Angela Merkel, ob sie noch am Apparat sei. Sie erwiderte, ich solle nur weiterreden. Ich war überrascht. Hatte ich doch in meiner Diplomatenlaufbahn schon mit einigen Spitzenpolitikern eng zusammengearbeitet, etwa mit Rainer Barzel als deutsch-französischem Koordinator, mit Außenminister Klaus Kinkel oder mit Javier Solana – keiner von ihnen besaß eine ausgeprägte Neigung zum längeren Zuhören. Als Berater musste man bei ihnen schnell zum Punkt kommen, wichtige Nebenaspekte wurden dabei oft ausgelassen. Angela Merkel war anders, das war offensichtlich. Sie war ganz die Wissenschaftlerin, die auch den Ursprung eines Problems verstehen wollte, um es langfristig zu lösen. Ihre Bereitschaft zum Zuhören, ihr Abwägen verschiedener Alternativen, der Wille, auch komplizierte Sachverhalte zu durchdringen, so scheint es mir im Rückblick, waren bei ihr eine wichtige Voraussetzung dafür, strategisch richtige politische Entscheidungen zu treffen – auch wenn die Kanzlerin im Verlauf ihrer Kanzlerschaft immer wieder für ihr langes Abwägen kritisiert wurde.

So fuhr ich fort, dass auch Besuche in Washington, Jerusalem, Moskau und Peking bedeutsam wären, aber jeweils einer längeren Vorbereitung bedürften und nicht in den ersten Tagen der neuen Regierung zu bewerkstelligen seien. Sie teilte meine Überlegungen und zeigte sich zuversichtlich, alle drei Stationen sogar an einem Tag absolvieren zu können: am Morgen nach Frankreich zu Präsident Jacques Chirac in den Élysée-Palast, mittags nach Brüssel zur EU (wo sie Kommissionspräsident Barroso, Ratspräsident van Rompuy und den Präsidenten des Europäischen Parlaments Borrell treffen würde) und zur NATO (in Person des Generalsekretärs Jaap de Hoop Scheffer), und dann noch abends nach Warschau, zum Antrittsbesuch bei Premierminister Marcinkiewicz.

Der Tag der Amtseinführung der neuen Bundeskanzlerin rückte näher. Ich war gerade dabei, mein Büro in Brüssel auszuräumen, als mich Petra Pinzler, eine Journalistin der *Zeit*, anrief: Sie wolle ein Porträt über mich schreiben, ob ich ihr einige Fragen beantworten könne. Da ich seit sechs Jahren aus Berlin weg war, konnte ein publizistischer Hinweis auf den neuen außenpolitischen Berater ja nicht schaden und meinen Einstieg in Berlin sogar erleichtern. So stimmte ich zu. Nach einem längeren Telefonat gab ich einige Zitate zur Veröffentlichung frei und widmete mich wieder dem Umzug.

Das Porträt erschien am 17. November. Als ich morgens die *Zeit* aufschlug, traute ich meinen Augen nicht: »Merkels Welt-Erklärer«, das war die Schlagzeile über einem fast ganzseitigen Artikel auf Seite 3. Ich schluckte. Der Artikel suggerierte, dass der außenpolitisch vermeintlich unerfahrenen künftigen Bundeskanzlerin nun ein Mann zur Seite stehe, der ihr »die Welt erklären« müsste. So verstand ich meine neue Rolle wahrlich nicht, zumal Angela Merkel außenpolitisch alles andere als unerfahren war. Sie hatte sich etwa durch den Vorschlag einer privilegierten Partnerschaft mit der Türkei profiliert. Und in Brüssel hatte sie mit einer diplomatischen Meisterleistung Aufsehen erregt, die dem portugiesischen Ministerpräsidenten José Manuel Barroso gegen den ursprünglichen Willen von Jacques Chirac und Gerhard Schröder in das Amt des EU-Kommissionspräsidenten verholfen hatte.

Wenig später klingelte das Telefon, am anderen Ende der Leitung war Angela Merkel. Leicht amüsiert fragte sie mich, ob ich denn vorhabe, nun regelmäßig Interviews zu geben. Zerknirscht verneinte ich. Sie zeigte ein gewisses Verständnis für meine Entscheidung, mich den Fragen der *Zeit*-Journalistin gestellt zu haben. Als Leiter des politischen Stabes von Javier Solana sei es schließlich meine Aufgabe gewesen, der europäischen Außenpolitik eine größere Aufmerksamkeit zu verschaffen. Was aber das Bundeskanzleramt betreffe, so bräuchte ich mich um mangelnde Aufmerksamkeit nicht zu sorgen. Umso mehr seien daher Diskretion und Verschwiegenheit die Voraussetzung für eine erfolgreiche Arbeit.

Das nahm ich mir zu Herzen: In den folgenden zwölf Jahren meiner Tätigkeit als außenpolitischer Berater habe ich kein einziges weiteres Interview gegeben. Dafür führte ich unzählige Hintergrundgespräche mit in- und ausländischen Journalisten, um die Merkel'sche Außenpolitik zu erklären. Anders als die meisten Politiker, für die Pressegespräche und -konferenzen, Pressemitteilungen und Interviews einen Kernbereich der Arbeit darstellen, empfand Angela Merkel Pressekontakte als ein notwendiges Übel. Ihre beiden langjährigen Sprecher Ulrich Wilhelm und Steffen Seibert mussten stets größte Überzeugungskraft aufbringen, um sie für die Pressearbeit zu gewinnen. Das Handwerk des Zuspitzens, des Dramatisierens, der Hervorhebung von vermeintlichen Nebensächlichkeiten oder das Auslassen von Aspekten, die aus ihrer Sicht für einen Sachverhalt bedeutsam waren, behagte ihr nicht. War sie allerdings einmal in Fahrt, bereitete ihr die Pressearbeit sichtbar Vergnügen. Ihre jährliche Sommerpressekonferenz mit den Berliner Journalisten wurde Legende: witzig, hintergründig, versetzt mit kleinen Spitzen erklärte sie ihre Politik. Direkte Zitate zu außenpolitischen Fragen gab es nur von ihr und vom Regierungssprecher und dem stellvertretenden Regierungssprecher. Die Abteilungsleiter sollten im Hintergrund erklären. Diese Linie hat sie in ihren sechzehn Jahren als Bundeskanzlerin strikt durchgehalten.

Am 21. November 2005, dem Vortag von Merkels Vereidigung, traf ich, aus Brüssel kommend, am Flughafen Tempelhof ein. Rasch führte ich mit meinem Vorgänger Bernd Mützelburg, dem Berater Gerhard Schröders, ein sehr freundschaftliches Übergabegespräch. Überhaupt verlief der Übergang von Schröder auf Merkel denkbar harmonisch. Damit wurde nach innen und außen Kontinuität, Verlässlichkeit und Berechenbarkeit demonstriert. 2021, zum Ende ihrer Amtszeit, legte Angela Merkel übrigens ebenso großen Wert auf eine reibungslose Übergabe der Amtsgeschäfte an ihren Nachfolger Olaf Scholz.

Am 22. November 2005 wurde Angela Merkel vom Deutschen Bundestag als erste Frau zur deutschen Bundeskanzlerin gewählt und vereidigt. Nach der Übergabe der Ernennungsurkunde durch Bundespräsident Horst Köhler fand die erste Sitzung des Bundeskabinetts statt. Diese war Fixpunkt jeder Woche, jeweils mittwochs um 9.30 Uhr. Alles andere drehte sich um diesen festen Termin. Auslandsreisen mussten spätestens am frühen Mittwochmorgen enden, sie durften nie vor Mittwochmittag beginnen. Für Merkel waren die Kabinettssitzungen Dreh- und Angelpunkt der vier Koalitionsregierungen, die sie erfolgreich leitete. Sie legte Wert darauf, dass möglichst alle Bundesministerinnen und -minister teilnahmen. Mit den Kabinettssitzungen sollten vor allem in schwierigen Zeiten das Auseinanderdriften der Koalitionspartner verhindert und die Gemeinsamkeiten beschworen werden. An den Kabinettssitzungen nahmen in der zweiten Reihe auch die engsten Berater der Kanzlerin teil. So konnte auch ich die Diskussionen im Kabinett mitverfolgen und anschließend bei der Umsetzung der Beschlüsse gut informiert mitwirken. Gelegentlich wurde uns Beratern sogar das Wort erteilt. Während die Entscheidungen des Kabinetts sorgsam vorbereitet waren und letztlich nur noch formell verabschiedet wurden, dienten die Kabinettssitzungen auch dazu, Gespräche am Rande zu ermöglichen. Zur Routine gehörten fortan auch die regelmäßigen kurzen Begegnungen der Kanzlerin mit dem Vizekanzler unmittelbar vor dem Beginn der Sitzung. Inhalt dieser Vieraugengespräche waren in der Regel innerhalb der Koalition umstrittene Themen, oft dann auch außenpolitische Themen, wenn der Vizekanzler zugleich Außenminister war.

Waren die Tage nach der Bundestagswahl gefühlt sehr langsam und zäh verlaufen – Sondierungsgespräche, Koalitionsverhandlungen, Regierungsbildung –, so hatte sich die Zeit danach beschleunigt: Ende meiner Tätigkeit als Leiter des politischen Stabs des EU-Außenbeauftragten Solana, Abschied von Brüssel, Ankunft in Berlin, Übergabe der Geschäfte durch meinen Vorgänger Bernd Mützelburg. Ich war am Ziel angekommen, Berater der Bundeskanzlerin, ein Amt, das beispielsweise Horst Teltschik innehatte, der Helmut Kohl maßgeblich zur Seite stand, als dieser die deutsche Wiedervereinigung orchestrierte.

Ich hatte großen Respekt vor der Aufgabe, die viel Verantwortung mit sich brachte. Als unmittelbarer Berater musste der Rat gut fundiert sein. Dies hieß, ich musste gut informiert sein über außenpolitisch relevante Ereignisse, die Hintergründe und die Interessen aller relevanten Akteure. Allein war das unmöglich zu schaffen, weswegen ich in der Folge großen Wert auf die Zusammensetzung meines Teams legte. Fachwissen, Loyalität, Kollegialität und eine gewisse Leichtigkeit waren mir wichtig, um eine harmonische Arbeitsatmosphäre zu schaffen. Mit diesem Team, meinen eigenen Erfahrungen und meinem Netzwerk von Kontakten sollte die Arbeit zu schaffen sein. Ich freute mich darauf!

Wie war die internationale Lage, als ich mein Amt antrat? Im Rückblick erscheint das Jahr 2005 außenpolitisch eher ruhig, denn im Vergleich mit den späteren Herausforderungen, mit denen Angela Merkel konfrontiert war – Weltfinanzkrise, Flüchtlingsströme, militärische Aggressionen Russlands, Pandemie –, herrschte so etwas wie Normalität. Aber natürlich gab es auch einige Aufreger. So hatte Kanzler Gerhard Schröder die vergleichsweise miserable Wirtschaftslage zum Anlass genommen, die Agenda 2010 durchzusetzen. Das außergewöhnliche Reformwerk drehte tatsächlich die Wirtschaftsentwicklung in Deutschland ins Positive. Angela Merkel als Bundeskanzlerin profitierte später davon – was sie auch immer eingeräumt hat. Allerdings setzten der Wirtschaftsaufschwung und die Wende am Arbeitsmarkt nicht sofort ein, und nach herber Kritik aus der eigenen Partei und den verlorenen Landtagswahlen in Nordrhein-Westfalen im Mai zog Gerhard Schröder die Konsequenz und kündigte für September Neuwahlen zum Deutschen Bundestag an. Hätte er seinerzeit den Druck ausgehalten und bis zum ordentlichen Wahltermin in 2006 gewartet, als positive Ergebnisse der Reformen spürbar wurden, wer weiß, ob die Regierung Schröder/Fischer nicht ein weiteres Mandat gewonnen hätte.

Einen großen Aufreger gab es auch in der Europäischen Union: Volksabstimmungen sowohl in Frankreich als auch in den Niederlanden gingen verloren; die Bevölkerung in beiden Ländern lehnte den EU-Verfassungsvertrag ab, ein herber Rückschlag für das europäische Einigungswerk. In mühsamer Kleinarbeit mussten in den nächsten Jahren die Scherben wieder aufgekehrt werden.

Die EU-Kommission wurde seit 2004 von José Manuel Barroso geleitet – der konservative portugiesische Politiker verdankte seine Wahl jener bereits erwähnten taktischen Meisterleistung der seinerzeitigen Oppositionsführerin Angela Merkel, die die EVP-Regierungschefs gegen den von Präsident Chirac und Bundeskanzler Schröder unterstützten liberalen Belgier Guy Verhofstadt in Stellung gebracht hatte. Chirac, Schröder und Verhofstadt hatten zu den stärksten Kritikern der US-Invasion im Irak gehört. Mit der Wahl Barrosos wollten die EVP-Regierungschefs ihrerseits Stärke demonstrieren, aber auch in Richtung USA sollte ein Signal der Versöhnung gesandt werden. Um den im Ergebnis unterlegenen Staats- und Regierungschefs eine Gesichtswahrung zu ermöglichen, boten Merkel und ihre EVP-Mitstreiter den britischen EU-Kommissar Chris Patten als Gegenkandidaten zu Verhofstadt auf. Beide (aussichtslosen) Kandidaten wurden dann zurückgezogen und Barroso schließlich zum Kommissionspräsidenten gewählt.

In den USA trat George W. Bush 2005 seine zweite Amtszeit an. Die transatlantische Krise, die sich aus der US-Invasion im Irak im Jahre 2003 entwickelt hatte, war zwar im Abklingen, allerdings sollte der für den Irakkrieg mitverantwortliche Verteidigungsminister Donald Rumsfeld erst 2006 abtreten.

In Russland konsolidierte 2005 Präsident Putin weiter seine Macht und den Einfluss des Kremls. Die Gouverneure und Republikpräsidenten wurden nun nicht mehr direkt gewählt, das Parteiengesetz so verschärft, dass ohne Billigung des Kremls in der Praxis keine neue parlamentarische Kraft entstehen konnte. Auch das Herausdrängen ausländischer Eigentümer im Rohstoffsektor und die Übernahme durch der Präsidialadministration nahestehenden (künftigen) Oligarchen stärkte die Machtvertikale. Putin setzte verstärkt auf Patriotismus und Nationalismus.

In China präsidierte Hu Jintao, der mit ruhiger Hand regierte, sich der kollektiven Entscheidungsfindung verpflichtet fühlte und die wirtschaftliche und soziale Entwicklung seines Landes weiter voranbrachte. Außenpolitisch wenig polarisierend, setzte er im Innern auf eine »harmonische Gesellschaft«, was in der Praxis nichts Gutes für Dissidenten und Minderheiten bedeutete.

Einen Hoffnungsschimmer gab es im Nahen Osten. Nach dem Tod Jassir Arafats Ende 2004 trat Mahmud Abbas sein Amt als Präsident der Palästinensischen Autonomiebehörde an und vereinbarte mit dem israelischen Ministerpräsidenten Ariel Sharon einen Waffenstillstand. Sharon hatte, gegen erheblichen Widerstand seiner eigenen Partei, den politischen Mut zu einem einseitigen Rückzug der israelischen Siedler aus dem Gazastreifen. Im Iran zogen dagegen dunklere Wolken auf: Mit der Wahl von Mahmud Ahmadinedschad im August 2005 verschärfte sich der Konflikt um das iranische Atomprogramm. Beim Nachbarn Afghanistan fanden ebenfalls Wahlen statt, die ersten seit 1988.

Sie stellten den Abschluss der 2001 auf dem Bonner Petersberg begonnenen Übergangsphase dar.

Der Vergleich der internationalen Lage 2005 mit jener von Anfang 2023 zeigt, dass die Zeiten heute sehr viel unruhiger und kritischer sind. 2005 war die Europäische Sicherheitsordnung noch intakt, zwischen den Weltmächten USA, Russland und China herrschte zwar keine Freundschaft, aber sie gingen respektvoll miteinander um. Heute sind die Herausforderungen ganz andere: Russland hat die europäische Friedensordnung aufgekündigt und einen völkerrechtswidrigen Angriffskrieg mitten in Europa losgetreten. Die Europäische Union, gebeutelt von Finanzkrise, Migrationswellen, der Corona-Pandemie und einer gefährlichen Energieknappheit, hat Probleme, die internen Zentrifugalkräfte zu bändigen und im schärfer werdenden Wettbewerb der Großmächte USA und China ihre Interessen zu verteidigen.

Deutschland steht vor großen Herausforderungen, bei deren Bewältigung wir auf dem aufbauen können, was Angela Merkel in den letzten anderthalb Jahrzehnten auf die Beine gestellt hat. Es begann im November 2005, als die frisch gewählte Bundeskanzlerin zu ihrer Antrittsreise aufbrach.

2. Kapitel

Frankreich, unser wichtigster Partner in Europa

Am frühen Morgen des 23. November 2005 hob die Regierungsmaschine vom Flughafen Tegel zur ersten Auslandsreise der neuen Bundeskanzlerin ab. Im Laufe der nächsten sechzehn Jahre wurden Hunderte, ja an die tausend solcher Flugreisen akribisch vorbereitet, Zeiten, Abläufe, Teilnehmer und Sitzordnungen im Vorfeld genau festgelegt. Die wissenschaftliche Präzision Angela Merkels drückt sich auch in den Reiseplanungen aus. Sie hasste Unpünktlichkeit. Ein Traum für das Protokoll, der sich aber auch als Albtraum entpuppen kann: Was, wenn der Gast oder der Gastgeber nicht die gleiche Disziplin an den Tag legt? Chronisch zu spät war zum Beispiel Wladimir Putin, in erster Linie aber wohl, um seine Gesprächspartner zu provozieren. Nach einer Weile preiste die Kanzlerin das bei ihm von vornherein ein. »Na, bist du mal wieder zu spät?«, begrüßte sie ihn gelegentlich. »Ach, Angela, du kennst mich doch!«, gab er dann zurück.

Ein andermal, im November 2007, verbrachte ich mit der Bundeskanzlerin und dem saudischen Botschafter eine kleine Ewigkeit wartend in der Empfangshalle des Flughafens Tegel. Der saudische König Abdullah hatte sich zum Besuch angesagt, und aufgrund seiner besonderen protokollarischen Stellung hatte sich die Kanzlerin nach langem Zögern überreden lassen, ihn am Flughafen abzuholen. In der Regel empfing sie Gäste aus Zeitgründen im Kanzleramt. Nach einer Weile stellte sich jedoch heraus, dass die Abflugmeldung des aus Rom kommenden

Königs nicht korrekt war. So wurde es für den Deutschland sehr zugewandten saudischen Botschafter und mich eine quälend lange Stunde mit einer Kanzlerin, deren Stimmung sich angesichts ihres dichten Terminkalenders stetig verdüsterte.

Die personelle Zusammensetzung bei der Reise nach Paris wie auch allen danach war praktisch immer gleich. Stets dabei: der jeweilige Regierungssprecher, denn gleich nach ihrer Büroleiterin Beate Baumann standen der Kanzlerin Uli Wilhelm (2005–2010) und Steffen Seibert (2010–2021) dienstlich am nächsten. Drei Abteilungsleiter des Kanzleramtes gesellten sich regelmäßig hinzu: der Wirtschaftsberater (bis 2011 der spätere Bundesbankpräsident Jens Weidmann, danach Professor Lars-Hendrik Röller), der europapolitische Berater (Uwe Corsepius, während dessen Tätigkeit als Generalsekretär des Rates der EU von 2011 bis 2015 Nikolaus Meyer-Landrut, der anschließend Botschafter in Paris und Ankara wurde) und schließlich ich bzw. ab Ende 2017 mein Nachfolger, der vormalige Bundesrichter Jan Hecker. Außerdem reisten jeweils der/die stellvertretende Büroleiter/in der Kanzlerin mit (Thomas Romes, Bernhard Kotsch, Petra Rülke) sowie die für Logistik zuständige, sehr durchsetzungsfähige Simone Lehmann-Zwiener und Merkels persönliche Assistentin Petra Keller. Auf den vielen Reisen bildete sich so über die Jahre hinweg eine verschworene Gemeinschaft: loyal zur Kanzlerin und einander freundschaftlich verbunden, was aber einschloss, dass gelegentlich in der Sache hart miteinander gerungen wurde.

Jacques Chirac empfing Angela Merkel mit militärischen Ehren im Pariser Élysée-Palast, der erste der vier französischen Präsidenten, mit denen sie in ihrer Kanzlerschaft zusammenarbeitete. Sowohl zu Chirac als auch seinen Nachfolgern Nicolas Sarkozy, François Hollande und Emmanuel Macron pflegte sie eine intensive, teilweise sogar freundschaftliche Beziehung, die dennoch nicht immer spannungsfrei verlief. Aber die deutsch-französische Achse hielt, so wie es Helmut Kohl schon definiert hatte: »Nur wenn Deutschland und Frankreich an einem Strang ziehen, werden wir die großen europäischen Herausforderungen und Zukunftsaufgaben bewältigen.« In diesem Sinne war es sehr erfreulich, dass die Nachfolger Chiracs ihrerseits Wert darauf legten, nach ihrer Amtseinführung Berlin den ersten Besuch abzustatten.

Als Kavalier alter Schule begrüßte Chirac Angela Merkel immer mit Handkuss, einer ihr völlig ungewohnten Geste. Nach meinem Eindruck war ihr dies nicht unangenehm. Chirac war der letzte vor dem Zweiten Weltkrieg geborene Präsident Frankreichs und stand ganz in der Tradition Charles de Gaulles, dessen Grabstätte in Colombey-les-Deux-Églises er nach dem Ende seiner Amtszeit 2008 gemeinsam mit Merkel und seinem Nachfolger Sarkozy besuchen sollte. Denn wie für Helmut Kohl war auch für die Kanzlerin das Anknüpfen an die gemeinsame Geschichte eines der Fundamente der deutsch-französischen Freundschaft. Über die sechzehn Jahre ihrer Kanzlerschaft wurde Deutschlands politisches und wirtschaftliches Gewicht stärker, auch im Verhältnis zu Frankreich. Dennoch erinnerte sie sich immer wieder an einen anderen Leitgedanken Helmut Kohls: Vor der Trikolore verneige er sich zweimal, bevor er sich vor der deutschen Flagge verbeuge, pflegte Kohl in Anlehnung an Konrad Adenauer zu sagen.

Dabei ist Angela Merkel eigentlich nicht frankophil, sondern eine in der DDR aufgewachsene Norddeutsche, die Russisch und Englisch spricht und eher der anglophonen Welt zugewandt ist. Nicht von ungefähr führte ihre erste Auslandsreise sie nach dem Fall der Mauer ins kalifornische San Diego. Dennoch bedauerte sie es, dass ihre Französischkenntnisse auch am Ende ihrer Amtszeit immer noch minimal waren; dass ihre Mitarbeiter in der Regel fließend Französisch mit ihren Partnern sprechen konnten, war der ansonsten bei allen Themen von Wissenschaft über Kultur bis Klatsch gern mitredenden Kanzlerin zuweilen sogar ein Dorn im Auge. Von ihrem ersten Besuch in Paris bis 2012 stand ihr bei ihren offiziellen Gesprächen Werner Zimmermann vom Auswärtigen Amt zur Seite, der schon Helmut Kohl und Gerhard Schröder gedolmetscht hatte.

Obwohl ihr die Nähe zu Frankreich also nicht in die Wiege gelegt war, folgte Angela Merkel doch ganz der Tradition Konrad Adenauers und Helmut Kohls. Bei allen, vor allem den europäischen Themen, lautete ihre erste Frage: Wo steht Frankreich, wie können wir zu einer gemeinsamen Position kommen? So auch an jenem 23. November, als man sich unter anderem über die gescheiterten Referenden in Frankreich und den Niederlanden zum europäischen Verfassungsvertrag austauschen wollte.

Nach einem ersten Vorgespräch ging es aber erst einmal rasch zum Mittagessen. Die »Déjeuners« oder »Dîners« im Élysée-Palast gehörten zu den kulinarischen Höhepunkten der Kanzlerreisen, denn die Köche dort zauberten die wunderbarsten Speisen auf den Tisch, dazu wurden die erlesensten französischen Weine gereicht. Dabei trank Chirac selbst gar keinen Wein, sondern Bier. Und weil er besonders deutsches Bier liebte, ließ Angela Merkel ihm auch noch lange nach dem Ende seiner Amtszeit zum Geburtstag immer ein Fässchen nach Hause schicken.

Für beide war die europäische Integration das beste Rezept, eine Wiederholung der kriegerischen Katastrophen zwischen 1870 und 1945 zu verhindern und gleichzeitig Europa im globalen Wettbewerb zu stärken. Dennoch gab es zwischen den beiden Ländern markante Unterschiede. Frankreich sah die Europäische Union eher als Festung zum Schutz europäischer und französischer Kultur, aber auch der Landwirtschaft, während für das vom Freihandel lebende Deutschland der gemeinsame Markt, die Offenheit im Vordergrund standen. Unterschiede gab es auch bei einer weiteren Grundsatzfrage: der Vertiefung und Erweiterung der EU. Für Deutschland war beides wichtig: eine Vertiefung aus historischen Gründen und um die EU schlagkräftiger zu machen; bei der Erweiterung standen die geschichtlichen Gründe im Vordergrund. Angesichts seiner Rolle im Zweiten Weltkrieg hatte Deutschland eine moralische Verpflichtung, gerade den baltischen und osteuropäischen Ländern nach dem Fall des Eisernen Vorhangs den Weg in die Union zu bereiten. Frankreich ging diesen Weg zwar mit, allerdings nur zögerlich und mit der Sorge, dass sein Einfluss in Europa zugunsten eines stärker werdenden Deutschlands, auf dessen Märkte sich die osteuropäischen Staaten mehr und mehr ausrichten würden, schwände.

In einer Gesprächspause im Élysée ergab sich für mich die Gelegenheit zu einer ersten inhaltlichen Diskussion mit der Kanzlerin über ein Thema von grundsätzlicher Bedeutung, bei dem eine unmittelbare Entscheidung anstand. Eine Frage, die noch heute von großer Relevanz ist: Wie gehen wir mit den Staaten des westlichen Balkans um? Wollen wir die Länder dieser unruhigen Region in die Europäische Union aufnehmen oder nicht?

Auf der Tagesordnung stand die Frage, ob Nordmazedonien der Status eines EU-Beitrittskandidaten verliehen werden sollte. Frankreich war eher kritisch, die Bundeskanzlerin nicht festgelegt, denn sie war sich der skeptischen Haltung der CDU/CSU-Bundestagsfraktion zur möglichen EU-Mitgliedschaft der Balkanstaaten bewusst. Ich erinnerte an den Europäischen Rat von Thessaloniki im Jahr 2003, bei dem sich die Staats- und Regierungschefs der EU grundsätzlich darauf geeinigt hatten, allen Balkanstaaten die Beitrittsperspektive zu eröffnen. Zu frisch war die Erinnerung an die fürchterlichen Jugoslawienkriege in den 90er-Jahren und die daraus resultierenden Flüchtlingsströme. Nur mit der Aussicht auf eine Mitgliedschaft in der EU, so führte ich aus, könne eine langfristige Stabilisierung dieser Länder und deren Orientierung an den europäischen Demokratien erfolgen. Und nur so könne auch verhindert werden, dass sich andere Kräfte breitmachten, die mit den europäischen Werten wenig gemein hätten: Russland, die Türkei, Saudi-Arabien und China.

Daraufhin entschied sich die Bundeskanzlerin 2005 klar für die Beitrittsperspektive: Ein stabiler Balkan lag im ureigensten deutschen Interesse. Auch Frankreich schloss sich nun an, und beim Europäischen Rat im Dezember in Brüssel würde dann auch die gesamte EU zustimmen. Vor einem tatsächlichen Beitritt – da waren sich Chirac und Merkel einig – müssten die betreffenden Staaten allerdings ihrerseits Voraussetzungen erfüllen: Frieden mit den Nachbarn, Demokratisierung und Korruptionsbekämpfung zu Hause, Entwicklung von Zivilgesellschaft, freier Presse, interreligiöser und interethnischer Toleranz.

Das alles verlief jedoch langsamer als erhofft; der Balkan sollte Angela Merkel in ihrer gesamten Kanzlerschaft kontinuierlich beschäftigen. Konstant blieb in dieser Zeit auch die französische Skepsis gegenüber der EU-Erweiterung. Sie hatte vor Chirac schon mit Mitterrand begonnen und endete bei Macron, der 2020 – 15 Jahre nachdem im Élysée schon einmal über Nordmazedonien gesprochen worden war – die Aufnahme von Beitrittsverhandlungen mit diesem Land sowie Albanien blockierte. Erst Putins Aggression gegenüber der Ukraine 2022 und das damit ausgelöste sicherheitspolitische Erdbeben in Europa brachten Macron zum Einlenken.

Natürlich waren es nicht die Staats- und Regierungschefs selbst, die nach einer Begegnung wie dem Antrittsbesuch der Kanzlerin in Paris die Umsetzung der getroffenen Vereinbarungen in Angriff nahmen. Vor- und Nachbereitung aller Treffen und Konferenzen lagen in den Händen der jeweiligen Berater, die ihrerseits die zuständigen Ministerien unterrichteten. Fast so wichtig wie das Verhältnis der Chefs zueinander waren also auch die Beziehungen der Berater. Ich hatte das große Glück, dass die Mitarbeiter der französischen Präsidenten zumeist Deutsch sprachen und alle Deutschland zugeneigt waren.

So war auch Maurice Gourdault-Montagne – Chiracs »diplomatischer Berater«, wie der offizielle Titel hieß – ein großer Freund Deutschlands, der dann nach seiner Tätigkeit für den Präsidenten idealerweise Botschafter Frankreichs in Berlin wurde. Mit Maurice hatte ich schon zu Zeiten der Bonner Republik zusammengearbeitet, als er Botschaftsrat an der französischen Landesvertretung und ich persönlicher Referent des von Bundeskanzler Kohl ins Amt berufenen deutsch-französischen Koordinators Rainer Barzel gewesen war.

Obwohl die französischen Kollegen bis in die 80er-Jahre hinein Wert darauf legten, mit ihren deutschen Partnerinnen und Partnern französisch zu reden, war es mit meinen Gegenübern, insbesondere mit Maurice und später unter den Präsidenten Hollande und Macron mit Jacques Audibert und Philippe Étienne zu unser aller Nutzen genau umgekehrt: Sie wollten beweisen, wie gut sie Deutsch sprachen; ich wiederum wollte die Gelegenheit nutzen, mein Französisch frisch zu halten.

Dieser »Sprachenstreit« zeigt, in welch positive Richtung sich das deutsch-französische Verhältnis über die Jahre hinweg entwickelte. Natürlich blieben Differenzen in der Sache, der gegenseitige Respekt und das persönliche Verhältnis – wichtige Grundlagen für eine konstruktive Zusammenarbeit – waren aber stets hervorragend.

2007 wurde Nikolas Sarkozy Präsident. Er war ein ganz anderer Typ als der konservative, ja fast schon altmodisch wirkende Chirac: voller Energie, emotional, spontan, deswegen aber auch sprunghaft und eitel. Bis auf die Energie, über die sie ebenfalls, wenn auch in ganz anderer Ausprägung verfügte, waren dies alles Eigenschaften, die Angela Merkel nicht hatte. Dennoch gelang es beiden in den folgenden Jahren, ein persönliches Verhältnis aufzubauen. So besuchte die Kanzlerin Sarkozy und seine Frau, die Künstlerin Carla Bruni, auch in deren Pariser Privatwohnung. War Merkel, was ihr Privatleben anging, immer zugeknöpft, zeigte sich der Präsident in dieser Hinsicht offener. So ließ er Merkel teilhaben an der Entwicklung seiner Beziehungen zur Popsängerin und dem früheren Supermodel Bruni.

Anders als die Kanzlerin und sein Vorgänger war er auch sehr viel polarisierender, dachte eher in Freund-Feind-Kategorien.

Augenfällig war das in der Europapolitik. Jean-Claude Juncker, zweifelsfrei ein großer Europäer, hatte in der Vergangenheit eng mit Jacques Chirac und Merkels Vorgänger im Kanzleramt Gerhard Schröder zusammengearbeitet – für Sarkozy ein Grund, dem zu dieser Zeit langjährigen luxemburgischen Premier- und Finanzminister sowie Vorsitzenden der Euro-Gruppe zu misstrauen. Für die Kanzlerin bedeutete dies in den nächsten Jahren einen schwierigen Balanceakt, denn sie hatte Sympathien für Juncker.

Die größte Herausforderung während der Präsidentschaft Sarkozys (und im Anschluss der Hollandes) war die globale Finanzkrise, die, von den USA ausgehend, Europa ab 2008 mit voller Wucht traf. Sie war eine der großen Bewährungsproben der Bundeskanzlerin, aber auch für das deutsch-französische Paar, denn nun prallten die deutlich unterschiedlichen Vorstellungen von Finanz- und Haushaltspolitik aufeinander. Während den Franzosen die Unterstützungsmaßnahmen für Staaten in finanzieller Schieflage nicht schnell und umfangreich genug ergriffen werden konnten, bestand die Kanzlerin jeweils auf sorgfältigen Prüfungen und insbesondere der Schuldentragfähigkeit und Nachhaltigkeit möglicher Hilfszahlungen.

Für die Kanzlerin entwickelte sich die Situation deshalb zu einer innen- und außenpolitischen Gratwanderung. Sie wollte auf keinen Fall, dass der Euro – und damit die EU – unter dem Druck der Finanzkrise zerbrach. Gleichzeitig musste sie kontinuierlich Sorge tragen, dass der Deutsche Bundestag die zahlreichen aufeinanderfolgenden Rettungsmaßnahmen mittrug. In dieser Lage traf ihre typische Art, Politik zu machen – alle Schritte sorgfältig zu planen, Hindernisse frühzeitig zu identifizieren und zu überwinden oder zu umgehen, möglichst viele »Stakeholder« mitzunehmen –, auf einen ungeduldigen Sarkozy, dem das, zumeist unterstützt durch den amerikanischen Präsidenten Obama, alles zu langsam ging und der wenig Verständnis für die Konditionierung der europäischen Finanzhilfen für die Euroländer zeigte. Dennoch: In der Finanzkrise bewährte sich das deutsch-französische Sonderverhältnis. Merkel und Sarkozy (und danach Hollande) einigten sich immer wieder auf tragfähige Kompromisse. Das deutsch-französische Verhältnis hielt; was bis heute und in Zukunft Grundvoraussetzung für das Funktionieren der Europäischen Union bleibt.

In die Amtszeit Sarkozys fiel eine erste schwere Krise im Verhältnis mit Russland: der Kaukasuskrieg 2008. Der ungestüm agierende georgische Präsident Saakaschwili hatte sich vom Kreml provozieren lassen und war mit seinen Truppen in die abtrünnige Region Südossetien einmarschiert, die bereits 1991 ihre Unabhängigkeit erklärt hatte. Als Reaktion begann Russland eine gut vorbereitete Gegenoffensive, die Georgien an den Rand einer schweren militärischen Niederlage brachte. Legitimiert als Ratspräsident der Europäischen Union, verhandelte Sarkozy ein Abkommen, aufgrund dessen sich Russland aus den eroberten georgischen Gebieten wieder zurückzog. Sarkozys Bemühungen waren von den USA (vor allem Außenministerin Condoleezza Rice) und der Kanzlerin flankiert worden, unter anderem durch ihr Treffen in der Sommerresidenz des russischen Präsidenten Medwedew in Sotschi, dem ein Besuch in der georgischen Hauptstadt Tiflis folgte.

Sarkozy stand ganz in der Tradition französischer Präsidenten, die als eine ihrer wichtigsten Aufgaben die Förderung der heimischen Wirtschaft, insbesondere auch der Rüstungsindustrie, sehen. Deutsche Regierungschefs greifen bei ihren Begegnungen mit ausländischen Partnern ebenfalls regelmäßig Wirtschaftsanliegen auf; dies ist aber nicht vergleichbar mit Frankreich, wo eine völlig andere Grundhaltung herrscht. Und so trafen wieder einmal unterschiedliche deutsche und französische Einstellungen aufeinander, diesmal am Rande der Münchner Sicherheitskonferenz im Februar 2009.

Es war eine denkwürdige Veranstaltung. Zunächst trat am Vormittag Wirtschaftsminister Michael Glos plötzlich ohne nachvollziehbaren Grund zurück, was sofort die Frage einer Kabinettsumbildung heraufbeschwor – in einem Wahljahr nichts Belangloses. Und dann platzte beim Mittagessen im Bayerischen Hof Sarkozy schier vor Ärger: Siemens hatte sich überraschend aus dem französischen Kerntechnikunternehmen Areva zurückgezogen. Sarkozy sah dies als Verrat an der gemeinsamen deutsch-französischen Sache. Zwar verwies Angela Merkel darauf, dass dies eine unabhängige Unternehmensentscheidung sei, für den französischen Präsidenten aber war es völlig unvorstellbar, dass die deutsche Bundeskanzlerin an einer solchen Entscheidung unbeteiligt war. Unbeeindruckt von ihren Erklärungen, reiste er frustriert aus München ab. Der 7. Februar 2009 war ein gebrauchter Tag für Angela Merkel.

Außenpolitischer Berater Sarkozys war Jean-David Levitte, ein sehr erfahrener Karrierediplomat, der vorher französischer Botschafter bei den Vereinten Nationen in New York und in Washington gewesen war. Ruhig, besonnen, ausgleichend, bildete er einen Gegenpol zu Sarkozy. Immer wieder schaffte er es, die Wogen auch im deutsch-französischen Verhältnis zu glätten. Wir wurden und blieben gute Freunde, tauschten uns gelegentlich auch über die unterschiedlichen Arbeitsweisen unserer Chefs aus.

Dabei hob ich die immer freundliche Art der Kanzlerin hervor, die zunächst fragte, ob es zeitlich passe, wenn sie auch am Wochenende ein Anliegen hatte. Im Übrigen war sie eine harte Arbeiterin, die Gleiches bei ihren Mitarbeitern voraussetzte. Umgekehrt waren ihr Ferien schon fast »heilig«. Sie verstand es, weitgehend abzuschalten, wollte möglichst nichts von uns Beratern hören, die wir dann meistens zeitgleich in Urlaub gingen. Wie bei allem war sie auch hinsichtlich ihrer Auszeiten berechenbar. In den Weihnachtsferien eine Woche nach Pontresina ins Engadin, zurück in Berlin zur Neujahrsansprache; um Ostern eine gute Woche nach Südeuropa und im Sommer zwei Wochen zu den Bayreuther Festspielen und zum Wandern in die Alpen.

Aus diesen Urlauben kehrte die Kanzlerin immer bestens erholt und voller Tatendrang nach Berlin zurück. Meistens hatte sie einen Waschzettel zusammengestellt, den es nun abzuarbeiten galt.

Ganz anders Sarkozy: Wochenende und Urlaube waren für Jean-David ein Albtraum. Der Präsident konnte nicht richtig abschalten, sein in dieser Zeit weitgehend terminfreier Kalender führte bei ihm zu immer neuen Ideen und Initiativen. Jean-David schilderte mir einmal ein typisches Wochenende: Am Samstagvormittag erhielt er einen Anruf des Präsidenten mit zehn Vorschlägen, die er umsetzen sollte. Worauf er die zwei Tage damit verbrachte, Argumente zu sammeln, um neun dieser Ideen im Sande verlaufen zu lassen. Eine Initiative musste er aber zur Gesichtswahrung notgedrungen aufnehmen und weiterverfolgen.

Auch mit seinem Wunsch nach einem gemeinsamen Europa reihte sich Sarkozy in den Reigen der französischen Präsidenten ein. Es war ein starkes europapolitisches Signal, als er gemeinsam mit Merkel 2009 auf dem Potsdamer Platz den Europawahlkampf eröffnete und sein Konterfei im Anschluss an deutschen Wänden und Litfaßsäulen prangte. Auch als 2012 seine Wiederwahl anstand, zog er den Wahlkampf deutsch-französisch auf; es gelang ihm, die Kanzlerin zu einem gemeinsamen Fernsehinterview zu bewegen. Aber als die Umfragen schlechter wurden, kam wieder einmal sein sprunghafter Wesenszug zum Tragen, und er zog in der letzten Phase des Wahlkampfs die nationale Karte, weil Berater ihm diesen Schwenk empfohlen hatten. Das deutsch-französische Verhältnis trat damit in den Hintergrund.

Doch es half nichts: Sarkozy verlor die Wahlen, und der Sozialist François Hollande gewann überraschend. Er war sehr viel ruhiger und unaufgeregter als sein Vorgänger. Hollande hatte noch kein Regierungsamt innegehabt und stützte sich sehr auf seine Partei. Auch außenpolitisch spielte die sozialistische Parteienfamilie für ihn eine größere Rolle als für die Kanzlerin ihrerseits der christdemokratische und bürgerlich-konservative Zusammenschluss. Zwar kümmerte sie sich immer um die Europäische Volkspartei und half ihren Parteifreundinnen und -freunden regelmäßig in Wahlkämpfen. Sie wusste aber auch, dass europa- und außenpolitische Entscheidungen letztlich parteiübergreifende Kompromisse erfordern.

Auch Hollande wollte als Erstes Berlin besuchen, hatte aber Pech: In ein Gewitter geraten, musste sein Flugzeug nach Paris umkehren. Pech für ihn war auch, dass 2012 die Wirtschafts- und Finanzkrise in Europa noch nicht überstanden war. Hollande tat sich schwer damit, einer gemeinsamen deutsch-französischen Linie zu folgen und gleichzeitig zu seinen sozialistischen Freunden im Süden Europas zu stehen, denen die von Deutschland forcierte Konditionalität der Finanzhilfen zu hart erschienen, was zu einer erheblichen Spaltung in Europa führte. Dieses Lavieren behagte und lag Hollande nicht, ließ ihn oft unentschlossen erscheinen.

Bei seinem Amtsantritt konnte er nicht ahnen, dass 2014 ein außenpolitisches Ereignis eintreten würde, das ihn fortan eng an die Seite der Bundeskanzlerin schweißen würde: die erste russische Invasion der Ukraine. Da es sich um einen Konflikt in Europa handelte und infolge des Rückzugs der USA von der Rolle des Weltpolizisten unter Präsident Obama fiel das Krisenmanagement Frankreich und Deutschland zu. Den 70. Jahrestag der Landung der alliierten Truppen in der Normandie am 6. Juni 2014 nutzten Hollande und Merkel zu einem Gespräch mit dem russischen Präsidenten Putin und dem ukrainischen Präsidenten Poroschenko. Es war die Geburtsstunde des sogenannten Normandie-Formats, das in den nächsten Jahren das entscheidende Forum für die Beendigung der militärischen Auseinandersetzungen und die Suche nach einer politischen Lösung sein sollte. Dem Normandiegipfel folgten unzählige weitere Chef-, Außenminister- und Beratertreffen in diesem Format.

Das deutsch-französische Zusammenspiel funktionierte dabei

reibungslos, was in erster Linie daran lag, dass das Thema Ukraine über die Jahre hinweg immer ganz oben auf der außenpolitischen Prioritätenliste der Kanzlerin stand, sie alle Entwicklungen genauestens verfolgte. Es lag aber auch daran, dass die Berater, die die Kärrnerarbeit leisteten, sehr harmonisch zusammenwirkten. Mit dem Elsässer Jacques Audibert hatte Hollande einen Mitarbeiter ausgewählt, dem das Französisch-Deutsche im Blut lag. Jacques hatte vor allem als Politischer Direktor des französischen Außenministeriums große außenpolitische Erfahrung gesammelt, er war blitzgescheit, hatte gleichzeitig Humor und – Interesse an Fußball. Unsere regelmäßigen Telefonate, in denen wir die nächsten Schritte im Ukraine-Krisenmanagement diskutierten, begann immer mit einem »Fangespräch« über die aktuelle Lage beim FC Bayern und beim RC Strasbourg. Und wir waren beide sehr zufrieden über den außenpolitischen Erfolg des deutsch-französischen Paares, als im Rahmen des Normandie-Formates der russische Vormarsch in der Ukraine im Februar 2015 gestoppt und mit dem Minsker Abkommen ein Rahmen für eine politische Lösung gefunden wurde – dass dieser nur einige Jahre Bestand hatte, ist zutiefst bedrückend.

Jacques Audiberts Kollege als wirtschaftspolitischer Berater von Präsident Hollande war lange Zeit Emmanuel Macron. Er fiel mir als ausgesprochen höflich und freundlich gegenüber seinen deutschen Kollegen auf, als kenntnisreich und selbstbewusst, kurz gesagt »smart«. Dass er innerhalb kürzester Zeit vom Berater zum Wirtschaftsminister und dann selbst zum Präsidenten aufsteigen sollte, ahnte niemand.

Seinem Chef gegenüber war Macron hingegen ungeduldig. Hollande war ihm zu zögerlich, abwartend, nachgiebig. Die innenpolitische Konstellation in Frankreich richtig einschätzend und mit dem notwendigen Quäntchen Glück wurde er auf atemberaubende Art und Weise zum Präsidenten gewählt. Auch Macron war sich immer bewusst, dass es ohne deutsch-französische Verständigung in Europa nicht weitergeht. Doch die

Hollande-Periode empfand er als für Frankreich demütigend. Das Merkel-Deutschland war nach seiner Wahrnehmung in Europa wirtschaftlich wie auch politisch zu tonangebend geworden, hatte sich zum wichtigsten europäischen Partner Obamas und anderer Regierungs- und Staatschefs entwickelt. Das musste sich nach Macrons Selbstverständnis ändern. Die Grande Nation musste wieder die Führung übernehmen.

So knüpfte Macrons Selbstinszenierung nach der gewonnenen Wahl und bei seiner Amtseinführung an de Gaulles Zeiten an. Generell ist ihm ein bestimmtes Auftreten, ja eine Aufführung wichtig. Allerdings reicht er bei Weitem nicht an den in dieser Hinsicht unübertroffenen türkischen Präsidenten Erdoğan heran, der es zum Beispiel genießt, von einer Hundertschaft willfähriger Leibwächter, Minister, Beamter und Kamerateams umgeben Einzug zu halten. Sein Tross mäht regelmäßig alles nieder, was sich ihm in den Weg stellt, seine Sicherheitsleute gehen auch handfesten Auseinandersetzungen nicht aus dem Weg.

Der Kanzlerin lag Pomp nicht. Sie betrat die Räume eher leise, bescheiden, mochte nicht von Dutzenden Beamten und Sicherheitsleuten umringt sein. Vielmehr freute sie sich, wenn es ihr auf einer Konferenz gelang, ihren Stab abzuhängen und alleine unauffällig durch die Räume zu gehen und Gespräche zu führen.

Macron war rastlos. Er wollte das deutsch-französische Verhältnis intensivieren, entwickelte eine Charmeoffensive gegenüber dem neu gewählten US-Präsidenten Trump, versuchte einen Neuanfang mit dem russischen Präsidenten Putin, doch vor allem wollte er das europäische Projekt voranbringen. Wie seinen Vorgänger im Amt empfand er auch die immer bedächtig auftretende Kanzlerin als zögerlich, bremsend, zu wenig ambitioniert. Gebetsmühlenartig riet sie Macron, vor großen europapolitischen Initiativen, die vor allem auf eine höhere EU-Haushaltsautonomie, einen EU-Finanzminister sowie eigene Einnahmen und Verschuldungsmöglichkeiten der EU abzielten, erst einmal seine Hausaufgaben in Frankreich zu machen: Reformen,

Wirtschaftswachstum, Schuldenabbau. Ihrer Einschätzung nach konnten wie in der Euro-Finanzkrise nur so der Deutsche Bundestag und die deutsche Öffentlichkeit von mehr EU im Haushalts- und Wirtschaftsbereich überzeugt werden. Für solch weitreichende Beschlüsse bedurfte es eines besonderen Anlasses.

Drei Jahre später war es dann so weit: Unter dem Eindruck der wirtschaftlichen Folgen der COVID-19-Pandemie stimmte die Kanzlerin 2020 einem großen europäischen Wiederaufbaufonds zu, der der EU-Kommission erlaubte, Geld auf den Finanzmärkten aufzunehmen. Zwar herrschte im Bundestag weiterhin Skepsis, aber der historische Schritt gelang, ein weiterer großer Erfolg deutsch-französischer Zusammenarbeit in Europa.

Macrons europapolitisches Engagement konzentrierte sich auf den Wirtschaftsbereich, auch bei ihm einschließlich der Rüstungsindustrie, wo er sich für deutsch-französische und europäische Kooperationen und Zusammenschlüsse einsetzte, wobei sich die Umsetzung der im Grundsatz beschlossenen Gemeinschaftsprojekte immer als schwierig herausstellte. Die beteiligten Unternehmen verfolgten oft unterschiedliche Strategien, hatten unterschiedliche Philosophien.

In der Außenpolitik zeigte sich Macron mit Blick auf Europa weniger engagiert. Den französischen Sitz im Sicherheitsrat der Vereinten Nationen etwa in einen europäischen umzuwandeln bzw. eine Verpflichtung, dort als nach dem Austritt Großbritanniens einziger verbliebener EU-Staat unter den ständigen Mitgliedern nur europäische Positionen zu vertreten, wurde kategorisch ausgeschlossen. Selbst ein gemeinsamer EU-Auftritt im Sicherheitsrat wurde abgelehnt, während im Gegensatz dazu für die afrikanischen Staaten regelmäßig nur ein Vertreter spricht.

Ein deutliches Signal von französischer Seite war auch, dass ich als deutscher Vertreter im Sicherheitsrat Resolutionsentwürfe der ständigen Mitglieder regelmäßig von der US-Botschafterin Kelly Craft erhielt, nicht von meinem französischen Kollegen. Auch in der Afrikapolitik war ein gemeinsames deutsch-französisches oder europäisches Vorgehen kein Herzensanliegen Macrons. Es galt, die Sonderstellung Frankreichs als ehemalige Kolonialmacht zu bewahren. Trotz des erheblichen wirtschaftlichen und militärischen Engagements Deutschlands im Sahel und insbesondere in Mali weigerten sich die französischen Kolleginnen und Kollegen, die Sicherheitsratsresolutionen in gemeinsamer deutsch-französischer Federführung zu erarbeiten; die besagte Sonderstellung des eigenen Landes durfte nicht angetastet werden. Umgekehrt gelang jedoch eine wunderbare »Jumelage«, gemeinsame deutsch-französische Präsidentschaften im März und April 2019, als unsere beiden Länder hintereinander den Vorsitz im Sicherheitsrat innehatten. Nach außen sandten mein Kollege François Delattre, späterer Generalsekretär des französischen Außenministeriums und Botschafter in Berlin, und ich dadurch eine sehr beeindruckende Botschaft an den Rat und die Welt. Was für Deutschland und Frankreich selbstverständlich wurde – nach drei verheerenden Kriegen zwischen 1870 und 1945 innerhalb von wiederum 75 Jahren eine einzigartige Freundschaft aufzubauen –, schien vielen fast wie ein Wunder, und zahlreiche Kolleginnen und Kollegen fragten sich, warum dies in ihren Regionen noch nicht im gleichen Ausmaß möglich ist.

Vor meinem Abschied aus Berlin Ende 2017 arbeitete ich noch eng mit dem außenpolitischen Berater Macrons Philippe Étienne zusammen, auch er ein Glücksfall sowohl für unsere beiden Länder als auch mich persönlich. Er war vorher französischer Botschafter in Berlin gewesen, spricht fließend Deutsch. Unser herzliches Verhältnis entwickelte sich vor allem durch seinen Besuch in meiner Heimatstadt Neuss, wo er als Ehrengast beim Schützenfest teilnahm. Solche Freundschaften sind im diplomatischen Geschäft Gold wert, denn sie garantieren, dass auch in stürmischen Zeiten Kontakte immer aufrechterhalten bleiben, sich untereinander nie Sprachlosigkeit entwickelt und man sicher sein kann, dass Vertrauliches vertraulich bleibt. Die Bundeskanzlerin war sich der Bedeutung dieser Kontakte auf Beraterebene immer bewusst, sie kannte unsere jeweiligen Partner, unterhielt sich gerne mit ihnen und drückte ihnen gegenüber ihre Wertschätzung aus.

Im April 2022 wurde Macron als Präsident wiedergewählt, verlor aber bei der Parlamentswahl im Juni die Mehrheit in der französischen Nationalversammlung. Dadurch wurde seine Handlungsfähigkeit eingeschränkt, in der Gesetzgebung sind ihm Grenzen gesetzt. Anders als in Deutschland, wo neben der Union auch Die Linke und die AfD als Verlierer aus der Bundestagswahl 2021 hervorgegangen waren, konnten Linke und Rechte in Frankreich ihre Position stärken. Antieuropäisch, nationalistisch, protektionistisch und skeptisch gegenüber Deutschland eingestellt, wird die Opposition es Macron schwer machen, seinen bisherigen Kurs fortzusetzen. Man möchte sich nicht ausmalen, was es für Europa und die deutsch-französischen Beziehungen bedeuten könnte, wenn bei den nächsten Präsidentschaftswahlen in Frankreich ein Kandidat oder eine Kandidatin der Linken oder Rechten gewinnen würde.

Um eine solche Entwicklung zu verhindern, muss es den Regierungen beider Länder in den kommenden Jahren darum gehen, deren Bevölkerung den Mehrwert ihrer Zusammenarbeit vor Augen zu führen. Der Angriffskrieg Putins gegen die Ukraine sollte dafür sorgen, dass im Bereich der Rüstungsindustrie die lange geplanten gemeinsamen Projekte wie ein neues Kampfflugzeug und ein neuer Panzer endlich verwirklicht und dabei die nationalen Egoismen überwunden werden. So wie Airbus zu einem deutsch-französischen Erfolgsmodell wurde, muss dies auch bei den Rüstungsprojekten gelingen. Hierbei bedarf es jedoch einer starken politischen Führung. Die Unternehmen alleine werden es nicht schaffen! So ist auf französischer Seite Dassault von alleine nicht bereit, seine Spitzentechnologie in der Luftfahrt mit seinen deutschen Partnern zu teilen. Gleiches gilt für Rheinmetall, das ebenfalls nicht willens ist, seinen Vorsprung bei den Kampfpanzern gegenüber den Franzosen aufzudecken.

Die deutsch-französische Zusammenarbeit sollte in den nächsten Jahren auch erneut zur treibenden Kraft in der Europäischen Union werden. Angesichts eines aggressiven Russlands, mehr auf sich und China ausgerichteter USA und eines immer selbstbewusster auftretenden Chinas muss die EU gestärkt werden – kein leichtes Unterfangen, bedenkt man die nationalistischen Tendenzen in Polen, Ungarn und Italien. Auch im bilateralen Bereich sind die alten Gewohnheiten und Mechanismen wiederzubeleben: Die regelmäßigen deutsch-französischen Ministerräte müssen substanzielle Ergebnisse erbringen, die grenzüberschreitende regionale Zusammenarbeit muss gepflegt, das Deutsch-Französische Jugendwerk und das Erlernen der Sprache der Nachbarn weiter gefördert werden. Die deutsch-französische Zusammenarbeit ist kein Selbstläufer, dafür sind die Menschen und Traditionen zu verschieden. Deshalb bedarf sie des ständigen Einsatzes – aber auch der Vergewisserung. Denn ebenso schädlich wäre es, wenn sie zur seelenlosen Routine zwischen zwei sich mittlerweile seit Langem vertrauten Partnern würde.

Das Gegenteil von Routine wäre es, ein neues, historisches Projekt auf den Weg zu bringen: Der brutale Angriffskrieg Russlands auf die Ukraine hat die Abhängigkeit Deutschlands von der amerikanischen nuklearen Abschreckung verdeutlicht, die unsere Sicherheit seit Jahrzehnten garantiert. Aber wie zuversichtlich können wir sein, dass der Nuklearschirm der USA uns auch in den nächsten Jahrzehnten zuverlässig schützen wird? Präsident Macron hat von sich aus Gespräche über die »Force de frappe« angeboten, Deutschland ist auf politischer Ebene bisher nicht darauf eingegangen. Es wäre fahrlässig, dieses Angebot weiterhin zu ignorieren! Eine Europäisierung der französischen Nuklearstreitkräfte nicht als Ersatz, aber als Ergänzung des US-Atomschirms darf nicht weiter ein Tabu bleiben.

Das Jahr 2022 hat uns gelehrt, bislang Unvorstellbares ins Kalkül zu ziehen. Es sollte den Verantwortlichen in Berlin und Paris die Mühe wert sein, sich Gedanken über ein solches Projekt zu machen. Die tiefe Enttäuschung über Putins Entscheidung, den mit dem Minsker Abkommen eingeschlagenen diplomatischen Weg bei der Lösung des Konflikts mit der Ukraine zu verlassen und die von Präsident Macron ausgestreckte Hand zu einem Neuanfang auszuschlagen, sollten Deutschland und Frankreich nicht davon abhalten, nach dem Ende der Putin-Ära diplomatische Initiativen zu ergreifen, die weg vom Abgrund führen. Solche Initiativen dürfen allerdings nur mit dem Einverständnis der Opfer der russischen Aggression, den Ukrainern, erfolgen.

3. Kapitel

Die Europäische Union: »... zu unserem Glück vereint«

Wiederum mit Handkuss verabschiedete Jacques Chirac die Kanzlerin vor dem Élysée, und von Paris ging es nun zur zweiten Station ihrer Antrittsreise: Brüssel. In keine andere Stadt würde Angela Merkel in ihrer Amtszeit so häufig reisen wie in die belgische Hauptstadt: für Treffen mit der dortigen Regierung, für Besuche im Königspalast im Stadtteil Laeken mit seinen sie sehr beeindruckenden Königlichen Gewächshäusern, für Termine im NATO-Hauptquartier und – vor allem – regelmäßige Aufenthalte beim Rat der Europäischen Union. Vertragsgemäß soll sich dieser zweimal pro Halbjahr, dem Zeitraum der jeweiligen Präsidentschaft, in Brüssel treffen, in der Realität kommen die Staats- und Regierungschefs der EU jedoch sehr viel häufiger zusammen, in besonderen Zeiten fast monatlich.

Bei ihrem EU-Antrittsbesuch am 23. November 2005 traf sich die Kanzlerin mit dem Präsidenten der Europäischen Kommission, dem Portugiesen Manuel Barroso, und dem Präsidenten des Europäischen Parlaments Josep Borrell; im Jahr 2019 würde der Spanier als Hoher Vertreter für die Gemeinsame Außen- und Sicherheitspolitik wieder eine Rolle im Rahmen der EU übernehmen. Man besprach Ähnliches wie schon in Paris: Was geschähe mit dem in zwei Referenden in Frankreich und den Niederlanden abgelehnten Verfassungsvertrag, und würde im Dezember die Verabschiedung des EU-Haushalts für die Jahre 2007 bis 2013 gelingen? Zum ersten Thema hatte die Kanzlerin eine klare

Meinung: Das Projekt Verfassungsvertrag musste weiterverfolgt werden. Mit Blick auf den Haushalt verhielt sie sich hingegen abwartend: Die Verantwortung liege zunächst einmal bei der britischen Präsidentschaft, so ihre Haltung.

Die unmittelbar aufeinanderfolgenden Antrittsbesuche in Paris und Brüssel waren natürlich von großer symbolischer Bedeutung. Nicht nur die deutsch-französischen Beziehungen als Fundament deutscher Europapolitik waren für die rational denkende Kanzlerin in ihrer eigenen, mittlerweile zum geflügelten Wort gewordenen Begrifflichkeit »alternativlos«, Gleiches galt auch für die europäische Einigung. Nur so konnten sich Deutschland und der »alte« Kontinent aus ihrer Sicht im globalen Wettbewerb behaupten. Europäische Einzelstaaten hätten weder wirtschaftlich noch politisch das Gewicht, ihre Interessen durchzusetzen.

Doch die europäische Einigung war für Angela Merkel mehr als eine rationale Überlegung: Auch gefühlsmäßig stand sie voll dahinter. Ihre diesbezüglichen Reden hatten nie das Pathos eines Helmut Kohl, aber ihr persönliches Engagement für das europäische Einigungswerk ließ keinen Zweifel daran: Sie tat alles, um die EU zusammenzuhalten und zu stärken. In Uwe Corsepius, ihrem engsten für die Europapolitik zuständigen Berater, hatte sie einen kongenialen Unterstützer, der sich bei den vielen komplexen europapolitischen und europarechtlichen Fragen bestens auskannte. Aus dem Wirtschaftsministerium stammend, hatte er immer im Auge, welche Auswirkungen Brüsseler Entscheidungen auf die deutsche Wirtschaft haben könnten. Europapolitik gegen die deutschen Unternehmer, gegen den Bundestag zu machen, schied aus.

Gelegentlich wurde Angela Merkel wegen ihrer Behutsamkeit, ihres langsamen Vorgehens kritisiert – zu Unrecht, denn ihr Ziel war immer klar: ein starkes Europa. Aber auf dem Weg dorthin mussten die deutsche Öffentlichkeit, die Wirtschaft, das Parlament in kleinen Etappen, durch beständiges Aufklären und

Erläutern, mitgenommen werden. Letztlich ist dies der Wesenskern der Demokratie.

Einen ersten Vorgeschmack auf das europapolitische Engagement Angela Merkels bekamen nicht nur die anderen Staats- und Regierungschefs der Europäischen Union, sondern auch ihre Mitarbeiter beim ersten Brüsseler Gipfel der Kanzlerin im Dezember 2005. Es ging um die Verabschiedung der EU-Finanzplanung für die nächsten sieben Jahre, ein kompliziertes Geflecht verschiedenster Haushaltsposten. Gemäß ihrem Status setzten die Mitgliedstaaten unterschiedliche Schwerpunkte: Die sogenannten »Nettozahler« – also diejenigen, die mehr in den Haushalt einzahlen, als sie letztlich herausbekommen – standen regelmäßig auf der Bremse, während die »Nettoempfänger« natürlich an einem möglichst großen Budget interessiert waren. Zu den Ersten gehörten grob gesagt die nordeuropäischen, zu den Zweiten die südeuropäischen Staaten. Deutschland war immer Nettozahler, und der Bundestag wachte mit Argusaugen darüber, dass in Brüssel Haushaltsdisziplin gewahrt wurde. Vor diesem Hintergrund war es nicht einfach, eine Einigung zu erzielen, die Verhandlungen erstreckten sich bis in den frühen Morgen.

Schon bei dieser Gelegenheit war ein Phänomen zu beobachten, das sich in den sechzehn Jahren von Angela Merkels Amtszeit immer wieder zeigen sollte. Der Vorsitzende des Rates, der britische Premier Tony Blair, hatte zwar das große Bild im Auge, nicht aber die Details, und im Hintergrund lauerte sein ambitionierter Finanzminister Gordon Brown, der letztlich das Sagen hatte. Jacques Chirac war sich des Gesamtzusammenhangs ebenfalls bewusst, aber ihm ging es – zumal als ehemaligem Landwirtschaftsminister – in erster Linie um den Erhalt der Agrarsubventionen. Auch Manuel Barroso hatte das große Ganze im Blick, überließ wie die anderen die Detailverhandlungen aber den Beamten. Nicht so die Kanzlerin: Von Corsepius gebrieft, hatte sie die wichtigsten Details im Kopf und verhandelte selbst. Schon zu einem frühen Zeitpunkt hatte sie ein mögliches Gesamtpaket vor Augen, aus dem sie dann in den Morgenstunden, als die anderen, bildlich gesprochen, schon ein wenig in den Seilen hingen, für jeden noch ein kleines zusätzliches Stück hervorholen konnte – und die Einigung war erzielt. Mit diesen Verhandlungen machte sie sich im Europäischen Rat einen Namen und erwarb sich Respekt – auch bei den sachkundigen EU-Korrespondenten der zahlreichen in Brüssel vertretenen Medien.

Das Bild aus jenen Morgenstunden im Dezember 2005 hat sich mir eingeprägt, genauso wie ein anderes zehn Jahre später. Bei den Verhandlungen in Minsk 2015, die den ersten russischen Vormarsch in der Ukraine stoppten, saßen die Präsidenten Putin, Poroschenko und Hollande irgendwann erschöpft auf ihren Stühlen – doch Angela Merkel verhandelte mit dem russischen Präsidentenberater Wladislaw Surkow heftig über die Details des Minsker Abkommens.

Die Reisen der Kanzlerin nach Brüssel liefen immer nach dem gleichen Schema ab. Auf dem Hinflug unterrichteten die Berater über den letzten Stand der jeweiligen Themen auf der Agenda, Ulrich Wilhelm beziehungsweise Steffen Seibert besprachen die Begegnungen mit der Presse. Auch diese folgten immer dem gleichen Muster: Beim Betreten des Ratsgebäudes gab die Kanzlerin einen Themenüberblick und eine Einschätzung über die möglichen Ergebnisse, wobei sie die Erwartungen nicht zu hoch schraubte. Am Ende des Rates, gleich, zu welcher Tages- oder Nachtzeit die Sitzungen beendet wurden, hielt sie eine ausführliche Pressekonferenz, bei der es die Gelegenheit zu Fragen gab. In ihrer Anfangszeit lud sie, den Gewohnheiten ihrer Vorgänger folgend, zum Abschluss des ersten Tages Journalisten noch zu einem Hintergrundgespräch ein. Da die Sitzungen des Europäischen Rates immer länger dauerten, die Journalisten oft Stunden auf den Austausch mit der Kanzlerin warten mussten, ließ sie diese Tradition auslaufen und ersetzte sie durch eine andere. Nach dem Ende der Abendsitzung ging die Kanzlerin nicht ins

Bett, sondern setzte sich mit ihren Beratern in einer Ecke des im Stadtzentrum gelegenen Delegationshotels Amigo noch zu einem (oder auch mehreren) Glas Wein zusammen. In ihrem ansonsten von morgens bis abends eng durchgetakteten Kalender war das ein Moment der Muße, der ihr viel bedeutete, zumal das Gespräch alle möglichen Themen berührte, nicht nur das aktuelle Brüsseler Tagesgeschäft.

Das kam am nächsten Morgen wieder zu seinem Recht – auch der zweite Tag eines Europäischen Rates lief in festen Bahnen ab. Über Nacht hatte die jeweilige Präsidentschaft einen Text mit den Schlussfolgerungen zum Vortag erarbeitet, der frühmorgens den Delegationen übermittelt wurde. Beim Frühstück mit den Beratern ging Angela Merkel diesen Text durch und notierte sich die Punkte, bei denen sie sich in die Verhandlungen einbringen musste. Waren die Abende mit der Kanzlerin eher entspannt und gemütlich, so ging es nun geschäftsmäßig nüchtern zu. Wir Mitarbeiter der Kanzlerin waren gut beraten, die nach der kurzen Nacht und angesichts der inhaltlichen Herausforderungen des beginnenden Tages manchmal missmutige Kanzlerin nicht durch sachfremde Anekdoten oder humorvoll gemeinte Kommentare zu reizen, zumal ihre frühmorgendlichen Telefonate mit Kolleginnen und Kollegen aus Regierung, Parlament und Partei nicht immer zu ihrer Zufriedenheit verliefen, und auch die Morgenpresse nicht immer die Version zu den aktuellen Themen brachte, die ihr beziehungsweise dem Regierungssprecher am liebsten gewesen wäre. Aber das ist der Alltag einer funktionierenden Demokratie.

Am Rande der Europäischen Räte – insbesondere, wenn Heikles auf der Tagesordnung stand – führte die Kanzlerin eine Reihe von Kurzgesprächen: regelmäßig mit dem französischen Präsidenten und danach häufig mit ihm gemeinsam mit anderen Regierungschefs oder dem Präsidenten des Rates. Gerade bei kritischen Themen waren diese Randgespräche viel wichtiger als die Plenardebatten, in denen lediglich die jeweiligen Positionen vorgetragen wurden. Die Lösungen aber wurden in diesen Gesprächen an der Peripherie des Rates ausgehandelt. So konnte es passieren, dass er über Stunden überhaupt nicht tagte und erst ganz zum Schluss wieder zusammenkam, um die Ergebnisse der Randgespräche abzusegnen.

In der ersten Hälfte 2007 übernahm Deutschland den Vorsitz in der Europäischen Union. Das Datum fiel mit dem 50. Jubiläum der Gründung der Europäischen Wirtschaftsgemeinschaft (EWG) zusammen. Für die Bundeskanzlerin war dies ein ganz besonderer Moment. Sie flog nach Rom, um sich dort die »Römischen Verträge«, die Gründungsakte der EWG, anzuschauen und sich davon für die Gestaltung der Feierlichkeiten inspirieren zu lassen. Lange beriet sie über deren Ablauf, zu dem sie dann als Vorsitzende den Europäischen Rat nach Berlin einlud.

Am 25. März 2007 wurde die »Berliner Erklärung« im barocken Zeughaus Unter den Linden von den 27 versammelten Staats- und Regierungschefs feierlich unterzeichnet. Angela Merkel hatte viel Herzblut auf dieses Dokument verwandt. In der Regel werden zwischenstaatliche Erklärungen, Verträge, Memoranden, Schlussfolgerungen usw. von Beamten ausgearbeitet, die Chefs klären dann die strittigen Fragen, doch die »Berliner Erklärung« kam anders zustande: Die Kanzlerin hatte wesentliche Teile selbst verfasst. Ihr war es ein Anliegen, dass dieser Jahrestag, der im Blick zurück klarmachen sollte, was für eine einzigartige Erfolgsgeschichte das europäische Einigungswerk darstellte, gleichzeitig den Blick nach vorne schärfte, unmissverständlich verdeutlichte, dass eine gedeihliche Zukunft für die Menschen in Europa nur gemeinsam, unter dem Dach der Europäischen Union möglich war. »Wir Bürgerinnen und Bürger der Europäischen Union sind zu unserem Glück vereint«, so lautet die von Angela Merkel formulierte Kernaussage der Erklärung, in der sie den Menschen in den Mittelpunkt stellte, indem sie das Grundgesetz zitierte: »Seine Würde ist unantastbar.«

Der Gipfel in Berlin verlieh der Europäischen Union nach dem Scheitern des EU-Verfassungsvertrages neuen Schwung. Und so gelang es am 13. Dezember 2007 dann auch, den Lissabonner Vertrag zu unterschreiben, der die wesentlichen Inhalte des Verfassungsvertrages übernahm: die Rechte des Europäischen Parlaments und des Hohen Vertreters für die Außen- und Sicherheitspolitik wurden gestärkt, der Europäische Auswärtige Dienst wurde gegründet, die Grundrechtscharta rechtlich verbindlich und – in Vorahnung – ein Austritt aus der EU geregelt.

Da in ihrer Kanzlerschaft das europäische Einigungswerk im Mittelpunkt stand, war der 25. März 2007 vielleicht einer der Höhepunkte von Angela Merkels Amtszeit. Der Festtag klang mit einem Konzert der Berliner Philharmoniker unter Sir Simon Rattle aus – auch das von der Kanzlerin persönlich geplant. Auf dem Programm standen Beethovens 5. Sinfonie sowie die Europahymne und die deutsche Hymne, die beide nur von Streichern gespielt wurden – ein sehr emotionaler Abschluss.

Als der Vertrag von Lissabon am 1. Dezember 2009 in Kraft trat, rückte dieses eigentlich historische Ereignis in den Hintergrund, denn Europa war von der Weltwirtschaftskrise erfasst worden. Der Zusammenbruch der Investmentbank Lehman Brothers im September 2008 hatte ein weltweites Erdbeben ausgelöst. Banken gerieten unter Druck, wurden durch Kapitalerhöhungen und staatliches Fremdkapital bis hin zu Verstaatlichungen mühsam über Wasser gehalten. Trotz niedrigerer Zinsen übertrug sich die Bankenkrise auf die Realwirtschaft: Unternehmen gerieten in Schieflage, gingen gar in Konkurs, die Arbeitslosenzahlen stiegen. Auch Deutschland blieb nicht verschont, geriet 2009 in eine schwere Rezession. Immerhin verhinderte das soziale Netz Schlimmeres, insbesondere das Instrument der staatlich subventionierten Kurzarbeit.

Seit dem ersten Gipfel der wirtschaftsstärksten Länder (G20) am 15. November 2008 in Washington dominierte die Finanzkrise auch den Tageskalender der Bundeskanzlerin, doch gerade in herausfordernden Zeiten lief sie immer zur Hochform auf. Ob Finanzkrise, Ukrainekrise, Flüchtlingskrise, Brexit, Corona-Pandemie: Stets versuchte Angela Merkel, die Ursachen zu diagnostizieren, den Verlauf kontinuierlich zu analysieren und vor allem strategisch zu handeln, wobei sie immer das Ziel vor Augen hatte, eine Wiederholung der jeweiligen schwierigen Lage zu verhindern. Ihr kam zugute, dass sie in kritischen Situationen nie in Hektik verfiel, darauf achtete, dem Druck, spontane Entscheidungen zu treffen, standzuhalten. Ihr Erfolgsmotto war ganz einfach: »In der Ruhe liegt die Kraft!«

Vor allen Entscheidungen suchte sie auch immer Beratung. Ihr engster Mitarbeiter in der Finanzkrise war der von 2006 bis 2011 für sie tätige spätere Bundesbankpräsident Jens Weidmann. Als Generalsekretär des Sachverständigenrates war er ein ausgewiesener Fachmann, ohne Zweifel einer der renommiertesten Ökonomen Deutschlands. Später übernahm er von dem in Ruhestand getretenen Bernd Pfaffenbach auch das Amt des sogenannten G8-Sherpas der Bundeskanzlerin – eine sehr treffende Bezeichnung, denn wie die legendären Träger und Führer der nepalesischen Volksgruppe es Bergsteigern ermöglichen, die höchsten Höhen des Himalaja zu erklimmen, so bereiten politische Sherpas für ihre jeweiligen Regierungschefs als Chefunterhändler dann hoffentlich erfolgreich verlaufende Gipfeltreffen vor. Der Kanzlerin war es wichtig, diese Position im Kanzleramt und nicht im Wirtschaftsministerium anzusiedeln, um damit den G8- und auch den G20-Prozess direkter beeinflussen zu können.

Ihre Leitlinie bei der Bewältigung der Finanzkrise war klar. Einerseits musste den notleidenden Staaten geholfen werden; hinter den abstrakten Zahlen standen ja viele Millionen Einzelschicksale von Menschen, die ihre Arbeit, ihr Einkommen, ihre Lebensgrundlage verloren. Andererseits durften die Hilfen nicht bedingungslos erfolgen, sie mussten mit Reformen einhergehen, die eine Wiederholung der Krise verhinderten. Dabei gab es für

Angela Merkel eine rote Linie: Als Folge der eingeschlagenen Politik durfte der Euro nicht in Gefahr geraten, für die Kanzlerin eine der bedeutendsten Errungenschaften des europäischen Einigungswerks. »Scheitert der Euro, dann scheitert Europa«, so lautete ihr nicht nur einmal geäußertes Credo.

Die innereuropäischen Auseinandersetzungen verliefen während dieser turbulenten Jahre immer gleich: Die von der Krise erfassten Staaten drängten, oft unterstützt von der Europäischen Kommission und der Europäischen Zentralbank, auf rasche, umfangreiche Hilfsprogramme. Seinerseits mit der Rückendeckung der Nettozahler trat Deutschland jedoch auf die Bremse, bestand darauf, dass der Internationale Währungsfonds (IWF) jeweils beteiligt wurde und sein Einverständnis gab. Unbeeinflusst von anderen Überlegungen, blieb für diesen immer das Prinzip der Tragfähigkeit von Kreditprogrammen entscheidend. Das führte zu harten Anpassungs- und Reformprogrammen in den gebeutelten Ländern. So war der IWF, aber auch die Bundeskanzlerin, sehr oft Zielscheibe zum Teil heftiger, ja polemischer Kritik.

Griechenland wurde zum Symbol der Finanzkrise, unter der das Land und seine Bevölkerung am stärksten litten. Unterlassene Reformen hatten es besonders verwundbar gemacht. Aber selbst in diesem Fall galt für die Bundeskanzlerin, dass die Hilfen an Reformen geknüpft werden mussten. Die Folgen dieser Politik spülten von Georgios Papandreou bis Adonis Samaras mehrere Regierungen hinweg, bis 2015 Alexis Tsipras die Amtsgeschäfte übernahm. Der linke Ideologe vermochte es, sich durch eine bemerkenswerte Schaukelpolitik die Zustimmung der Bevölkerung einerseits und der Gläubiger andererseits zu sichern und sein Land auf einen aussichtsreicheren Kurs zu bringen. Auch wenn sie dort oft zur Hassfigur stilisiert wurde, gelang es der Kanzlerin, ein funktionierendes Arbeitsverhältnis und am Schluss sogar ein Vertrauensverhältnis zu Tsipras aufzubauen. Eine historische Meisterleistung vollbrachte der dem griechischen Antiestablishment entstammende Regierungschef, als er sich 2018 mit Zoran Zaev, dem ebenfalls linken Ministerpräsidenten Nordmazedoniens, auf eine Lösung der mazedonischen Namensfrage einigte. Denn seit der Unabhängigkeitserklärung der früheren jugoslawischen Teilrepublik im Jahr 1991 hatte in Griechenland stets die Befürchtung geherrscht, der neue Nachbarstaat könnte territoriale Ansprüche auf die angrenzende nordgriechische Region Makedonien erheben. Auch hier half die Bundeskanzlerin hinter den Kulissen intensiv mit, das lang ersehnte Ziel zu erreichen.

Als Folge der europäischen Finanzkrise intensivierten sich die Beratungen und Sitzungen der Europäischen Union sowohl auf Ebene der Finanzminister als auch der Regierungschefs. Es kam zu heftigen Auseinandersetzungen, Nachtsitzungen waren fast die Regel – doch glücklicherweise wurden auch Ergebnisse erzielt. Die EU einigte sich auf umfangreiche Hilfspakete und schuf mit dem Europäischen Finanzaufsichtssystem ESFS (2011) und dem Europäischen Stabilitätsmechanismus ESM (2012) zwei Institutionen, mit denen die europäischen Finanzmärkte reguliert wurden und überschuldeten Mitgliedstaaten der Eurozone Kredite zur Verfügung gestellt werden sollten, um deren Zahlungsunfähigkeit zu verhindern.

Das Schnüren großer Finanzpakete und die Übertragung von Kompetenzen auf die europäischen Institutionen führte auch innerhalb der Bundesregierung und im Bundestag zu intensiven, oft kontroversen Diskussionen. Wurde das Oberziel, die Bewahrung des europäischen Einigungswerkes, noch von allen geteilt, so gingen die Auffassungen über den Weg dorthin stark auseinander. Nach der Bundestagswahl im September 2009 hatte es einen Koalitionswechsel gegeben, die FDP hatte die SPD als Partner der Union ersetzt, und nun standen die Liberalen sowie ein Großteil der CDU/CSU-Bundestagsfraktion den horrenden Hilfspaketen skeptisch gegenüber. Auch vonseiten der Medien kam viel Druck; die Bundesregierung, insbesondere die Kanzlerin, und die Europäische Kommission wurden als zu »weich«

dargestellt, die Polemiken in der Boulevardpresse wurden zeitweise unerträglich. Doch die Kanzlerin blieb ihrem Kurs durch alle politischen und medialen Stürme hinweg treu, selbst als Finanzminister Wolfgang Schäuble, ebenfalls ein leidenschaftlicher Europäer, Zweifel bekam, ob Griechenland in der Eurozone bleiben könnte.

Am Ende verschafften ihr Krisenmanagement und ihre Geradlinigkeit der Kanzlerin und somit auch der CDU/CSU bei den nächsten Bundestagswahlen 2013 einen überragenden Wahlsieg. Auch in Europa stieg das Ansehen Angela Merkels wieder, denn trotz vieler Härten, die in einzelnen Staaten zu Regierungskrisen und -wechseln führten, wurden auch hier die klare Haltung und insbesondere die grundsätzliche Ausrichtung ihrer Politik auf eine Stärkung der Europäischen Union respektiert und geschätzt.

Die EU litt noch unter den Nachwehen der Weltfinanzkrise, als sie vor eine weitere Herausforderung gestellt wurde: die Flüchtlingskrise. Seit Monaten war Europa bereits das Ziel von Flüchtlingsströmen, als am ersten Septemberwochenende 2015 Bilder zumeist syrischer Flüchtlinge, die in Budapest festsaßen, über die Medien verbreitet wurden. Da sie keine Hilfe von den ungarischen Behörden erwarteten, durstig, hungrig und verzweifelt waren, wollten sie das Land zu Fuß verlassen. Auch Angela Merkel verfolgte diese Bilder, sie befasste sich seit Wochen ohnehin schon mit dem Thema. Nun entschied sie, die Grenzen Deutschlands zu öffnen und die Hilfe suchenden Flüchtlinge ins Land zu lassen. Es konnte nicht sein, so ihre Haltung, dass die Europäische Union, der reichste Staatenverbund der Welt, sich abweisend und kaltherzig gegenüber diesen Menschen zeigte, die auf der Flucht vor einem brutalen Regime und Krieg in ihrer Heimat waren. Da aber eine europäische Lösung bedauerlicherweise nicht in Aussicht stand, beschritt Angela Merkel einen deutschen Weg.

Die Grenzöffnung war die vielleicht mutigste und gleichzeitig umstrittenste Entscheidung ihrer Kanzlerschaft. Meine US-Kollegin Susanne Rice sagte mir einige Wochen später, dass sich durch die Aufnahme Hunderttausender Flüchtlinge ihr Blick auf Deutschland gewandelt habe, und zeigte mir ein Foto aus der *New York Times*, auf dem in einem deutschen Geschäft eine weiße Verkäuferin einem dunkelhäutigen Flüchtlingskind Süßigkeiten schenkte. Die Entscheidung der Kanzlerin hat den Ruf Deutschlands in der Tat verändert, die außergewöhnliche humanitäre Geste wurde weltweit beachtet. Daran änderten auch die folgenden Entwicklungen – das Anschwellen der Flüchtlingsströme, die innen- und europapolitischen Querelen über Asylrecht, Quoten und Verteilung, die immensen Integrationsprobleme – nichts. Gleiches gilt für das Erstarken rechtsextremer Kräfte und den Einzug der AfD in den Bundestag. Seit damals hat sich Angela Merkels »Wir schaffen das!« ins Gedächtnis der Menschen vor allem in Deutschland eingeprägt – im Guten wie im Schlechten. Für die einen spricht daraus Mut, Zuversicht, Humanität und die Bereitschaft, Verantwortung zu übernehmen, für andere Übermut, Naivität und Verantwortungslosigkeit.

Nach dem berühmten Septemberwochenende intensivierte die Kanzlerin ihre Anstrengungen zur Bewältigung der Flüchtlingskrise sowohl innen- als auch außenpolitisch. Da sie dem Konzept der »Festung Europa«, also der Abriegelung der Europäischen Union nach außen, keine Sympathien entgegenbrachte – zumal sie ein »Einbunkern« angesichts der langen Land- und Seegrenzen für unrealistisch hielt –, setzte sie auf die Bekämpfung der Fluchtursachen.

Der erste Ansatz galt der humanitären Hilfe. Die entsprechenden Haushaltstitel im Auswärtigen Amt und im Bundesministerium für Wirtschaftliche Zusammenarbeit wurden drastisch erhöht. Seither gehört Deutschland zu den wichtigsten Beitragszahlern für das Welternährungsprogramm der Vereinten Nationen, UNICEF, die UN-Entwicklungsorganisation (UNDP) und andere Hilfsorganisationen. Darüber hinaus nahm die Kanzlerin schwierige Verhandlungen insbesondere mit der Türkei, aber auch anderen Mittelmeeranrainern auf, um ihnen bei der Bewältigung der Flüchtlingsströme zu helfen, Rückführungsabkommen abzuschließen und legale Möglichkeiten zur Zuwanderung zu schaffen. Auch reiste sie an geografische Brennpunkte an der türkisch-syrischen Grenze, in den Maghreb und den Sahel.

Die Flüchtlingskrise blieb für sie Chefsache, und mit dem erfahrenen Bundesrichter Jan Hecker holte sie sich einen Berater ins Kanzleramt, der sich fortan rund um die Uhr um die anstehenden Aufgaben kümmerte. Seine Erfolge in den Verhandlungen vor allem mit der Türkei, aber auch mit Ägypten und anderen afrikanischen Staaten veranlassten sie, ihn nach den Bundestagswahlen 2017 zu meinem Nachfolger als außen- und sicherheitspolitischen Berater zu bestellen. Seine Berufung machte zudem deutlich, dass die Kanzlerin die Bekämpfung der Flüchtlingsursachen in ihrer vierten Amtsperiode weiter in den Vordergrund stellen würde, wovon dann auch die erfolgreiche Libyenkonferenz in Berlin im Januar 2020 Zeugnis gab, deren Ergebnisse vom Sicherheitsrat der Vereinten Nationen indossiert wurden. Sie setzte eine gewisse politische, militärische und wirtschaftliche Erholung Libyens in Gang, in dessen Lagern Tausende Flüchtlinge unter unmenschlichen Bedingungen festsaßen oder von wo aus sie lebensgefährliche Überfahrten über das Mittelmeer Richtung Europa wagten – viel zu oft mit schrecklichem Ausgang.

Als Folge der Flüchtlingskrise einigte sich die Europäische Union auf die Stärkung ihrer Außengrenzen und die Bekämpfung der Flüchtlingsursachen. Doch sie scheiterte auch. Zum einen, was die praktische Anwendung der im sogenannten Dublin-III-Abkommen vereinbarten Asylverfahren anbelangt, nach denen im Grundsatz die Staaten zuständig sind, in denen Flüchtlinge erstmals das Gebiet der EU erreichen. Zum anderen bei der Vereinbarung von Quoten für die Verteilung von Flüchtlingen auf alle Mitgliedstaaten. Wortführer bei der Ablehnung einer Quotenregelung war Ungarn, ausgerechnet das Land, dessen Bürger nach dem gescheiterten Aufstand 1956 gegen die kommunistische Diktatur und sowjetische Besatzung Zuflucht in anderen europäischen Staaten gefunden hatten. Derweil blieb der Strom von Flüchtlingen, aber auch Migranten auf hohem Niveau stabil. Die Frage ihrer Verteilung auf die und ihrer Unterbringung in den Mitgliedstaaten bleibt auf der Tagesordnung der EU und harrt einer Lösung.

Bis heute ist es den Staats- und Regierungschefs der EU nicht gelungen, sich auf einen Verteilungsschlüssel zu einigen. Die nationalen Egoismen sind in vielen Mitgliedstaaten stärker ausgeprägt als der Solidaritätsgedanke. So tragen osteuropäische Länder zwar die Hauptlast bei der Bewältigung der Flüchtlingswellen aus der Ukraine, was sie jedoch nicht dazu bringt, einer Quotenregelung zuzustimmen, die vor allem Italien dabei helfen würde, die Last des anhaltenden Menschenstroms aus Nordafrika besser zu bewältigen. Dass in einigen Ländern, die mit erheblichen Flüchtlingszahlen konfrontiert sind, eher »rechte« Regierungen an die Macht gekommen sind, verringert die Aussicht auf eine in sich geschlossene, gemeinsame EU-Politik aus solidarischer, humanitärer Aufnahmebereitschaft, gemeinsamer Stabilisierungspolitik in den Herkunfts- und Transitländern und einer systematischen Migrationspolitik, die gerade für das unter einem gravierenden Fachkräftemangel leidende Deutschland von hoher Bedeutung wäre.

Überlagert wurde das Flüchtlings- und Migrationsthema Anfang 2020 durch die nächste Herausforderung für die Europäische Union, das Corona-Virus. Innerhalb weniger Wochen erfasste es ganz Europa, Hunderttausende erlagen ihm, Millionen erkrankten, zudem geriet die Wirtschaft in der EU aufs Neue in eine bedrohliche Schieflage. Wie bei allen vorherigen Krisen stürzte sich die Kanzlerin mit aller Energie auf die Problemlösung. Schon ein paar Jahre zuvor hatte sie Erfahrung mit einer ähnlichen, allerdings regional begrenzten Gesundheitsgefahr gesammelt, dem Ebola-Ausbruch in Westafrika 2014. Auch dort ging sie der Sache auf den Grund, traf sich mit Vertretern des Robert-Koch-Instituts und anderen Spezialisten, um die medizinischen Hintergründe und Konsequenzen zu verstehen. Auch befasste sie sich mit der Frage, wie die Staatengemeinschaft am wirksamsten reagieren sollte und worin die Defizite lagen. Aus ihrer Sicht war es wichtig, die Autorität und Unabhängigkeit der Weltgesundheitsorganisation zu stärken, worauf sie dann auch im Mai 2015 während eines Besuches der WHO in Genf drängte. Die damals während der Ebola-Krise gesammelten Erfahrungen sollten sich nun bei der Bekämpfung der Corona-Pandemie bewähren. Erneut wählte die Kanzlerin den wissenschaftlichen Ansatz und richtete auf dieser Grundlage eindringliche Mahnungen an die Bevölkerung, das Virus nicht auf die leichte Schulter zu nehmen und diszipliniert die angeordneten Maßnahmen zu befolgen.

Unterstützt wurde sie wie schon bei Ebola durch den Chef des Kanzleramtes Helge Braun, dessen medizinischer Hintergrund Gold wert war. Häufig stand die Kanzlerin den für das Ergreifen der notwendigen Vorsichtsmaßnahmen zuständigen Bundesländern kritisch gegenüber, viele unter dem Druck der Öffentlichkeit und Wirtschaft erfolgte Öffnungsschritte waren ihr zu überhastet. Die Rückschläge, die nächsten Infektionswellen, gaben ihr im Nachhinein recht.

Als es um die Verteilung der schließlich zur Verfügung stehenden Impfstoffe ging, reagierte sie als überzeugte Europäerin und befürwortete eine zentrale Beschaffung und Weitergabe durch die EU, um ein unwürdiges Gerangel und Geschacher innerhalb der Union zu verhindern. Dass es dabei zu Verzögerungen kam, war natürlich sehr bedauernswert, umgekehrt waren die Hoffnungen der Bürger auf eine rasche Impfung verständlicherweise sehr hochgeschraubt, und die als solche wahrgenommenen bürokratischen Verzögerungen in Brüssel waren dem Ansehen der EU nicht gerade hilfreich. Für eine europäische beziehungsweise multilaterale Lösung setzte sich die Kanzlerin sogar vor den Vereinten Nationen ein: Sie erteilte der von China und Russland betriebenen Politik, sich durch gezielte Impfstofflieferungen politische Vorteile zu erkaufen, eine Absage, und Deutschland zahlte Milliarden in den sogenannten Covax-Mechanismus ein, aus dem vor allem Entwicklungsländer mit Impfstoffen versorgt wurden.

Neben der medizinischen Herausforderung hatte die EU während der Pandemie mit einer der Weltfinanzkrise vergleichbaren wirtschaftlichen Notlage zu kämpfen. Zehntausende Unternehmen gerieten in Not, und Hunderttausende Menschen verloren ihre Arbeitsplätze. Gerade erst auf dem Weg der Erholung nach der Finanzkrise, mussten sich die Staaten erneut verschulden, damit sich Unternehmen, Selbstständige und Arbeitnehmer dank finanzieller Rettungsringe über Wasser halten konnten. In dieser Situation einigte sich die Kanzlerin mit dem französischen Präsidenten Macron auf einen historischen europapolitischen Schritt: die Schaffung eines Europäischen Wiederaufbaufonds, der den am härtesten getroffenen Mitgliedstaaten einen Wachstumsschub geben sollte, wobei besondere Betonung auf die Verwendung der Mittel für Klimaschutzmaßnahmen und den digitalen Umbau gelegt wurde. Historisch war diese Entscheidung, weil der EU mit ihr erstmals gestattet wurde, Schulden aufzunehmen, bislang ein Tabu. Mit dieser Entscheidung gelang der Kanzlerin in ihrem letzten Amtsjahr ein weiterer Schritt im Hinblick auf die von ihr kontinuierlich angestrebte Stärkung des europäischen Einigungswerkes.

Doch in der Folge kam es bei der Umsetzung des Fonds zu erheblichen Spannungen innerhalb der EU, genauer gesagt mit Polen und Ungarn. Beide Länder hatten sich in den vorhergehenden Jahren immer wieder mit der Europäischen Kommission angelegt, insbesondere durch die Unterminierung ihres Rechtssystems. Indem ihre Regierungen versuchten, sich die Justiz gefügig zu machen, rüttelten sie an den Grundfesten der Gemeinschaft, dem Rechtsstaatsprinzip. Für die Zukunft der EU ist es aber von größter Wichtigkeit, dass die Stärke des Rechts immer Vorrang vor dem Recht des Stärkeren hat, also konkret nicht den Orbans und Kaczynskis untergeordnet wird.

Wozu das vermeintliche Recht des Stärkeren führen kann, erlebte die Europäische Union am 24. Februar 2022 durch den zweiten Einmarsch Russlands in die Ukraine, mit dem Präsident Putin sämtliche einschlägige Normen des internationalen Rechts brach. Im Verbund vor allem mit den USA reagierte die EU konsequent, verhängte massive Sanktionen gegen den Angreifer und unterstützte die Ukraine sowohl materiell mit finanzieller und wirtschaftlicher Hilfe als auch ideell mit der Verleihung des Kandidatenstatus an dieses vom Krieg gepeinigte Land.

Putins Aggression muss für die EU auch ein Weckruf sein, um endlich den Ausbau ihrer verteidigungspolitischen Dimension anzugehen. Sie ist schon seit den 2000er-Jahren in den Verträgen grundgelegt, nur hat sich die EU dennoch nicht zu einem wirklichen sicherheits- und verteidigungspolitischen Akteur entwickelt. Dazu fehlten bislang der politische Wille und die finanziellen Mittel. Grund für diese Nachlässigkeit waren die Hoffnung auf eine weitere friedliche Entwicklung in Europa nach dem Ende des Kalten Krieges und das Vertrauen auf die USA als Retter in der Not. Angesichts eines innenpolitisch stark polarisierten und außenpolitisch auf China ausgerichteten Amerikas und nun vor allem auch Putins muss es aber jedem klar werden, dass dem Ausbau europäischer Verteidigungskapazitäten höchste Priorität eingeräumt werden sollte.

In den nächsten Jahren muss die Aufstellung einer eigenständigen, durchhaltefähigen, robusten schnellen Eingreiftruppe im Vordergrund stehen. Die Europäische Union muss in der Lage sein, ihre Bürger wirkungsvoll zu schützen, sei es an den eigenen Grenzen, sei es jenseits davon, wenn es – wie im Sommer 2021 in Kabul – darum geht, Angehörige oder Schutzbefohlene der EU aus einer Notlage zu befreien. Doch darf die Aufstellung dieser Truppe nicht im Gegensatz oder unabhängig von der NATO erfolgen, denn wir können uns eine Duplizierung von militärischen Fähigkeiten nicht erlauben. Eine schnelle Eingreiftruppe muss in der Lage sein, sowohl unter NATO- als auch unter EU-Flagge in den Einsatz zu gehen. Letzteres für den Fall, dass sich die Amerikaner nicht an einer bestimmte Operation beteiligen wollen. Das kann in Zukunft häufiger passieren, zumal sich die Amerikaner ja verstärkt Asien zuwenden wollen und berechtigterweise von uns erwarten, dass wir uns um die Bewältigung von Konflikten in Europa und den umliegenden Regionen kümmern. Wie schon im Rüstungsbereich sollten Deutschland und Frankreich auch hier als Vorreiter die Initiative ergreifen.

Doch nicht nur im Verteidigungsbereich sollte die Union in den nächsten Jahren Fortschritte erzielen; dies gilt auch für die Außenpolitik generell. Sosehr ich für Mehrheitsentscheidungen und eine entsprechende Änderung der europäischen Verträge bin, die Aussicht auf eine solche Maßnahme ist düster. Länder wie Polen und Ungarn werden unter ihren jetzigen Regierungen verhindern, dass sie Gefahr laufen, überstimmt zu werden. Aber auch in anderen Staaten sind Tendenzen zur Rückbesinnung auf das Nationale zu beobachten. Deshalb sollte vermehrt auf Allianzen von Gleichgesinnten gesetzt werden, die vorangehen und Initiativen ergreifen, an denen sich – wie beispielsweise beim Nuklearabkommen mit dem Iran – der Außenbeauftragte der EU beteiligt. Überhaupt sollte dieser mehr in Erscheinung treten, häufiger vom Europäischen Rat beauftragt werden. Hilfreich wäre es, wenn künftige Amtsinhaber wieder eine höhere Autorität genießen würden, so wie sie der erste Beauftragte Javier Solana als ehemaliger NATO-Generalsekretär hatte. Grundregel sollte es sein, dass der Beauftragte – so wie dies für den Vorsitzenden des Europäischen Rats gilt – ein ehemaliger Regierungschef ist, der auf Augenhöhe mit den Ratsmitgliedern auftreten kann. Hierzu bedarf es keiner Vertragsänderung, sondern nur des politischen Willens der Mitgliedstaaten, ihrem Außenvertreter mehr Autorität zuzugestehen.

Die EU steht vor einer weiteren Herkulesaufgabe: Wie umgehen mit den vielen Beitrittskandidaten? Die westlichen Balkanstaaten, die Ukraine, die Moldau, bald vielleicht auch Georgien, klopfen an die Tür. Die EU hat sich politisch zur Aufnahme verpflichtet, zögert mit der Umsetzung aber aus unterschiedlichen Gründen. Das in den 90er-Jahren verkündete Dogma, wonach Vertiefung und Erweiterung Hand in Hand gehen müssten, konnte sich in der Praxis nicht durchsetzen. Seit den negativen Referenden über eine europäische Verfassung in Frankreich und den Niederlanden 2005, aber auch aufgrund der fast europaweiten Zunahme nationalistischer, europakritischer Kräfte befürchte ich, dass es auf absehbare Zeit nicht mehr zu einer substanziellen Veränderung der europäischen Verträge kommen wird. Es wird nur punktuelle »Vertiefungen« geben, die sich oft auf kleinere Kreise von Mitgliedstaaten beschränken werden. Dennoch erfordert die außenpolitische Großwetterlage, dass der Erweiterungsprozess weitergehen muss, will man in den Kandidatenländern die Zunahme frustrierter, europakritischer Stimmen vermeiden und verhindern, dass Kräfte von außerhalb der Union – vor allem China, Russland und die Türkei – ihren Einfluss verstärken und die Beitrittskandidaten in eine den EU-Interessen entgegengesetzte Richtung abdriften.

Aus meiner Sicht werden die bisherigen Vorschläge den Erwartungen der Kandidaten nicht gerecht. Sie wollen nicht auf unabsehbare Zeit Mitglieder zweiter Klasse bleiben. Deshalb stellt mein Vorschlag die bisherige Logik des Beitrittsprozesses auf den Kopf. Anstatt die Kandidaten erst nach der Unterzeichnung der Beitrittsverträge aufzunehmen, sollten sie schon jetzt an allen Europäischen Räten und Fachministerräten teilnehmen dürfen – allerdings ohne Stimmrecht, das sie erst erhalten sollten, wenn sie tatsächlich die Voraussetzungen zur Aufnahme erfüllt hätten. Auf diese Weise gehörten sie zur Familie, müssten regelmäßig nach Brüssel und Luxemburg kommen – ja auch nach Straßburg, wenn diese Lösung auf das Europäische Parlament ausgedehnt würde. Sie wären damit eingebunden in die Beratungen, könnten ihre Ansichten unmittelbar einbringen und würden Teil der europäischen Routine, wodurch mir ein frustriertes Abdriften sehr viel unwahrscheinlicher erschiene. Und umgekehrt würde die Handlungsfähigkeit der jetzigen EU durch eine eventuell politisch motivierte vorzeitige Aufnahme nicht eingeschränkt werden.

Der europäische Integrationsprozess, der zu Beginn der Amtszeit der Kanzlerin nach den negativen Volksabstimmungen zu einem Verfassungsvertrag in einer kritischen Phase war, befand sich auch am Ende in einer schwierigen Situation aufgrund des russischen Angriffskriegs gegen die Ukraine, der ungelösten Flüchtlings- und Migrationsfragen, aber auch eines selbstbewusster auftretenden Chinas, das mit seiner aggressiven Außenpolitik die von der EU hochgehaltene, auf der UNO-Charter beruhende internationale regelbasierte Ordnung angriff und durch sein eigenes Modell durchsetzen will. Die Bundesregierung muss sich bei der Bewältigung all dieser Herausforderungen an die Spitze der Europäischen Union setzen und Führung und Verantwortung übernehmen. Als wirtschafts- und bevölkerungsreichster Mitgliedstaat dürfen wir uns hier nicht wegducken. Vor allem muss die Bundesregierung dabei bestrebt bleiben, alle Interessen unter einen Hut zu bringen und einzelne Staaten oder Staatengruppen nicht zu übergehen. Der Unmut, den die deutsche Russland- und Ukrainepolitik in Osteuropa ausgelöst hat und der weiter anhält, darf von der Bundesregierung nicht einfach übergangen werden. Das lehrt uns auch unsere Geschichte.

4. Kapitel

Die NATO: Deutschlands Lebensversicherung

Letzter Stopp auf der eintägigen Antrittsreise der Bundeskanzlerin war das NATO-Hauptquartier. Obwohl EU und NATO beide in Brüssel angesiedelt sind, existieren sie in zwei verschiedenen Welten. Die Union nahe am Stadtzentrum, das Bündnis außerhalb in der Nähe des Flughafens, abgeschottet von der Außenwelt. Beide Hauptquartiere, über deren Praxistauglichkeit und architektonische Schönheit diskutiert werden kann, sind im letzten Jahrzehnt in Neubauten umgezogen. Es wäre sicher auch eine Dimension kleiner gegangen.

Der Antrittsbesuch der Kanzlerin fand jedoch noch im alten NATO-Gebäude statt, das einer Containersiedlung ähnlicher war als einem modernen Bürogebäude. Generalsekretär war der ehemalige niederländische Außenminister Jaap de Hoop Scheffer. Auf der Tagesordnung der NATO standen die Afghanistan-Mission, die Frage der Verteidigungsbudgets der Mitgliedstaaten – ein Dauerbrenner – und die Beziehungen zwischen Bündnis und EU auf dem Gebiet der Sicherheits- und Verteidigungspolitik, ebenfalls keine thematische Eintagsfliege: Die zumeist angelsächsischen und osteuropäischen Skeptiker befürchteten eine Entkoppelung US-amerikanischer und europäischer Sicherheitsaktivitäten, was mit einer Duplizierung und damit Verschwendung von Finanzmitteln verbunden gewesen wäre. Andere hatten eine positivere Einstellung, erhofften sich von der Europäischen Sicherheits- und Verteidigungspolitik (ESVP) eine größere Eigenständigkeit der EU – dazu gehörte insbesondere Frankreich – oder sahen wie Deutschland die Entwicklung eigener Fähigkeiten als Notwendigkeit für Fälle an, in denen europäische Sicherheitsinteressen berührt, die USA aber nicht zu militärischem Engagement bereit waren, zum Beispiel auf dem Balkan oder im Norden Afrikas.

Der Bundeskanzlerin war auch die NATO sehr wichtig. Das Bündnis hatte den Westen nach dem Zweiten Weltkrieg durch die Jahre des Kalten Krieges hindurch zusammengehalten und letztlich durch seine Standfestigkeit zum Zusammenbruch der Sowjetunion und zum Fall des Eisernen Vorhangs beigetragen. Die wachsende Aggressivität Russlands bestärkte die Kanzlerin in ihrem Glauben an die weiterhin hohe Bedeutung der NATO für die Bewahrung von Freiheit, Frieden und Sicherheit in Europa. Eisern hielt sie am NATO-Afghanistan-Einsatz fest und befürwortete einen Aufwuchs des deutschen Verteidigungshaushaltes in Richtung des 2-Prozent-Ziels, d. h., dass 2 Prozent des Bruttoinlandsprodukts für Rüstung aufgewendet werden sollen. Die jeweiligen Koalitionspartner waren davon weniger überzeugt, und im Haushaltsaufstellungsverfahren verliefen die Diskussionen sehr mühsam. Auch aus dem Verteidigungsministerium kam lange kein vehementer Druck; die Bereitschaft, es über den Haushalt zum Krach mit dem Koalitionspartner kommen zu lassen, war nicht sehr ausgeprägt. Erst nach der ersten russischen Invasion in der Ukraine 2014 und dem NATO-Gipfel in Wales im selben Jahr, als dessen Ergebnis das 2-Prozent-Ziel politisch verpflichtend festgeschrieben wurde, verliefen die Haushaltsverhandlungen etwas konstruktiver. SPD-Außenminister Frank-Walter Steinmeier hatte das Ergebnis des Waliser Gipfels vor Ort mitgetragen, aber im Auswärtigen Amt und in der SPD-Fraktion hatten die NATO-Protagonisten einen schweren Stand – bis zum Februar 2022 und dem zweiten russischen Einmarsch in die Ukraine.

Beim Besuch im Hauptquartier und im Gespräch mit dem NATO-Generalsekretär fiel der Bundeskanzlerin auf, wie sehr die Organisation von den USA geprägt war; auch die Positionen de Hoop Scheffers waren 1:1 amerikanisch. Sosehr sie das US-Engagement für die NATO und Europa zu schätzen wusste, war ihr doch von Anfang an wichtig, dass auch europäische Sicherheitsinteressen, die nicht unbedingt mit amerikanischen übereinstimmen mussten, im Bündnis Berücksichtigung fanden. Deswegen sorgte sie sich frühzeitig um die Auswahl der Nachfolger des Niederländers. Und beide Male machten »ihre« Kandidaten das Rennen, obgleich sowohl Anders Fogh Rasmussen als auch Jens Stoltenberg den Posten nach unserem Eindruck nicht als Bestandteil ihrer Lebensplanung gesehen hatten.

Als Däne nicht immer an der Spitze der europäischen Integrationsbewegung, beeindruckte Rasmussen die Kanzlerin als Kollege im Europäischen Rat, wo er Führungsqualitäten gezeigt hatte. In vielen Einzelgesprächen warben wir für ihn. Am wichtigsten war, so glaubten wir, die Zustimmung der Amerikaner. Hier hatte Barack Obama gerade sein Präsidentenamt angetreten und als seinen ersten Nationalen Sicherheitsberater General James L. (Jim) Jones ernannt, seit 2009 ein guter Bekannter. Dieses Verhältnis resultierte aus einer Zufallsbegegnung beim NATO-Gipfel in Riga 2006. Die Bundeskanzlerin als »Gipfeldebütantin« und Jones, der damalige Oberste Befehlshaber der US-Truppen in Europa und gleichzeitig Oberster NATO-Truppenkommandeur, redeten lange miteinander und entwickelten gegenseitige Sympathien. Als ich dann nach den Europäern auch bei Jim Jones für Rasmussen warb, zeigte er sich aufgeschlossen. Er sorgte für die notwendige Unterstützung, und so ging es in den NATO-Gipfel 2009 in Baden-Baden und Straßburg, auf dem der formelle Beschluss getroffen werden sollte.

Nach einem stimmungsvollen Auftakt – wieder einmal hatte die Kanzlerin bei den Planungen selbst Hand angelegt und die deutsche Geigerin Anne-Sophie Mutter engagiert – platzte am Abend die Bombe. Der türkische Präsident Gül lehnte Rasmussen ab. Ich hatte vorher mit dem Berater von Ministerpräsident

Erdoğan, dem späteren Außenminister und Ministerpräsidenten Davutoğlu, gesprochen und zwar keinen Enthusiasmus, aber auch keine Ablehnung wahrgenommen. Als Begründung führten Gül und Davutoğlu die in der dänischen Tageszeitung *Jyllands-Posten* veröffentlichten Mohammed-Karikaturen an. Die Gefühle des türkischen Volkes und der islamischen Welt seien dadurch verletzt worden, ein Däne als NATO-Generalsekretär sei deshalb nicht akzeptabel. Kompliziert wurden die Gespräche dadurch, dass der tatsächliche Entscheidungsträger, Ministerpräsident Erdoğan, beim Gipfel gar nicht anwesend war, sondern »nur« der Staatspräsident, der aber keine Entscheidungsbefugnis hatte. So ging der Baden-Badener Abend mit einem Missklang zu Ende. Hektische Gesprächsrunden folgten. Die türkischen Kollegen führten solche Situationen, wie wir sie auch aus den Verhandlungen mit der Europäischen Union kannten, bewusst herbei und konnten so ein Maximum aus Verhandlungen herausholen. Dass ihr Ruf darunter litt, war ihnen gleichgültig.

Am zweiten Tag des Gipfels in Straßburg wurde bis zum Konferenzende verhandelt. Zum Schluss war es Obama, der die türkische Zustimmung einholte. Rasmussen und die NATO mussten einige Kratzfüße vor den islamischen Befindlichkeiten machen, aber der Däne konnte sein Amt doch noch antreten. Er machte seine Sache gut, die Beziehungen zu ihm blieben freundschaftlich, aber unsere Hoffnungen, dass er europäische Interessen mehr in den Mittelpunkt stellen würde, bewahrheiteten sich nicht.

Als sich zum Ende seiner Amtszeit die nächste Nachfolgefrage stellte, trat die Bundeskanzlerin wieder auf den Plan. Sie hatte ein besonderes Verhältnis zum norwegischen Ministerpräsidenten Jens Stoltenberg aufgebaut, den sie als klugen Politiker betrachtete. Seine Partei hatte die Parlamentswahlen verloren, aber die Nachfolgeregierung unterstützte seine Kandidatur. Ich stimmte mich bei allen Schritten – dieses Mal durfte nichts schiefgehen! –, vor allem mit dem norwegischen Außenminister

Børge Brende, ab. Das Projekt Stoltenberg 2014 gelang, auch dieses Mal hatten wir die Amerikaner überzeugt, mit deren Sicherheitsberaterin Susan Rice wir nach anfänglichen Missstimmungen eine enge Beziehung aufgebaut hatten. Stoltenberg führte die NATO sicher durch die Herausforderungen, die Russland und die erratische Trump-Administration bereithielten, und demonstrierte 2022 bei der zweiten russischen Invasion beeindruckende Führungsstärke.

Aber auch er erwies und bewies sich nicht als ausgesprochener Europäer. Die NATO wird weiterhin durch ihr wichtigstes und stärkstes Mitglied dominiert, die USA, die sich offenbar noch immer daran gewöhnen müssen, dass man in Europa die Notwendigkeit sieht, auf alle Fälle vorbereitet zu sein.

Der zweite NATO-Gipfel in der Amtszeit der Kanzlerin nach Riga 2006 fand Anfang April 2008 in Bukarest statt. Wichtigstes Thema auf der Tagesordnung war die Frage, ob die Ukraine und Georgien in den Genuss eines Membership Action Plan (MAP) kommen sollten. Hinter diesem Begriff verbarg sich die Aufnahme der beiden Länder in die NATO. Der MAP war die Vorstufe zum Beitritt und deswegen so wichtig; seit Wochen war unter den Mitgliedstaaten darüber diskutiert worden. US-Präsident George W. Bush und seine Außenministerin Condoleezza Rice sprachen sich vehement dafür aus, die beiden Länder mit unter den Schirm der NATO zu nehmen. Unterstützt wurden sie von Großbritannien, Polen und weiteren osteuropäischen Staaten.

Die Bundeskanzlerin war allerdings dagegen, nach ihrer Ansicht waren beide Staaten noch nicht beitrittsreif. Die ukrainische Regierung verfolgte das Beitrittsziel zu diesem Zeitpunkt eher halbherzig, auch angesichts einer hohen Ablehnungsquote in der Bevölkerung. Sie war in sich völlig zerstritten. Als die Kanzlerin 2008 die Ukraine besuchte, um sich selbst ein Bild zu machen, versuchte das Protokoll Präsident Wiktor Juschtschenkos alles, um zu verhindern, dass sie auch seine persönliche Rivalin traf,

Ministerpräsidentin Julija Timoschenko. Georgien wiederum trug Territorialkonflikte mit Russland aus, dessen Vasallen Teile des georgischen Staatsgebietes besetzt hielten, die abtrünnigen Regionen Abchasien und Südossetien. Mit einer Aufnahme Georgiens in die NATO wäre sie in diesen Konflikt hineingezogen worden. Auch mussten nach dem NATO-Vertrag beitretende Staaten einen Beitrag zur Sicherheit des Bündnisses leisten, was bei der Ukraine und Georgien eben nicht der Fall war, zumal Letzteres auch noch von dem unberechenbaren Populisten Micheil Saakaschwili regiert wurde. So sprachen sich im Umfeld des Gipfels nicht nur Deutschland, sondern auch Frankreich, Italien und weitere Staaten gegen den MAP aus.

Anfang März fand eine lange Videokonferenz zwischen der Bundeskanzlerin und Präsident Bush statt, bei der dieses Thema im Mittelpunkt stand. Die Kanzlerin vertrat wieder ihre Position, bedeutete aber gleichzeitig, gesprächsbereit zu bleiben. Sie werde zwar jetzt in die Osterferien reisen, aber ihr Berater werde in Deutschland bleiben und jederzeit ansprechbar sein, während seine Familie in die USA fahre. Dieser so dahingesagte Satz hatte Folgen. Mein US-Kollege Steve Hadley rief mich an, um sich unter anderem nach der USA-Reise meiner Familie zu erkundigen. Da sie sich in Washington aufhielt, bot Hadley ihr einen Besuch im Weißen Haus an. Sie nahm das Angebot gerne an, erhielt eine Führung, und zu ihrer völligen Überraschung traf sie Präsident Bush persönlich. Er nahm sich Zeit, zeigte ihr das Oval Office und ging mit ihr in den Rosengarten, wo er seinen Hund laufen ließ. Es war eine ungewöhnliche Geste.

Mit Außenministerin Condoleezza Rice und Steve Hadley verhandelte ich am Rande des Bukarester Gipfels die MAP-Frage weiter. Zur Verstärkung hatte mir die Kanzlerin Regierungssprecher Uli Wilhelm zugeteilt, und hinter den Kulissen, die in diesem Fall ein Vorhang waren, wurde Klartext gesprochen. Als Condi Rice verstand, dass wir hart bleiben würden, begann sie zu weinen. Wie oft bei solchen Konferenzen gelang am Ende dennoch ein Kompromiss, die Kanzlerin selbst schlug ihn vor. Danach sollte im Abschlussdokument des Gipfels festgeschrieben werden, dass Georgien (und die Ukraine) grundsätzlich Mitglied der NATO werden könnten. Die Beitrittsreife, also die Aufnahme des MAP, sollte regelmäßig überprüft werden. Bush war mit dem Kompromiss einverstanden, aber den Osteuropäern ging er nicht weit genug.

In einer Konferenzpause bot sich dann folgendes Bild: Der US-Präsident saß an seinem Platz und schaute über den großen Verhandlungstisch, an dessen anderer Seite sich ein enger Kreis von Gipfelteilnehmern um den polnischen Präsidenten Lech Kaczyński, die Bundeskanzlerin und Condi Rice scharte, die intensiv über die Formulierungen diskutierten. Einige Kleinigkeiten wurden noch geändert, aber der Kompromiss hatte Bestand, die Kanzlerin hatte sich durchgesetzt. Im Ergebnis kam aber auch Bush gesichtswahrend aus den Verhandlungen heraus, denn die Möglichkeit eines Beitritts war festgeschrieben.

Bis heute wird das Ergebnis des Bukarester Gipfels heftig diskutiert: Die einen sehen es als Fehler an, weil eine Aufnahme Georgiens und der Ukraine in die NATO 2008 die späteren militärischen Interventionen Russlands verhindert hätte, das sich von der Gefahr einer direkten Konfrontation mit der NATO hätte abschrecken lassen. Die anderen kritisieren das Ergebnis, weil es überhaupt die Möglichkeit eines Beitritts der beiden Länder enthielt. Zu diesen Kritikern gehörten Wladimir Putin und seine Apologeten, die bereits die Möglichkeit einer Aufnahme in die NATO als Bedrohung ansahen. Die Bundeskanzlerin hatte Putin bei ihren Gesprächen eine klare Antwort darauf gegeben: »Bukarest« habe den von der Bush-Regierung angestrebten Beitritt der beiden Staaten verhindert; es sei nicht vorstellbar, dass diese Grundsatzentscheidung umgestoßen werden würde. Dennoch nutzte Putin regelmäßig das angebliche Vordringen der NATO in die von ihm reklamierte russische Einflusszone und nutzte es auch als Rechtfertigung für seinen Angriff auf die Ukraine. Dass in Wahrheit die letzte Osterweiterung der NATO 2004 stattgefunden und von ihm zu dem Zeitpunkt akzeptiert worden war, verschwieg und verschweigt er. Diese Wahrheit passt nicht in sein Narrativ.

Noch im selben Jahr eskalierte die Situation in Georgien. Anfang August 2008 ließ Präsident Saakaschwili in der Absicht, sein Land wieder zu vereinen, in völkerrechtswidriger Art und Weise Südossetien militärisch angreifen. Damit provozierte er eine russische Invasion seines Landes, die am Ende die Teilung Georgiens bzw. die Abspaltung Abchasiens und Südossetiens noch verfestigte. Das aggressive Vorgehen Russlands war ein Vorgeschmack auf die Invasionen in der Ukraine 2014 und 2022. Bereits 2007 hatte Russland durch einen Cyberangriff auf Estland eine neue Verhaltensweise an den Tag gelegt. Trotzdem suchte die NATO – vor allem auch auf deutsches Drängen hin – immer wieder den Dialog mit dem Kreml auf der Grundlage der 1997 verabschiedeten NATO-Russland-Grundakte. Spätestens aber mit dem ersten Einmarsch in die Ukraine und der Annexion der Krim wurde klar, dass das Russland Putins ein anderes geworden war, als es das Russland Gorbatschows oder Jelzins gewesen war.

Hatte die NATO sich in den Jahren nach dem Fall des Eisernen Vorhangs vermehrt dem Krisenmanagement zugewandt und mit den Einsätzen im Serbien-Kosovo-Konflikt und in Afghanistan ihre Anpassungsfähigkeit unter Beweis gestellt, so galt es jetzt wieder, ihre ursprüngliche Aufgabe in den Vordergrund zu rücken: die kollektive Verteidigung des Bündnisgebietes. Um diese Aufgaben wirksam erfüllen zu können, mussten die Mitgliedstaaten ihre Hausaufgaben erledigen und ihre militärischen Fähigkeiten wieder aufstocken. Die Friedensdividende nach dem Zerfall der Sowjetunion war aufgebraucht. Nach zwei eher unspektakulären Gipfeln 2010 in Lissabon und 2012 in Chicago erfolgte im September 2014 in Wales ein Umsteuern.

Russlands Verhalten in der Ukraine hatte die Allianz wachgerüttelt, der Nachfolger Jim Jones' als Oberster Befehlshaber der NATO-Streitkräfte, James Stavridis, bezeichnete den Gipfel als den wichtigsten seit dem Fall der Berliner Mauer. Auf dem Treffen herrschte Einvernehmen darüber, dass die Einsatzfähigkeit der NATO-Truppen und die Verteidigungsausgaben der Mitgliedstaaten erhöht werden mussten. Die Blicke richteten sich dabei vor allem auf die zweitgrößte Volkswirtschaft unter den NATO-Staaten: Deutschland.

Auf den Gipfel wurde die Bundeskanzlerin sowohl von Verteidigungsministerin Ursula von der Leyen als auch Außenminister Frank-Walter Steinmeier begleitet. Aufgrund der auch nach dem Einmarsch Russlands in die Ukraine weiterhin von Teilen der SPD verfolgten Beschwichtigungspolitik gegenüber dem Kreml war es der Bundeskanzlerin wichtig, dass der sozialdemokratische Außenminister die Gipfelbeschlüsse mittrug. Darin wurde die politische Verpflichtung aller Mitgliedstaaten festgeschrieben, bis 2024 das Ziel zu erreichen, die schon erwähnten 2 Prozent des Bruttoinlandsprodukts für Rüstungsausgaben aufzuwenden. Auf meine entsprechende Frage verwiesen die mitreisenden Kolleginnen und Kollegen des Auswärtigen Amtes auf den Minister, der sich in öffentlichen Äußerungen vor dem Gipfel nicht auf das 2-Prozent-Ziel festgelegt hatte. Ich erwischte ihn in den Wandelgängen des Konferenzzentrums und sprach ihn an. Er zögerte kurz, um dann – wenig enthusiastisch – eine positive Antwort zu geben. Damit konnte die Kanzlerin dem Abschlussdokument des Gipfels zustimmen, und die Bundesregierung verschrieb sich dem 2-Prozent-Ziel. Dass es danach in den jährlichen Haushaltsverhandlungen innerhalb der Koalition mit den Sozialdemokraten dennoch jeweils schwierig wurde, die notwendigen Steigerungsraten durchzusetzen, steht auf einem anderen Blatt.

Der Gipfel von Wales war, wie Stavridis gesagt hatte, in der Tat der wichtigste seit dem Fall der Mauer, weil er das Bündnis auf seine Ursprünge zurückführte, die kollektive Verteidigung. Das Thema Verteidigungsausgaben war dabei in das Zentrum der politischen Diskussion gerückt, und unter der Trump-Administration blieb es auch dort. Aber vor allem den baltischen Staaten und Polen reichte das in Wales Erzielte nicht. Für sie war die russische Bedrohung nichts Abstraktes, sondern sie waren täglich mit ihr konfrontiert, die Cyberattacke auf Estland 2007 war allen im Gedächtnis geblieben, und man hatte Angst, dass Russland weitere Angriffe – und nicht nur virtuelle – starten könnte.

Vor diesem Hintergrund entstand das Projekt einer verstärkten Präsenz von NATO-Truppen an der Ostflanke des Bündnisses. Bei einem Besuch in Hannover im April 2016 fragte US-Präsident Obama die Kanzlerin überraschend und ganz konkret, ob Deutschland bereit sei, 1000 Soldaten in eine vorgezogene Stellung an der Ostgrenze der NATO zu verlegen. Sie sollten als erste Verteidigungslinie, als »Stolperdraht« *(tripwire)* dienen und Russland von Abenteuern abhalten. Die Kanzlerin gab die Frage an mich weiter, sie wollte Obama keine hinhaltende Antwort geben. Sofort verließ ich das Gespräch und erwischte Volker Wieker, den Generalinspekteur der Bundeswehr, am Telefon. Durch die häufigen Debatten innerhalb der Koalition und mit dem Bundestag über die diversen Bundeswehreinsätze hatten wir ein sehr freundschaftliches Verhältnis entwickelt. Er schluckte, fragte nach, wer denn noch Truppen stellen würde, überlegte, wo die Soldaten herkommen könnten – und sagte nach einigem Zögern zu. Wir wussten beide, dass Verteidigungsministerin von der Leyen einer solchen Beteiligung positiv gegenüberstehen würde, aber da das Auswärtige Amt nicht spontan reagieren könnte, wollte ich es erst im Nachgang – wie es so schön im Beamtendeutsch heißt – befassen.

Sehr zu dessen Freude teilte die Bundeskanzlerin Obama im noch laufenden Gespräch die positive Antwort mit. Der Wert der danach nach Litauen entsandten deutschen Truppen konnte nicht hoch genug eingeschätzt werden, sowohl als militärischer

Beitrag zur Abschreckung und Verteidigung der territorialen Integrität der NATO-Mitgliedstaaten wie auch als Geste der Solidarität mit den Staaten, denen der kalte russische Wind tagtäglich entgegenwehte und die uns außerdem wegen des Nordstream-Projektes gram waren, den Unterwasserleitungen in der Ostsee zur Versorgung Deutschlands mit russischem Gas.

Der Warschauer NATO-Gipfel 2016 war der letzte während der Präsidentschaft Obamas, und der nächste im Mai 2017 in Brüssel sollte auf seine Art sehr spektakulär werden. Bei diesem Anlass wurde auch das neue NATO-Hauptquartier eingeweiht: Aus besagtem engem Containerdorf ging es in ein überdimensioniertes futuristisches Weltraumschiff. Die eigentliche Sensation des Gipfels, wenn auch keine angenehme, war jedoch der neue US-Präsident mit seinem rüpelhaften Auftreten. So wurde er dabei beobachtet, wie er andere Regierungschefs beiseiteschob, um in der ersten Reihe zu stehen. Aber vor allem schockierte seine Rede. Zuvor hatte die Bundeskanzlerin gesprochen und vor einem Stück der Berliner Mauer im Vorhof des neuen Hauptquartiers an die Bedeutung der Allianz und des Zusammenhalts ihrer Mitglieder erinnert. Trump sagte hingegen nichts zur Kernaufgabe des Bündnisses, der kollektiven Verteidigung und der gegenseitigen Beistandsverpflichtung, sondern richtete heftige Vorwürfe an die Regierungen der Mitgliedstaaten, deren Verteidigungsausgaben nicht auf dem 2-Prozent-Niveau waren.

Wie spätere NATO-Gipfel bewiesen, bei denen er versuchte, die Kanzlerin vorzuführen, hatte Trump dabei vor allem Deutschland im Visier. Ich war bei diesen Veranstaltungen nicht mehr dabei, weil ich im Herbst 2017 in New York meinen Posten als Botschafter bei den Vereinten Nationen angetreten hatte, aber auch in dieser Position ergab sich die Gelegenheit, Trump mit seinen Vorwürfen zu konfrontieren. Im Dezember 2019 lud er die 15 Botschafterinnen und Botschafter des UNO-Sicherheitsrates ins Weiße Haus ein, organisiert hatte das Treffen die amerikanische Botschafterin Kelly Craft. In der Fragerunde sprach ich den Präsidenten auf seine Kritik an Deutschland an und kritisierte meinerseits, dass die USA seit Jahren ihren Beitragsverpflichtungen gegenüber den Vereinten Nationen nicht nachkämen. Die Außenstände hatten sich auf rund eine Milliarde Dollar angehäuft. Die Antwort des Präsidenten: Wenn die UNO gute Arbeit leiste, würden die USA auch zahlen. Trump'sche Dialektik.

Mit dem Amtsantritt der Biden-Regierung 2021 veränderte sich das Verhältnis der USA zur NATO wieder. Der neue Präsident erkannte die Bedeutung des Bündnisses und der eingegangenen Verpflichtungen an. Für Angela Merkel war das ein wohltuender Abschluss ihrer Kanzlerschaft, der ihre grundsätzliche Position jedoch nicht veränderte: Die NATO und das Bekenntnis der USA zum Bündnis blieben für Deutschland die wichtigste sicherheitspolitische Lebensversicherung, aber für alle Fälle musste Europa vorbereitet sein und die Europäische Sicherheits- und Verteidigungspolitik ausbauen.

Nicht auszudenken, Donald Trump wäre weiter amerikanischer Präsident gewesen, als im Februar 2022 Russland zum zweiten Mal die Ukraine überfiel. Ein souverän auftretender Generalsekretär Stoltenberg und ein der NATO zutiefst verpflichteter Präsident Biden steuerten die Allianz sicher durch das erste halbe Jahr des Krieges – dessen Entwicklung bei Redaktionsschluss dieses Buches allerdings weiterhin offen ist. Stoltenberg war sogar bereit, seine Amtszeit zu verlängern. Die NATO erlebte eine Renaissance, Schweden und Finnland traten ihr in Windeseile bei. Die klassische Bündnisverteidigung rückte wieder in den Mittelpunkt aller NATO-Aktivitäten.

Wie in den Jahren des Ost-West-Konfliktes nach dem Ende des Zweiten Weltkrieges kommt es auch jetzt wieder darauf an, eine glaubwürdige Bündnisverteidigung zu etablieren, wozu sowohl eine substanzielle militärische Präsenz an der Ostgrenze der NATO und ausreichende Reservekapazitäten als auch die Aufrechterhaltung der nuklearen Abschreckung gehören. Dabei steht Deutschland als wirtschafts- und bevölkerungsstarkes europäisches NATO-Mitglied in besonderer Verantwortung. Selbst ein weniger aggressives Russland darf nicht wieder dazu verleiten, dass unser Land zögert, die eingegangene Bündnisverpflichtung umzusetzen: die Stationierung von mehreren Brigaden an der Ostgrenze der NATO, die Modernisierung der Ausrüstung der Bundeswehr, der rasche Ersatz der ausgedienten Torpedo-Flugzeuge durch amerikanische F35-Kampfjets als Träger von Nuklearwaffen – das ultimative Abschreckungsdispositiv. Auch wenn in der Substanz das 2-Prozent-Ziel als der Anteil der Verteidigungsausgaben am Bruttosozialprodukt nur begrenzt aussagekräftig ist, wird nur die Umsetzung dieser Aufgabe über einen längeren Zeitraum hinweg die Ernsthaftigkeit des Willens der Bundesregierung unter Beweis stellen, das NATO-Gebiet gegen einen (russischen) Aggressor zu verteidigen. In dem Maße, wie Deutschland seinen Verpflichtungen endlich nachkommt, wird auch die Gefahr abnehmen, dass sich eine neue US-Administration frustriert von der NATO und ihren europäischen Bündnispartnern verabschiedet. Deutschland tut also zweifach das Richtige: Es stärkt seine eigene Einsatzbereitschaft und hält unsere Lebensversicherung – die NATO und die USA – an Bord.

5. Kapitel

Unsere europäische Nachbarschaft

Zwei Tage nach ihrem Amtsbeginn stand die zweite Etappe der Antrittsbesuche der Bundeskanzlerin auf dem Programm. Im Anschluss an Paris und Brüssel flog sie nach London zu Premierminister Tony Blair, zu dem sie, obwohl er der Labour-Partei, also den europäischen Sozialisten, angehörte, schon vorher ein gutes persönliches Verhältnis aufgebaut hatte. Im Wahlkampf hatte er Berlin besucht und vor seinem Gespräch mit Bundeskanzler Schröder Angela Merkel empfangen. Hintergrund dieser kleinen diplomatischen Spitze, die dem Kanzler nicht gefallen hatte, waren die unterschiedlichen Haltungen zum Irakkrieg: Merkel hatte die Bush/Blair-Linie vertreten und nicht die ablehnende Schröder/Chirac-Position geteilt.

Sie hegte persönliche Sympathien sowohl für die Amerikaner als auch die Briten. In Hamburg geboren, in Norddeutschland aufgewachsen, Protestantin und des Englischen mächtig, verband sie mehr mit den Angelsachsen als mit den Franzosen, Spaniern oder Italienern. Bei den Briten imponierte ihr auch das nüchterne, logische Argumentieren, deren rhetorische Fähigkeiten. Diese emotionale Nähe überlagerte aber keinesfalls die rationale Herangehensweise der Kanzlerin an die jeweiligen politischen Herausforderungen. Es mochte einige Briten – auch Tony Blair – enttäuscht haben, dass sie ihren ersten Besuch Paris und nicht London abgestattet hatte, doch aus ihrer Sicht hatte an dieser Reihenfolge nie ein Zweifel bestanden. Auch wenn sie sich zum Beispiel in der Irakfrage Blair näher fühlte als Chirac: Ihre Priorität war immer, zuvorderst ein Einvernehmen mit Frankreich herzustellen; nur so konnte ihrer Ansicht nach ein gemeinsames europäisches Herangehen gelingen.

Es war nun Merkels erster Besuch beim Sitz des britischen Premierministers – ein großer Kontrast zum prachtvollen Élysée-Palast am Tag zuvor. Downing Street 10 ist ein ganz normales ehemaliges Wohnhaus, das aufgrund von Durchbrüchen in die Nachbarhäuser von innen völlig verwinkelt wirkt. Für den, der sich nicht auskennt, besteht die Gefahr, sich zu verlaufen, sobald er allein gelassen wird. Hatte das Treffen mit Chirac in einem vornehmen Salon stattgefunden, so empfing Blair die Kanzlerin in einer Art gemütlichem Landhauswohnzimmer mit offenem Kamin. Inhaltlich ging es wieder um Europa. Die Briten hatten gerade den Vorsitz der EU inne und mussten beim Europäischen Rat im Dezember eine Einigung über den nächsten Finanzplan erzielen. Eine schwierige Aufgabe, zumal auch ihr eigenes Sonderanliegen, die Bewahrung des britischen Beitragsrabatts, auf der Agenda stand.

In ihrer Amtszeit arbeitete Angela Merkel mit fünf britischen Premierministern zusammen: Tony Blair (bis 2007), Gordon Brown (bis 2010), David Cameron (bis 2016), Theresa May (bis 2019) und Boris Johnson. Von diesen standen ihr Blair und Cameron am nächsten. Mit Brown, in dessen Amtszeit die Finanz- und Wirtschaftskrise fiel, und May, die vergeblich versuchte, den Ausgang des Referendums über den Austritt Großbritanniens aus der Europäischen Union in geordnete Bahnen zu lenken, wurde sie nie richtig warm. Und der oft irrational erscheinende, dem Populismus zuneigende Johnson war schon vom Typus her völlig anders als sie. Dennoch: Auch mit diesen Premierministern bemühte sie sich immer um ein gutes Verhältnis, Großbritannien war und blieb für sie ein überaus wichtiger Partner. Dies galt insbesondere im Rahmen der Europäischen Union, denn Großbritannien achtete auf Haushaltsdisziplin, um eine ausufernde Ausweitung des EU-Budgets zu verhindern.

Auch hinsichtlich der Sicherheits- und Verteidigungspolitik war sich die Kanzlerin stets bewusst, dass Großbritannien neben den USA und Frankreich über die stärksten Militärkräfte verfügte, deren Beteiligung an der NATO – die für Großbritannien nie zur Disposition stand – und der sich entwickelnden Europäischen Sicherheits- und Verteidigungspolitik (ESVP) von herausragender Bedeutung war. Bei der ESVP fremdelten die Briten allerdings und beteiligten sich nur halbherzig. Sie fühlten sich in erster Linie der NATO verpflichtet, befürchteten eine Abkopplung von den USA und bekämpften deswegen alles, was nach einer Duplizierung von Fähigkeiten aussah. Wie die Amerikaner verstanden sie die ESVP in erster Linie als Instrument, um den europäischen Pfeiler in der NATO zu stärken, während für Frankreich – das 1967 das NATO-Hauptquartier aus Paris verbannt hatte – die europäische Eigenständigkeit im Mittelpunkt stand. Merkel vertrat hier immer eine Mittelposition: die NATO mit den USA als Lebensversicherung pflegen, sich mit einer auf eigenen Beinen stehenden ESVP aber gleichzeitig auf den Fall vorbereiten, dass sich die USA an einer aus europäischer Sicht notwendigen Mission nicht beteiligten.

Im März 2009 verkündete der außenpolitische Sprecher der britischen Konservativen Partei, William Hague, dem Vorsitzenden der EVP-Fraktion im Europäischen Parlament, Joseph Daul, dass die Konservativen seine Fraktion verlassen würden. Die Bundeskanzlerin, die ja auch CDU-Vorsitzende war, bedauerte diesen Schritt zutiefst. Neben der damit einhergehenden Schwächung »ihrer« Fraktion im Europäischen Parlament interpretierte sie den Schritt Hagues und seines Parteiführers David Cameron als eine Distanzierung der britischen Konservativen von einer der europäischen Hauptströmungen. Im Rückblick war der Austritt der Konservativen aus der EVP-Fraktion für Merkel der Anfang vom Ende der Mitgliedschaft Großbritanniens in der Europäischen Union. Die Ankündigung Camerons, ein Referendum über die Frage des Verbleibs des Vereinigten Königreichs in der EU abzuhalten, schockierte sie dann regelrecht.

Die Kanzlerin stand direkter Demokratie, Volksabstimmungen und Referenden grundsätzlich skeptisch gegenüber, denn voller Überzeugung stimmte sie den Überlegungen der Verfasser des Grundgesetzes zu, dass aufgrund der Erfahrungen in der Weimarer Republik für Deutschland die indirekte Demokratie die geeignetere Staatsform sei. Deshalb hielt sie auch in Phasen, in denen sich der größere Teil der Bevölkerung für Volksabstimmungen aussprach, dagegen. Der Ausgang der EU-Referenden in Frankreich, Irland und den Niederlanden bestärkte sie in ihrer Auffassung, dass dieses Instrument ungeeignet zur politischen Entscheidungsfindung sei. Die Einflüsse von Populismus, Irrationalität und Falschinformationen wögen zu schwer.

In der indirekten Demokratie hingegen würden Parlamentarier gewählt, die sich das Vertrauen der Bürgerinnen und Bürger erworben hätten und auf der Grundlage dieser Legitimierung für das Treffen politischer Entscheidungen zuständig seien. Auch was Personenwahlen anbelangt, nahm Merkel nie Anstoß an den indirekten Wahlen von Bundeskanzler, Bundespräsident und den Richtern des Verfassungsgerichtes. Und bei der Frage des »Spitzenkandidaten« in den Europawahlen, also der Direktwahl des Präsidenten der Europäischen Kommission, stellte sie sich ebenfalls gegen den Hauptstrom der Meinungen in Deutschland und Europa. Aus ihrer Sicht blieb der Europäische Rat als das Gremium der gewählten und damit legitimierten Staats- und Regierungschefs der EU-Mitgliedstaaten die entscheidende Institution für die Wahl des anschließend vom Europäischen Parlament zu bestätigenden Kommissionspräsidenten.

Premierminister Cameron teilte die Befürchtungen der Kanzlerin hinsichtlich des britischen Referendums nicht; er versicherte ihr, dass schon alles gut gehen werde. Ihm war der

Verbleib des Vereinigten Königreichs in der Europäischen Union von hoher Bedeutung, in seinem Vorgehen sah er vielmehr die Möglichkeit, die EU-Kritiker in der eigenen Partei ein für alle Mal zum Schweigen zu bringen. Mit einem gewonnenen Referendum im Rücken würde zudem die Position Großbritanniens in der EU gestärkt werden, und auch er selbst säße als Parteivorsitzender und Premier sicher im Sattel. Auf der Basis dieser Überlegungen war er gemeinsam mit seinem Stab felsenfest davon überzeugt, dass das Referendum positiv ausgehen würde, schließlich sprächen die Fakten ganz klar dafür, dass Großbritanniens offene Wirtschaft, sein Finanzmarkt von der EU profitiere. Cameron und sein Team hatten auch eine klare Strategie: Die Europäische Union sollte sich aus der britischen Diskussion möglichst heraushalten. Das galt insbesondere für Kommissionspräsident Jean-Claude Juncker, der mit seiner sehr integrationsfreundlichen Haltung für britische Konservative als Befürworter eines Verbleibs in der EU unerwünscht war. Lediglich die Kanzlerin, deren Sympathiewerte auch in Großbritannien hoch waren, durfte sich äußern. So reiste sie dann auch nach London und empfing umgekehrt Cameron in Berlin, wobei ihre Reden und Presseäußerungen eng mit seinem Team abgestimmt waren.

Der tatsächliche, unerwartete Ausgang des Referendums bedrückte die Kanzlerin. Die Hybris Camerons und seiner Berater hatte zu einer Schwächung der Europäischen Union, aber auch zu einer Schwächung deutscher Positionen in diesem Rahmen geführt. Und in ihrer Haltung gegen Volksabstimmungen sah Merkel sich natürlich bestärkt. In der Folge zeigte sich dann, wie naiv und unvorbereitet Cameron an das Referendum gegangen war. Pläne für den »Brexit« existierten nicht, und britische Vorstellungen über den Austritt scheiterten an den Interessen der verbleibenden 27 Mitgliedstaaten. Wieder einmal musste die Europäische Union Krisenmanagement betreiben, anstatt sich ganz auf die Bewältigung der vielen Zukunftsaufgaben zu konzentrieren.

Ein Gutes hatte der Austritt allerdings: Seine Regelung und Folgen waren so kompliziert und schwerwiegend, dass wohl kein anderer Mitgliedstaat der EU, der ähnliche Ambitionen hegte, noch auf die Idee käme, es Großbritannien gleichzutun.

In ihren 16 Amtsjahren reiste die Kanzlerin häufig nach Großbritannien, sei es zu bilateralen Treffen in London oder NATO-, G7- oder G20-Gipfeln. Einige Male war auch das Landhaus des Premierministers in Checkers ihr Ziel. Weit außerhalb Londons gelegen, bot dieser Ort Gelegenheit zu ausführlichen, intensiven Gesprächen, die die Kanzlerin ebenso schätzte wie seine rustikale Atmosphäre. Sie wiederum beeindruckte dabei die jeweiligen Premiers, aber auch die Beamten aus dem Foreign Office und anderen Behörden wie den Nachrichtendiensten durch ihre präzisen Darstellungen und Analysen.

Doch bleiben die rhetorischen Fähigkeiten der Briten selbst unübertroffen. Als Ständiger Vertreter Deutschlands im Sicherheitsrat der Vereinten Nationen in den Jahren 2019 und 2020 habe ich immer frei gesprochen und bin vor klaren Ansagen nie zurückgeschreckt. Aber ich musste mir immer eingestehen, dass meine britische Kollegin Karen Pierce in der freien Rede sehr viel beeindruckender war. Von Kindesbeinen an werden die Briten in der Argumentationskunst geschult. Als mein achtjähriger Sohn in New York die englische Wetherby-Pembridge-Schule besuchte, gewann er zu Hause so manche Debatte, weil er schon früh lernte, mit Worten zu streiten.

In den zwölf Jahren bei der Kanzlerin arbeitete ich mit herausragenden britischen Kolleginnen und Kollegen zusammen, vor allem Simon McDonald beeindruckte mich nicht nur aufgrund seiner inhaltlichen Arbeit, sondern auch wegen seiner Nähe zu Deutschland. Wie die französischen Beraterkollegen Maurice Gourdault-Montagne und Philippe Étienne wurde auch Simon Botschafter in Berlin (und besuchte in dieser Zeit ebenfalls als Ehrengast das Schützenfest meiner Heimatstadt Neuss!). Zurück auf der Insel, wurde er Permanent Secretary und damit höchster Beamter im britischen Außenministerium. Das blieb er bis 2020, als Premierminister Johnson ihn in den vorzeitigen Ruhestand schickte, weil er anscheinend nicht loyal genug die Trennung von der EU betrieb.

Damit war Boris Johnson McDonald aber nicht los. Im Gegenteil. Es war nämlich Simon, der einen entscheidenden Anteil am Rücktritt des Premierministers hatte, als er im Juli 2022 die Behauptung der Johnson-Regierungsvertreter widerlegte, dass es in einer brisanten Sexaffäre keine früheren offiziellen Beschwerden gegeben hätte. Die McDonald-Klarstellung führte zu einem politischen Erdbeben mit mehreren Ministerrücktritten und letztlich Johnsons Abgang.

Für die allermeisten britischen Kolleginnen und Kollegen war der Brexit ein Albtraum. Trotz aller Kritik an der EU waren sie der Meinung, dass vor dem Hintergrund der Herausforderungen der Globalisierung der richtige Platz für Großbritannien in der Union sei. Bei einem letzten Treffen der EU-Botschafter in New York im Dezember 2019 vor dem offiziellen Austritt Großbritanniens hielt Karen Pierce eine emotionale Abschiedsrede – und weinte.

Eine Rückkehr Großbritanniens in die EU scheint ausgeschlossen. Das ändert aber nichts am deutschen Interesse, mit diesem wirtschaftlich und militärisch starken Nachbarn eine enge Zusammenarbeit zu suchen, ihn in mögliche Allianzen von Gleichgesinnten aufzunehmen. Als NATO-, G7- und G20-Partner werden die Beziehungen zwischen unseren beiden Ländern sowieso eng bleiben, aber wir sollten nach dem politischen Aus des Populisten Boris Johnson mit der aktuellen und den künftigen britischen Regierungen enge Konsultationen mit und auch die zwischengesellschaftlichen Beziehungen zu diesem Land pflegen, mit dem wir so viel gemein haben. Mit der 2001 begründeten Königswinter-Konferenz, die alljährlich von beiden Seiten jeweils 15 Vertreter aus Politik und Wirtschaft zusammenbringt, besteht bereits eine prominente deutsch-britische Institution, deren Arbeit heute noch wichtiger geworden ist.

Polen und die weiteren europäischen Partner

Ursprünglich hatte die Kanzlerin als Ausdruck ihrer Wertschätzung an ihrem ersten Tag im Amt nach Paris und Brüssel auch Warschau besuchen wollen. Die Abwesenheit des Ministerpräsidenten verhinderte die Verwirklichung dieses Plans. Persönliche Gründe spielten eine Rolle für ihre Zuneigung zu unserem östlichen Nachbarn – eine Seite ihrer Familie stammte aus Polen –, aber in erster Linie waren es politische und historische Überlegungen, die für diese Priorisierung verantwortlich waren. Wie schon erwähnt, bedachte Merkel immer die deutsche Geschichte, wenn es um die Ausgestaltung ihrer Politik ging. Dies galt gegenüber Israel, Frankreich, den USA – und eben auch Polen, das das erste Opfer geworden war, als der Expansionswahn Adolf Hitlers mit brutalen Angriffskriegen in eine neue Dimension übergegangen war. Vor diesem Hintergrund brach sie am 2. Dezember zu ihrer letzten Antrittsreise im Jahr 2005 auf, bei der sie sich mit Ministerpräsident Kazimierz Marcinkiewicz traf, um auch mit ihm vor allem die anstehenden europapolitischen Fragen zu besprechen.

In den ersten Jahren ihrer Kanzlerschaft ging es um die noch unvollendete Aufarbeitung der jüngeren Geschichte. Nach der erfolgten Anerkennung der Ostgrenzen waren die Wunden der Geflüchteten und Vertriebenen aus den früher zu Deutschland gehörenden Gebieten noch nicht verheilt. Die die Interessen der Vertriebenen lautstark vertretende Erika Steinbach, die für die Polen ein rotes Tuch war, hatte Sorge getragen, dass das Thema 2005 Aufnahme in den Koalitionsvertrag gefunden hatte. Die später zur AfD abdriftende CDU-Politikerin setzte immer wieder provozierende Nadelstiche, die eine Heilung der Wunden erschwerten.

Doch nachdem die PiS-Regierung der Kaczynski-Brüder 2007 die Parlamentswahlen verloren hatten, nutze die Kanzlerin den Regierungsantritt des von ihr sehr geschätzten Donald Tusk, um das Kapitel zu beenden. Mit der Schaffung der Stiftung »Flucht, Vertreibung und Versöhnung« im Jahr 2008 wurde ein Schlussstrich gezogen; das Thema verschwand von der politischen Tagesordnung.

Auf polnischer Seite war der außenpolitische Berater Tusks, Władysław Bartoszewski, die entscheidende Persönlichkeit für die Ausgestaltung der Beziehungen zu Deutschland. Der ehemalige Außenminister hatte Auschwitz und viele Verhaftungen durch die kommunistische Regierung Polens überlebt und sich um die Versöhnung mit Deutschland große Verdienste erworben. Ein beeindruckender Mensch, bei dem man allerdings nicht leicht zu Wort kam. Als der 85-Jährige sein Amt antrat, meinte Jens Weidmann in der Runde der Staatssekretäre und Abteilungsleiter des Kanzleramtes zu mir: »Sei froh, Christoph, jetzt bist du nicht mehr der älteste Berater in Europa!« Die spöttisch-lustige Bemerkung des von mir hochgeschätzten Kollegen war charakteristisch für die freundschaftliche Atmosphäre, die unter den Kanzlerberatern herrschte.

Von 2007 bis 2014 waren in den deutsch-polnischen Beziehungen die »guten« Jahre. Mit Tusk wurden die Regierungskonsultationen intensiviert, es kam zu viel freundschaftlichem Austausch, und Angela Merkel beförderte später die Wahl Tusks als Nachfolger des ersten Vorsitzenden des Europäischen Rates van Rompuy. Sie besuchte Tusk auch in dessen wunderbar restaurierter Heimatstadt Danzig. Dort, an der Westernplatte, fand am 1. September 2009 die Gedenkfeier an den Überfall Nazideutschlands auf Polen statt, bei der sich die Kanzlerin zur Kriegsschuld Deutschlands und zur Verantwortung, die daraus erwuchs, bekannte.

Anwesend war auch der russische Ministerpräsident Putin. Zwar verurteilte er den Hitler-Stalin-Pakt, schob aber auch Polen eine Mitverantwortung am Kriegsausbruch zu. Allerdings ließ sich zu diesem Zeitpunkt noch nicht erahnen, dass er die Geschichtsklitterung später noch weiter treiben und Stalin und dessen verbrecherische Politik rehabilitieren sollte.

Mit den Kaczyński-Brüdern, insbesondere mit Jarosław, dem starken Mann der PiS, war es nie einfach. Eine frühe Episode aus Angela Merkels Kanzlerschaft verdeutlicht, wie empfindlich sie waren: In einem Vorrundenspiel der in Deutschland stattfindenden Fußball-WM 2006 traf der Gastgeber auf Polen, und die Kanzlerin hatte Jarosław, den polnischen Ministerpräsidenten, eingeladen, das Spiel mit ihr zu schauen. Am Vorabend veröffentlichte die *taz* jedoch eine Karikatur, in der die Brüder als Kartoffeln dargestellt wurden – begrenzt lustig und geschmacklos. In ihrer Amtszeit ließ die Kanzlerin mit einer großen Gelassenheit auch die übelsten Karikaturen über sich ergehen – nicht so die Kaczynskis. Der polnische Botschafter rief mich an: Die Karikatur sei eine Unverschämtheit, die Zeitung müsse sie zurücknehmen und sich entschuldigen, sonst werde der Ministerpräsident nicht zum Spiel kommen. Eine Intervention bei der *taz* war für mich unvorstellbar, auch die Kanzlerin zuckte nur die Achseln. Mehr als ein Bedauern darüber, dass sich die Kaczyńskis verletzt fühlten, konnte ich dem Botschafter nicht mitgeben. Und so sagte der Ministerpräsident seine Reise tatsächlich ab. Ein Gutes hatte es für ihn: Er musste das 1:0, das Deutschland in der letzten Minute den Sieg brachte, nicht live in Berlin miterleben.

Auch jenseits persönlicher Befindlichkeiten blieb Polen ein schwieriger Partner in der Europäischen Union. Beim Lissabon-Vertrag, bei den Haushaltsverhandlungen und dann zunehmend bei der Aufrechterhaltung von Pressefreiheit und Rechtsstaatsprinzip bewegte sich die PiS – oft gemeinsam mit dem Ungarn Orbán – in eine den europäischen Vorstellungen und

Prinzipien abträgliche Richtung. Die Illiberalität dieser polnischen und ungarischen Partner gehören immer noch zu den größten Herausforderungen für den Zusammenhalt der Europäischen Union. Doch während es in Polen eine starke Opposition zu diesem antiliberalen, nationalistischen Kurs gibt, hat man den Eindruck, dass Orbán von der Opposition nichts mehr zu fürchten hat. Presse, Justiz und Kultur sind so weitgehend gleichgeschaltet, dass ein Regierungswechsel auf absehbare Zeit unvorstellbar scheint. Für die Europäische Union stellt dies eine mittlere Katastrophe dar. Denn das Rechtsstaatsprinzip ist das Fundament, auf dem die EU beruht. Zeigt es Risse, gerät das gesamte Europäische Haus ins Wanken.

So gab Merkel ihr Bemühen um die Kaczyńskis nie auf. Mit Lech, dem milderen der Zwillingsbrüder und seit 2005 Präsident Polens, diskutierte sie viel, versuchte, die PiS-Politik zu verstehen. Auf diese Weise entstand tatsächlich eine gewisse Nähe zwischen den beiden.

Jarosław war der Schwierigere, und der schreckliche Unfalltod seines Bruders infolge eines tragischen Flugzeugabsturzes 2010 bei Katyn traf ihn schwer. Aber auch bei ihm versuchte die Kanzlerin alles. Sie ging so weit, ihn im Sommer 2016 zu einem Geheimtreffen ins Gästehaus der Bundesregierung einzuladen, Schloss Meseberg in Brandenburg. Es war das erste und meines Wissens nach einzige Mal, dass sie eine Begegnung mit einem ausländischen Politiker vor der Öffentlichkeit, ja auch vor dem Protokoll des Auswärtigen Amtes verbarg. Sie wollte sich mit Jarosław in kleinstem Kreis, ohne Medienrummel und nur von den engsten Beratern umgeben, in Ruhe unterhalten, um so etwas wie eine Vertrauensgrundlage, insbesondere für die Europapolitik, herzustellen. Und das Treffen verlief in der Tat in herzlicher Atmosphäre. Kaczynski hatte sich eine besondere Geste überlegt und als Geschenk ein Gemälde des Hauses von Merkels Großvater in Posen mitgebracht. Doch leider hielten sich die Polen nicht an die Vertraulichkeit und plauderten ein halbes Jahr später über die Begegnung, die somit nicht nachhaltig für eine Verbesserung der Beziehungen sorgte.

Die europakritische Politik Kaczyńskis setzte sich fort, er bemühte sich weiter, den Einfluss kritischer Medien zu begrenzen, und vor allem, die Justiz unter Kontrolle zu bekommen. Als ich 2022 die Münchner Sicherheitskonferenz übernahm, versuchte ich, einen kleinen Beitrag zur Stärkung der demokratischen Opposition in den Staaten zu leisten, in denen die Demokratie unter Beschuss stand. Mit der Einladung der Bürgermeister von Warschau, Budapest und Istanbul gab ich diesen prominenten Oppositionspolitikern eine Plattform, ihren Sorgen Ausdruck zu verleihen.

In ihrer Amtszeit stattete Angela Merkel allen europäischen Staaten zum Teil mehrfach Besuche ab. Sie freute sich regelmäßig auf diese Reisen und wollte – wenn es der Zeitplan hergab – vor Ort etwas Besonderes sehen. So bestaunte sie, wie schon berichtet, die Gewächshäuser im Schloss des belgischen Königs, aber auch die Karlsbrücke in Prag, sie spazierte an der Küste La Vallettas entlang, schlenderte durch die pittoreske Altstadt Ljubljanas und das von deutschen Einwanderern geprägte rumänische Klausenburg. Mit dem spanischen Ministerpräsidenten Rajoy wanderte sie einen Abschnitt des Jakobswegs, paddelte in einem Bötchen auf einem Teich außerhalb Stockholms, besuchte Grönland, um sich ein Bild von der Eisschmelze zu machen, traf sich mit dem italienischen Ministerpräsidenten Renzi in den Uffizien in Florenz und am Firmensitz von Ferrari in Maranello bei Modena. Sie überquerte die Green Line in Nikosia, stieg in Athen auf die Akropolis, bestaunte in Rom die Malereien in der Sixtinischen Kapelle, bewunderte die Bilder Munchs in Oslo, der holländischen Meister in Amsterdam und der Impressionisten im Grand Palais in Paris. Sie genoss eine Weinprobe in den Kalksteinhöhlen der Republik Moldau und köstlichen Fisch in einem Strandrestaurant in der Nähe von Lissabon.

Ihr ernsthaftes Interesse an den Besonderheiten des jeweiligen Landes half bei der Intensivierung ihrer Beziehungen zu ihren Amtskolleginnen und -kollegen und erleichterte es, bei Schwierigkeiten Lösungen zu finden. Sie bemühte sich um gute persönliche Kontakte, weil sie wusste, es würden mit großer Wahrscheinlichkeit heikle Situationen kommen, in denen ein solches Verhältnis hilfreich wäre, um Kompromisse zu finden. Mit einigen Kolleginnen und Kollegen entwickelte sich dabei eine größere politische und persönliche Nähe: dem politischen Überlebenskünstler Mark Rutte aus den Niederlanden, den Italienern Paolo Gentiloni und Mario Draghi, mit denen sie trotz regelmäßiger Differenzen in Finanzfragen ein vertrauensvolles Verhältnis unterhielt, dem immer etwas kühl-reservierten Spanier Rajoy, dem engagierten Belgier Charles Michel, den lang dienenden Luxemburgern Xavier Bettel und – vor allem – Jean-Claude Juncker, der schon mit Helmut Kohl sehr eng gewesen war; dem europäischen Vorreiter der Digitalisierung Andrus Ansip aus Estland und schließlich ihrem langjährigen portugiesischen Weggefährten José Manuel Barroso.

Persönliche Beziehungen überlagern natürlich nicht nationale Interessen. Aber sie können bei ihrer Durchsetzung helfen, führen auch zu einem besseren Verständnis für die Interessen der jeweiligen Partner – also unterm Strich zu harmonischeren Beziehungen. Für ein Land wie Deutschland mit seiner Geschichte und seiner wirtschaftlichen Stärke sollte ein solchermaßen geprägtes Verhalten ein »Muss« sein. Als ich im Juli 2022 in meiner neuen Funktion als Vorsitzender der Münchner Sicherheitskonferenz ein Vieraugengespräch mit der estnischen Ministerpräsidentin Kaja Kallas führte, schwärmte sie nostalgisch von Angela Merkel, wie sie beispielsweise bei Europäischen Räten stets rührend darum bemüht gewesen sei, alle Interessen unter einen Hut zu bringen, und dabei die Anliegen der kleineren Mitgliedstaaten genauso erst genommen habe wie die der großen.

Dies galt auch für meinen früheren Chef, Außenminister Klaus

Kinkel, für den ich von 1993 bis 1998 gearbeitet hatte. Die Rücksichtnahme auf die »Kleinen« war immer eines seiner vorrangigen Anliegen gewesen. Er war für mich ein Vorbild.

Und dann gab es da noch eine Besonderheit: Monarchien und Päpste übten eine ganz spezielle Faszination auf Angela Merkel aus. Die zahlreichen Begegnungen mit der britischen Königin Elisabeth II., der niederländischen Königin Beatrix sowie deren Sohn und Schwiegertochter, der dänischen Königin, den belgischen, spanischen und jordanischen Königen, dem Fürsten von Luxemburg waren jeweils kleine Höhepunkte für sie, ja, sie freute sich auf diese Gespräche. Sie waren oft nicht protokollarischen Gepflogenheiten geschuldet, sondern entsprachen ihren eigenen Wünschen. Bei der Einweihung des Osloer Opernhauses im April 2008 unterhielt sie sich lange mit dem norwegischen Thronfolger Haakon und seiner Frau Mette-Marit – und lud beide spontan nach Rügen ein.

Woher rührte dieses Interesse an Königshäusern? Nach meiner Auffassung kamen hier wieder das Interesse und die Neugier der Wissenschaftlerin zum Vorschein. Während ihrer 35 Jahre in der DDR waren diese Institutionen weit weg gewesen, sie müssen für eine Wissenschaftlerin eigenartige Phänomene gewesen sein. Als Kanzlerin hatte sie nun die Chance, diese »Phänomene« persönlich kennenzulernen. Wie schafften es Monarchien in Demokratien, ihr Ansehen und ihre Legitimität zu bewahren, obwohl sie eigentlich dem Wesenskern dieser von den Wählern bestimmten Staatsform widersprachen? Und so bereitete es ihr jedes Mal Freude, Monarchen persönlich zu treffen. Und dann gibt es noch eine sehr »menschliche« Begründung ihres Interesses: Auch eine Angela Merkel blättert gerne durch die *Bunte* oder ähnliche Publikationen, die dem Leben adliger Familien breiten Raum geben. Die Chance, die so im öffentlichen Interesse stehenden Personen kennenzulernen, wollte sie sich nicht entgehen lassen.

Noch faszinierter war sie von den Päpsten. Schon vor ihrer Kanzlerschaft hatte sie Johannes Paul II. kennengelernt, der mit zum Fall des Eisernen Vorhangs beigetragen hatte. In ihrer Amtszeit besuchte sie Benedikt XVI. und Franziskus regelmäßig in deren Sommerresidenz Castel Gandolfo, vor allem aber natürlich im Vatikan. Das Protokoll solcher Besuche war einzigartig. Als Ehrenbegleiter waren der Kanzlerin und ihren Mitarbeitern zumeist pensionierte römische Adelige zugeordnet, die Livree trugen. In einer Prozession ging es durch die labyrinthartigen Räumlichkeiten des Vatikans, vor der eigentlichen Audienz verharrte man lange in einem Vorzimmer, um dann irgendwann vorgelassen zu werden. Beide Päpste waren auch zu den Mitarbeitern sehr freundlich, schüttelten ihnen die Hand. Bei einer Gelegenheit nahm ich meinen ganzen Mut zusammen und erwähnte gegenüber Benedikt, dass ich in meiner Heimatstadt Neuss das Gymnasium besucht hätte, in dem auch Kardinal Frings zur Schule gegangen sei. Als Jugendlicher sei ich ihm begegnet, und er habe doch für Frings gearbeitet, setzte ich hinzu. Die Miene des Papstes hellte sich sichtbar auf: Ja, er erinnere sich sehr gern an die Zeit des Zweiten Vatikanischen Konzils und seiner Zusammenarbeit mit dem Kölner Kardinal.

Nach der Begrüßung und kurzen Gesprächen wie diesem wurden die Berater wieder hinausgeführt, und Merkel redete lange unter vier bzw. sechs Augen mit dem Papst. Denn bei Benedikt war immer sein Schatten Prälat Gänswein dabei, sein Vertrauter, der die Besuche jeweils vorbereitete und die Agenda beeinflusste. Hinter seinem modernen, attraktiven Äußeren verbarg sich ein äußerst konservativer Geist, und so kam es gelegentlich hinter den Kulissen zu inhaltlichen Differenzen zwischen der eher liberalen Kanzlerin und dem Gänswein'schen Vatikan – was der Anziehungskraft, die die Päpste auf die Kanzlerin ausübten, aber keinerlei Abbruch tat. Die Besuche dort gehörten zweifelsfrei zu den Höhepunkten ihrer Reisetätigkeit als Kanzlerin.

Ihre Faszination für den Vatikan wurde von einer ihrer engsten politischen Weggefährtinnen geteilt: Annette Schavan war eine äußerst engagierte Ministerin, die die deutsche Forschung und Lehre anspornte und international vernetzte. Vor allem aber war sie Theologin, und so war es nach ihrem unfreiwilligen Rücktritt 2013 im Rahmen der sogenannten Plagiatsaffäre, den die Kanzlerin nach eigenen Worten nur »schweren Herzens« annahm, eine besondere Berufung für sie, als Botschafterin beim Heiligen Stuhl zu wirken. Zwischen den unübersichtlichen Netzen der römischen Kurie bewegte sie sich bis zum Ende ihrer Dienstzeit im Sommer 2018 wie ein Fisch im Wasser.

In meiner New Yorker Zeit machte ich meine eigenen Erfahrungen mit dem politischen Arm des Vatikans. Der Heilige Stuhl war sehr aktiv bei den Vereinten Nationen, und der Nuntius mischte kräftig mit, insbesondere wenn es um gesellschaftspolitische Fragen ging. Gelegentlich legte ich mich mit ihm und seinen Mitarbeitern an, wenn sie zur Rolle der Frau oder zur Abtreibung ultrakonservative Positionen vertraten, die im Übrigen regelmäßig mit den russischen übereinstimmten. Vor allem, dass die Vertreter des Vatikans den Frauen, die in Konflikten Opfer sexueller Gewalt geworden waren, das Recht absprachen abzutreiben, brachte mich auf. Im Sicherheitsrat hatten wir Nadia Murad, selbst Opfer sexueller Gewalt, und Denis Mukwege, Arzt aus der Demokratischen Republik Kongo, der den Opfern tatkräftig half, Gelegenheit gegeben, über die erschütternde Situation vergewaltigter Frauen zu berichten. Die aufwühlenden Schilderungen der beiden Nobelpreisträger brachten die Positionen der Vertreter des Heiligen Stuhls allerdings nicht ins Wanken. Gleiches galt – wenig verwunderlich – für Russland, bemerkenswerterweise aber auch für die Trump-Administration.

Westlicher Balkan

Die Wichtigkeit deutschen Engagements auf dem Balkan wurde der Kanzlerin im Laufe ihrer Amtszeit immer bewusster, ähnlich wie ihr der Stellenwert Afrikas immer bewusster wurde. An der Peripherie der Europäischen Union gelegen, waren die einzelnen Länder politisch und wirtschaftlich nicht die allerwichtigsten, aber Instabilität in einem von ihnen hatte nicht nur Auswirkungen auf die anderen Balkanstaaten, sondern auch auf Deutschland und die Europäische Union. Die Jugoslawienkriege waren noch in frischer Erinnerung, ihre Auswirkungen noch lange nicht bewältigt. Hatte sich zu Beginn ihrer Amtszeit mein alter Chef, der EU-Außenbeauftragte Javier Solana, um die Region gekümmert und seine Nachfolgerin Catherine Ashton sich mit großer Hingabe den ungeregelten Beziehungen zwischen Serbien und Kosovo gewidmet, so entwickelten Federica Mogherini und Josep Borrell weniger Ehrgeiz bei ihren Bemühungen, die Konflikte zu lösen und die Länder näher an die EU heranzuführen.

Deshalb entschied die Bundeskanzlerin 2014, sich der Region persönlich noch intensiver anzunehmen; sie rief den Berliner Prozess ins Leben, der die Regierungschefs der Balkanstaaten regelmäßig zusammenführte, zunächst in der deutschen Hauptstadt, dann auch in anderen europäischen Städten wie Wien, Paris und Triest. Ziel war es, die verschiedenen Probleme in freundschaftlicher Atmosphäre anzusprechen, Lösungsmöglichkeiten zu versuchen und vor allem die Zusammenarbeit der Balkanstaaten untereinander zu fördern. Auch dank der Einbeziehung der Europäischen Kommission wurden so der Ausbau der Infrastruktur und die wirtschaftliche Zusammenarbeit vorangebracht oder auch ein Jugendwerk gegründet. Der Berliner Prozess wird von allen Beteiligten weiterhin geschätzt. Er hilft dabei, die Lage in der Region stabil zu halten, aber er löste die tief sitzenden Grundsatzkonflikte bislang noch nicht.

Am verzweifeltsten ist die Lage bis heute in Bosnien und Herzegowina geblieben. Die schrecklichen Wunden, die der Jugoslawienkrieg gerissen hat, sind noch immer nicht verheilt. Die Vertreter der konstituierenden Völker des Landes – Bosniaken, Kroaten und Serben – stellen ihre eigenen Interessen stets über die des Gesamtstaates, der einfach nicht zusammenwachsen will. Frustriert über die Sturheit der Führungseliten, verlassen weiterhin viele junge Leute das Land.

Das war schon in Angela Merkels Amtszeit nicht anders, und es ließ die Kanzlerin nicht ruhen. Deshalb beauftragte sie mich 2010/11, einen Versuch zu unternehmen, die Parteien zusammenzuführen, zumindest bei dem die Minderheiten diskriminierenden Wahlrecht einen gemeinsamen Nenner zu finden. Und so luden der slowakische EU-Balkanbeauftragte Miroslav Lajčák und ich einen Parteiführer nach dem anderen nach Berlin ein – wobei jeder auch kurz die Kanzlerin traf –, und wir setzten uns Stunde um Stunde mit ihnen zusammen. Bakir Izetbegović, Zlatko Lagumdžija, Dragan Čović, Milorad Dodik, Željko Komšić, Sulejman Tihić – bis auf den Bosniaken Tihić zeigten sich leider alle Politiker unversöhnlich und nicht kompromissbereit, sodass wir unsere Bemühungen schließlich abbrachen, als mit einem aufziehenden Wahlkampf die Chancen auf flexiblere Haltungen immer weiter sanken.

Wie gesagt ist es seither nicht besser geworden. Angespornt von Russland und nur halbherzig zurückgehalten vom serbischen Präsidenten Vučić, verfolgt Dodik, der Machthaber im serbischen Landesteil, die Unabhängigkeit der Republika Srpska. Unterstützt von Zagreb, wollen die Kroaten wiederum ihren eigenen Teilstaat, weil sie sich von den Bosniaken majorisiert fühlen. Die von der Staatengemeinschaft eingesetzten Hohen Repräsentanten verloren immer mehr an Autorität, zumal die Unterstützung aus den Hauptstädten zu wünschen übrig ließ. Es ging so weit, dass der österreichische Beauftragte Valentin Inzko, der sich im UNO-Sicherheitsrat mit den Russen regelmäßig einen Schlagabtausch lieferte, vom Auswärtigen Amt kritisiert wurde, als er ein Gesetz in Kraft setzte, das die Leugnung des Genozids unter Strafe stellte. Dies führe nur zu unnötigen Spannungen, hieß es. Aus meiner Sicht ist es der falsche Ansatz, wenn wir uns ängstlich davor drücken, Völkermord beim Namen zu nennen. Ich war im Sicherheitsrat Verfechter einer harten Linie und prangerte zum Beispiel mehrfach die Tatsache an, dass in der Serbenrepublik ein Studentenheim nach dem Kriegsverbrecher Radovan Karadžić benannt wurde.

Die Bundeskanzlerin stattete Sarajewo, der Hauptstadt von Bosnien und Herzegowina, im Juli 2015 einen Besuch ab. Sie bedrängte das Dreierpräsidium regelrecht und mahnte Reformen und ein gemeinsames Vorgehen an. Auch danach blieb sie am Ball und lud die drei nach Berlin ein.

Der eindrucksvollste Besuch in Sarajewo fand in der Gedenkstätte für die Opfer des Massakers von Srebrenica statt. Die Fotos waren sehr bewegend, die Gespräche mit den überlebenden Müttern und Ehefrauen der von den serbischen Freischärlern getöteten Jungen und Männer erschütternd. Die meisten der Täter blieben straffrei, viele Opfer sind bis heute nicht identifiziert.

Wie umgehen mit Bosnien und Herzegowina? Nach dem Dayton-Abkommen, das den Krieg beendete, wurden Beauftragte der internationalen Gemeinschaft eingesetzt, die über exekutive Befugnisse, die sogenannten »Bonn Powers«, verfügten. Der erste, der Brite Paddy Ashdown, nutzte sie regelmäßig, um das Land wieder in die Spur zu bringen. Der zweite, der ehemalige Bundesminister für Post und Telekommunikation Christian Schwarz-Schilling, wollte der Regierung in Sarajewo mehr Eigenverantwortung übertragen. Aber das brachte keine Ergebnisse, und nachdem die aufgrund ihrer entscheidenden Rolle bei der Beendigung des Krieges die Hauptrolle spielenden USA den Daumen senkten, übertrug mir die Kanzlerin die undankbare

Aufgabe, Schwarz-Schilling zu vermitteln, dass es Zeit war aufzuhören. Er hat mir das bis heute nicht richtig verziehen.

Unter seinen Nachfolgern wurde die Situation allerdings auch nicht besser. Weil sich die internationale Staatengemeinschaft immer mehr abwandte und kaum Druck entfaltete, unterminierten vor allem die serbischen Offiziellen die Autorität des Beauftragten. Auch der 2021 eingesetzte Christian Schmidt hat mit den widrigen Umständen zu kämpfen. Sein großes Engagement führt nur dann zu Ergebnissen, wenn sich die internationale Gemeinschaft noch einmal aufrafft, die wichtigsten Drahtzieher im Hintergrund an den Tisch zu bekommen. Sollte Russland, das Hauptunterstützer des separatistischen Dodik ist, geschwächt aus dem Putin'schen Angriffskriegs gegen die Ukraine hervorgehen, besteht vielleicht noch einmal die Chance, die Volksgruppen näher zusammenzuführen. Um das zu erreichen, müssen alle mitspielen. Deutschland sollte auch hier die Initiative ergreifen, möglichst im Einklang mit der Europäischen Kommission. Wenn dem serbischen Präsidenten endlich einleuchtet, dass er mit einer klaren Ausrichtung auf die EU besser fährt als mit seiner Schaukelpolitik zwischen EU, Russland und China, und wenn den Kroaten der lang gehegte Wunsch nach einer Änderung des Wahlrechts erfüllt wird, dann könnte es mit dem Land endlich vorangehen, dann könnte der Exodus der jungen Generation aufhören. Gerade die jungen Leute, denen die Machtspiele und Korruption der alten Eliten ein Gräuel sind, müssten sich mehr einbringen und Verantwortung übernehmen.

Die Einsicht seitens der Regierenden in Belgrad, dass die Europäische Union die einzige realistische Zukunftsalternative ist, könnte sie auch zu einer versöhnlichen Haltung im Konflikt mit dem Kosovo motivieren. Im Sicherheitsrat der Vereinten Nationen habe ich mich regelmäßig mit dem russophilen Außenminister Dačić duelliert, der immer wieder die Legitimität des Kosovos infrage stellte. Ich hielt ihm entgegen, dass er sich mit seiner Politik, insbesondere mit seinen weltweiten Bemühungen, Staaten zur Rücknahme ihrer Anerkennung des Kosovos zu bewegen, selbst in den Fuß schieße: Ohne die eigene Anerkennung des Kosovos – zumindest in einer Übergangsregelung, wie sie die Bundesregierung einst 1973 mit der DDR gefunden hatte – werde Serbien nicht der EU beitreten können

Aber der Versuchung, mit dem Rückgriff auf eine nationalistische Politik an Popularität zu gewinnen, sind bisher noch die meisten Balkanführer erlegen. Meine eigene Erfahrung machte ich mit dem ehemaligen serbischen Außenminister und Präsidenten der UNO-Generalversammlung Vuc Jeremić. Er hatte mir in die Hand versprochen, seine antikosovarische Rhetorik einzustellen, wenn der Internationale Gerichtshof die Unabhängigkeitserklärung des Kosovos als nicht völkerrechtswidrig erklären würde. Zur serbischen Überraschung tat der IGH 2010 genau das. Aber das Urteil wurde von Jeremić und den meisten anderen serbischen Verantwortlichen – und natürlich von Russland – konsequent ignoriert.

Nun sind jedoch leider auch die Kosovaren geübt darin, sich selbst in den Fuß zu schießen. Die EU-Beauftragte Catherine Ashton vermittelte 2013 das Brüsseler Abkommen, das auf eine Versöhnung und Normalisierung der Beziehungen zwischen Serben und Kosovaren abzielte. Es verlangte von den Kosovaren eine gewisse Föderalisierung, nämlich die Gründung eines Verbundes der serbischen Kommunen auf dem Gebiet des Kosovos. Diese sollten bestimmte Kompetenzen erhalten, ohne die Handlungsfähigkeit des kosovarischen Staates infrage zu stellen.

Als Land, das mit dem Föderalismus und der Aufteilung von Kompetenzen zwischen Bund, Ländern und Gemeinden sehr gute Erfahrungen gemacht hat, boten wir deutsche Hilfe an. Aber rasch wurde diese Bestimmung zum Zankapfel der kosovarischen Innenpolitik, was bis zur Einschaltung des Verfassungsgerichtes führte, sodass bis heute keine Fortschritte erzielt wurden. Aber ohne Entgegenkommen auch von kosovarischer Seite wird es keine Fortschritte geben, das gilt auch für den Weg des Kosovos in Richtung Europäische Union. Dank der Bemühungen des unermüdlichen EU-Beauftragten Miroslav Lajčák, der immer wieder neue Anläufe unternimmt, bleibt das Thema immerhin auf der Tagesordnung.

Ich hatte mich seit dem Kosovokrieg 1998/99 mit dem Konflikt beschäftigt. Während der Kämpfe hatte ich den Staatsminister im Auswärtigen Amt Günter Verheugen an die Grenze zwischen dem Kosovo und Albanien begleitet. Die Bilder gehen mir bis heute nicht aus dem Kopf: Bis an den Rand des Horizonts zog sich eine Schlange von Autos, Pferdewagen und Menschen nach Albanien hinein. Die von den Serben Vertriebenen sahen verzweifelt und ausgemergelt aus, sie wussten nicht, ob sie noch einmal in ihre bombardierte Heimat zurückkehren könnten. Albanien, Nordmazedonien und Montenegro nahmen die Flüchtlinge großzügig auf, und dank des NATO-Einsatzes konnten sie wirklich in ihre Heimat zurückkehren. Wann immer der russische Botschafter im UNO-Sicherheitsrat während meiner Zeit dort die Legitimität des Kosovos infrage stellte, hatte ich diese bedrückenden Bilder vor Augen und gab ihm gehörig Kontra.

Trotz der widrigen Startbedingungen, der fehlenden Anerkennung durch fünf EU-Mitgliedstaaten und der ständigen Attacken durch Serbien schaffte es das Land über die Jahre hinweg, langsam auf die Beine zu kommen. In harten innenpolitischen Auseinandersetzungen entwickelte sich eine funktionierende Demokratie mit regelmäßigen Regierungswechseln. Wie die meisten Regierungen auf dem Balkan orientierte sich auch die kosovarische an Berlin, und so unterhielt ich über viele Jahre hinweg enge Kontakte zu den Politikern, vor allem dem umstrittenen Präsidenten Thaçi und dem langjährigen, Deutsch sprechenden Außenminister Enver Hoxhaj. Auf seine Bitte hin setzte ich 2016 meine Beziehungen zu meinem Lieblingsverein Bayern München ein, denn die Kosovaren wollten mit ihrer Fußballnationalmannschaft in den Weltfußballverband FIFA aufgenommen werden.

Voraussetzung dafür war die Mitgliedschaft im Europäischen Fußballverband UEFA. Und über meinen Freund bei den Bayern, dem für »Public Affairs« zuständigen Christopher Keil, bekam ich einen Kontakt zum Vorstandsvorsitzenden Karl-Heinz Rummenigge, der sich daraufhin als deutscher Vertreter im wichtigsten UEFA-Gremium erfolgreich für die Aufnahme des Kosovos einsetzte. Die Mehrheit war äußerst knapp, löste aber großen Jubel im Land aus – ein gutes Beispiel für die diplomatische Kraft, die auch im Sport steckt.

Der Balkan ist voller Probleme, und immer wieder bedarf es des vollen Einsatzes einzelner Persönlichkeiten wie Javier Solana oder Miroslav Lajčák, um Fortschritte zu erreichen. Aber keiner hat länger an der Lösung einer bestimmten Frage gearbeitet als der Amerikaner Matthew Nimetz. Von Präsident Clinton den Vereinten Nationen als Vermittler im mazedonischen Namensstreit zwischen Griechenland und Nordmazedonien angedient, widmete er sich 30 Jahre lang diesem Konflikt. Immer wieder unternahm er neue Anläufe, schlug alle denkbaren Namensvariationen vor – bis er 2018 endlich erfolgreich war. Eine günstige Konstellation, das Zusammenspiel der mutigen Regierungschefs in Athen und Skopje, Alexis Tsipras und Zoran Zaev, erlaubte den Kompromiss.

Bei dessen Zustandekommen wirkte auch Angela Merkel mit. Sie hatte sich im Sommer 2016 lange mit Nimetz zusammengesetzt, den komplizierten Streit in seinen verschiedenen Dimensionen erfasst und sich im Anschluss bei jeder Gelegenheit für eine Lösung verwandt. Ärgerlich war es dann, dass nach der Lösung des griechisch-mazedonischen Streits auf einmal Bulgarien auf den Plan trat, eigene Empfindlichkeiten aus der historischen Mottenkiste hervorkramte und nun seinerseits den Mazedonen Steine auf dem Weg zur angestrebten Mitgliedschaft in der Europäischen Union in den Weg legte. Aber auch dieses Problem wurde schließlich 2022 unter Mithilfe des auf dem

Balkan endlich etwas aktiveren Frankreichs gelöst, allerdings auf Kosten Nordmazedoniens, das seine Verfassung ändern muss, um die bulgarische Volksgruppe darin als Minderheit anzuerkennen – was prompt zu Streit in der nordmazedonischen Nationalversammlung führte.

Der westliche Balkan bleibt also eine äußerst schwierige Region. Es geht dort zu wie bei der Echternacher Springprozession: zwei Schritte vor, einen zurück. Aber trotz der vielen Frustrationen: Deutschland und die Europäische Union müssen sich um die Lösung der Konflikte kümmern. Chinesen, Russen, Türken warten nur auf die Gelegenheit, ihren Einfluss zu vergrößern. Der Kreml möchte mit der Republika Srpska eine Enklave im Herzen Südwesteuropas errichten, im serbischen Niš einen Militärstützpunkt aufbauen. Und China möchte Abhängigkeiten schaffen, um unter anderem das Abstimmungsverhalten in den Vereinten Nationen zu seinen Gunsten zu beeinflussen. Die Türkei unter Erdoğan wiederum erinnert die Muslime in der Region an die vermeintlich guten, alten Zeiten im Osmanischen Reich und strebt ebenfalls danach, seine Partikularinteressen durchzusetzen. Dabei sind die Europäische Union und ihre Mitgliedstaaten die wichtigsten Handelspartner und Investoren in der Region, schaffen es aber nicht durchgängig, ihr Gewicht auf die Waage zu bringen. Die USA, ohne die die Jugoslawienkriege zu noch schlimmeren Katastrophen geführt hätten, verlangen zu Recht, dass Europa die Hauptverantwortung übernimmt. Die Trump-Jahre, während derer die US-Administration den gefährlichen Versuch unternahm, die Grenzen auf dem Balkan neu zu ziehen, sollten Mahnung genug sein, die Fäden in der Hand zu behalten. Die Ernennung einer politischen Balkanbeauftragten durch Außenministerin Baerbock setzte ein wichtiges Zeichen, wobei der Balkan auch Chefsache bleiben muss.

Als mich im Frühjahr 2022 der albanische Präsident Edi Rama zu einem Abendessen unter vier Augen nach Tirana einlud und mich bat, dass ich mich auch nach meinem Ausscheiden aus dem deutschen diplomatischen Dienst weiter um den Balkan kümmerte (und mich danach auch der serbische Präsident Aleksander Vučić nach Belgrad holte), fasste ich mit meinem MSC-Team den Beschluss, die Münchner Sicherheitskonferenz künftig als weiteres Forum zu nutzen, das den westlichen Balkan auf die Agenda setzt, um den verantwortlichen Politikern die Möglichkeit zu vertraulichen Gesprächen untereinander zu bieten und vielleicht kleine Schritte vorwärts bei der Lösung verbleibender Differenzen zu machen.

6. Kapitel

Das Mittelmeer, Israel und die besondere deutsche Verantwortung

Nach der Rückkehr aus London standen innenpolitische Themen im Vordergrund, bevor die Bundeskanzlerin wenige Tage später zu ihrem nächsten »Antrittsbesuch« nach Spanien aufbrach. Das Wort steht diesmal in Anführungszeichen, weil die Reise kein bilateraler Besuch war. Zwar traf sich die Kanzlerin in Barcelona auch mit dem spanischen Ministerpräsidenten José Luis Zapatero, aber der eigentliche Anlass für ihre Anwesenheit war der im Rahmen des sogenannten Barcelona-Prozesses stattfindende Euro-Med-Gipfel. Im Vorfeld hatte Angela Merkel gezögert, zu dieser Veranstaltung zu reisen, da es dem Barcelona-Prozess an Substanz fehlte, insbesondere der Nahostkonflikt verhinderte inhaltliche Fortschritte. Andererseits war der Prozess die einzige politische Initiative, bei der die Europäische Union mit ihren Nachbarn von der anderen Seite des Mittelmeers um einen Tisch saß.

Das Thema war mir vertraut, da ich in der Zeit zwischen meiner Tätigkeit als stellvertretender Leiter des Büros von Außenminister Klaus Kinkel und als Direktor des Politischen Stabes von Javier Solana in Brüssel gegen Ende der 1990er-Jahre als Unterabteilungsleiter im Auswärtigen Amt für ebendiesen Barcelona-Prozess zuständig gewesen war. In meiner aktuellen Tätigkeit für die Kanzlerin war ich weiterhin von seiner Bedeutung und seinem Potenzial überzeugt und konnte sie daher trotz ihres anfänglichen Zögerns von einer Teilnahme überzeugen. Allerdings war ihre Skepsis insofern berechtigt, als es neben hehren Absichten über die Jahre hinweg nicht gelungen war, die Zusammenarbeit zwischen der EU und den Mittelmeerstaaten in diesem großen Rahmen wesentlich voranzubringen. Zu groß waren die Differenzen zwischen Israel und den arabischen Ländern, zwischen Zypern und der Türkei, zwischen Algerien und Marokko. Die totalitären Machthaber Gaddafi in Libyen und Assad in Syrien waren auch keine Partner, mit denen sich demokratisch gesinnte Europäer gerne an einen Tisch setzten. Dennoch: Das Bewusstsein der geografischen Nähe, der gemeinsamen, schon Jahrtausende zählenden Geschichte, der Perspektiven einer kulturellen, wirtschaftlichen und politischen Zusammenarbeit, aber auch der gemeinsamen Herausforderungen, die sich vom Klimawandel bis zur Migration allen stellten, sorgten dafür, dass der Barcelona-Prozess auf verschiedenen Ebenen weitergeführt wurde.

Nicolas Sarkozy verlieh ihm sogar neuen Schwung: Im Jahr nach seinem Amtsantritt lud er im Juni 2008 die Staats- und Regierungschefs der Anrainer zur Gründung einer Mittelmeerunion nach Paris ein. Der zum konservativen Lager zählende französische Präsident verfolgte damit mehrere Absichten: Er wollte seinem sozialistischen spanischen Kollegen Zapatero die informelle Führung des Barcelona-Prozess entwinden, und er glaubte, dass in diesem Rahmen der Nahostkonflikt leichter lösbar wäre sowie der Türkei eine Alternative zur Vollmitgliedschaft in der Europäischen Union geboten werden könnte. Aus deutscher Sicht hatte der Vorschlag Sarkozys einen gravierenden Schönheitsfehler: Er sah nicht vor, dass die EU-Staaten, die nicht am Mittelmeer lagen, Mitglied werden konnten. Deshalb kam diese Option für die Bundeskanzlerin nicht infrage; wegen des Wegfalls der Grenzkontrollen und des europäischen Binnenmarktes sei auch Deutschland ein Mittelmeeranrainer, so erklärte sie Sarkozy. Er gab nach und lud sie zum Gipfel nach Paris ein – allerdings unter der Bedingung, dass er mit der gleichen Begründung zum nächsten Gipfeltreffen des Ostseerates ebenfalls eingeladen würde. Die Kanzlerin schlug ein, doch während sie daraufhin am Gipfel im Grand Palais in Paris teilnahm, sollte Sarkozy Ende Mai 2012 doch nicht zum Ostseerat kommen, den sie im Rahmen der zu diesem Zeitpunkt bestehenden Ratspräsidentschaft Deutschlands in ihrer politischen Heimat Stralsund mit viel persönlichem Engagement organisiert hatte. Der formale Grund für Sarkozys Fernbleiben lag in den von ihm kurz vorher verlorenen Präsidentschaftswahlen. Aber auch wenn er sie gewonnen hätte, bezweifle ich, dass er gekommen wäre, denn er hatte kein wirkliches Interesse am Ostseerat.

Bedauerlich war – und ist – auch, dass dem Sarkozy-Gipfel 2008 in Paris kein weiterer mehr folgte. Ebenso wenig gelang die Institutionalisierung der Mittelmeerunion, da die politischen Entwicklungen in der Region die bestehenden Differenzen eher vertieften als verringerten. In Israel beschleunigte Benjamin Netanjahu als Nachfolger Ehud Olmerts den Siedlungsbau in den Palästinensergebieten, der zypriotisch-türkische Streit intensivierte sich, und dann setzte der Arabische Frühling mit seinen dramatischen Umwälzungen ein. Trotzdem hält vor allem die Europäische Union an der Partnerschaft fest. So werden immerhin eine Reihe von Projekten umgesetzt, und auch Treffen auf Beamtenebene finden statt – alles in der Hoffnung auf bessere Zeiten und in dem Bewusstsein, dass die Staaten der Mittelmeerregion auf Gedeih und Verderb miteinander verbunden bleiben.

Marokko

Auch wenn der Barcelona-Prozess seit vielen Jahren ein Mauerblümchendasein fristet, schenkte Angela Merkel den einzelnen Staaten auf der südlichen Seite des Mittelmeeres während ihrer Amtszeit immer ihre Aufmerksamkeit. So traf sie sich mit dem marokkanischen König Mohammed VI. am Rande der Generalversammlung der Vereinten Nationen im September 2010. Die Begegnung verlief sehr herzlich, ich erinnere mich noch gut an dessen besondere Atmosphäre. In der Regel finden Randgespräche im Gebäude der UNO in schmucklosen größeren »Schuhkartons« statt, nicht so beim König: Es gab einen arabischen Teppich, Sofakissen, ein Beitischchen mit Hochglanzschmuck und einem Familienfoto.

Zu dem Zeitpunkt konnte niemand ahnen, dass dieses Treffen das einzige zwischen dem König und der Kanzlerin bleiben sollte. Zwar unternahmen wir mehrere Anläufe, den König nach Deutschland zu holen, aber immer kam etwas dazwischen. Auch geplante Reisen nach Marokko fanden nicht statt, weil der König jeweils nicht zur Verfügung stand. Ein Tiefpunkt der Beziehungen wurde dann im Dezember 2018 erreicht. Marokko hatte sich erfolgreich um die Ausrichtung des UNO-Migrationsgipfels bemüht, auf dem der Migrationspakt verabschiedet wurde, eine in Deutschland nicht unumstrittene Vereinbarung, in der sowohl die Interessen der Migranten sowie ihrer Herkunfts- und Aufnahmeländer Berücksichtigung fanden als auch Leitlinien und Ziele festgeschrieben wurden, um gegen illegale und ungeordnete Migration vorzugehen und Migration insgesamt sicherer für die Menschen zu machen. Das Thema stand bei der Kanzlerin spätestens seit 2015 oben auf der Agenda, trotz aller auch innenpolitischer Vorbehalte hieß sie den Migrationspakt immer gut. Deshalb erwarteten wir für ein fest vereinbartes Treffen mit dem König in Marrakesch eigentlich auch keine Probleme. Als es kurzfristig hieß, er werde nicht dorthin kommen, war die Kanzlerin sogar zu einem Umweg über die marokkanische Hauptstadt Rabat bereit. Aber auch dort kam es zu keiner Begegnung. Über die Gründe der Abfuhr durch die Marokkaner wurde viel spekuliert, allerdings ohne schlüssiges Ergebnis. Es mag an einer gewissen Menschenscheu des Königs gelegen haben oder auch an Vorbehalten des muslimischen Monarchen gegenüber einer so profilierten Frau.

Trotzdem gab die Kanzlerin ihr Interesse an Marokko nie auf. So ermunterte sie auch Altbundespräsident Horst Köhler, das ihm von UNO-Generalsekretär Guterres angetragene Mandat als Sondergesandter für die Westsahara anzunehmen. Dieser im Rahmen der Dekolonisierung entstandene und heute fast vergessene Konflikt hatte seinen Ursprung darin, dass sich die Sahrauris, die Ureinwohner dieses Gebiets, und die sie politisch repräsentierende Bewegung Polisario auf die Einhaltung einer UNO-Resolution beriefen, die den Status der Region bis zu einem Referendum offenhielt. Marokko ignoriert diese Resolution jedoch und hat seit der Besetzung 1975 über die Jahre hinweg in einer Art Salamitaktik seine Herrschaft über die Westsahara immer mehr ausgedehnt. Damit wurde das Schicksal Hunderttausender Flüchtlinge in Auffanglagern, insbesondere in Algerien, immer aussichtsloser. Horst Köhler, aufgrund seiner Zeit als Direktor des Internationalen Währungsfonds in den ersten Jahren nach der Jahrtausendwende der vielleicht beste Afrikakenner unter deutschen Politikern, der auf diesem Kontinent hohes Ansehen genießt, schaffte es 2019 auf seine insistierende Art und Weise erstmals seit Langem, alle Parteien um einen Tisch zu versammeln. Es gab wieder einen Hoffnungsschimmer für die Menschen in den Flüchtlingslagern, doch dann musste Köhler sein Amt aus Gesundheitsgründen niederlegen. Den Marokkanern hatte es allerdings gar nicht gepasst, wie er vorgegangen war, und so sagte mir der Botschafter in New York zwar, wie sehr man Köhlers Ausscheiden bedauere, gegenüber dem UNO-Sekretariat und anderen bestand er in der Nachfolgefrage aber darauf, dass es nicht wieder ein Deutscher werden dürfe.

Das trug wohl mit dazu bei, dass der Posten des UNO-Gesandten lange unbesetzt blieb, seit 2021 bemüht sich nun Staffan de Mistura um eine Lösung, ein erfahrener UNO-Diplomat mit schwedischen und italienischen Wurzeln, der auch stellvertretender italienischer Außenminister war. Vor Ort verschlechterte sich derweil die Situation für die Sahrauris, da Marokko die

Besetzung der Westsahara weiter vorantrieb, und die im Widerspruch zum Völkerrecht von der Trump-Administration zum Ende ihrer Regierungszeit ausgesprochene Anerkennung der marokkanischen Souveränität über die Region verschärfte die aussichtslose Lage für das nomadische Volk nur noch mehr. In Deutschlands letztem Monat im Sicherheitsrat brachte ich das Thema im Dezember 2020 auf die Tagesordnung, um die Aufmerksamkeit auf dieses ungelöste Problem zu lenken. Aber anders als erhofft, machte der neue US-Präsident Joe Biden die Entscheidung seines doch so kritisierten Vorgängers nicht rückgängig, und daher fühlte sich die marokkanische Regierung ermutigt, das am geltenden Völkerrecht festhaltende Deutschland, aber auch das den Sahauris aus kolonialer Verantwortung verpflichtete Spanien unter Druck zu setzen. Sie fror die Beziehungen zu Deutschland ein und zog ihren Botschafter aus Berlin ab, öffnete die Grenzen bei den an der nordafrikanischen Küste gelegenen spanischen Exklaven Ceuta und Mellila und ließ zahlreiche Migranten sich nach Spanien absetzen. Die deutsche Haltung zur Westsahara führte also zu einer spürbaren Abkühlung der marokkanisch-deutschen Beziehungen, doch für Marokko zahlte sich sein Vorgehen aus: Spanien schwenkte auf die amerikanische Linie ein, und auch die Scholz-Regierung äußerte sich positiv zu den marokkanischen Plänen, nach denen die Westsahara Teil des Staatsgebiets bleiben und lediglich in administrativen, steuerlichen und kulturellen Fragen eine gewisse Autonomie erhalten soll.

Ich halte es für äußerst bedauerlich, dass sich auch in der Westsaharafrage das Recht des Stärkeren durchzusetzen scheint, dass den transatlantischen Partnern die Beziehungen zu Marokko, diesem zweifelsfrei wichtigen Land Afrikas, mehr bedeuten als das Internationale Recht und das Schicksal der teils unter erbärmlichen Umständen im Exil lebenden Ureinwohner.

Algerien

Im Juli 2008 besuchte Angela Merkel das Nachbarland Marokkos, Algerien, und dessen Präsidenten Abd al-Aziz Bouteflika. Mittlerweile im September 2021 mit 84 Jahren verstorben, war der alte Herr schon zum damaligen Zeitpunkt gesundheitlich angeschlagen und wirkte sehr fragil. Geistig war er jedoch noch frisch und stellte sich als angenehmer Gesprächspartner heraus, der später zu einem Gegenbesuch nach Berlin kommen sollte. Die Hauptstadt Algier und das ganze Land waren noch gezeichnet vom zwischen radikalen Islamisten und der Armee brutal geführten Bürgerkrieg der 90er-Jahre, der viele Menschenleben gekostet hatte. Zwar war Bouteflika durch freie Wahlen ins Amt gekommen und die Lage hatte sich beruhigt, allerdings herrschte immer noch eine Art Friedhofsruhe mit vom Militär dominierten unveränderten Strukturen. Trotz der Einnahmen aus dem Öl- und Gasgeschäft gab es wenige Zukunftsperspektiven für die Jugend, der Grad der Unzufriedenheit blieb hoch. Wenigstens gab der Besuch der Kanzlerin den Beziehungen zwischen Algerien und Deutschland neue Impulse. Zufrieden wollte sie aus Algier abfliegen, als einem Flughafenmitarbeiter ein Missgeschick unterlief: Er rammte die fahrbare Treppe in die Außenhaut des Regierungsflugzeugs, das damit nicht mehr einsetzbar war. Die Kanzlerin saß fest, ein Ersatzflugzeug stand nicht bereit. Großzügig bot Bouteflika die algerische Regierungsmaschine an, mit der die Delegation wohlbehalten nach Berlin zurückkehrte. Dennoch zeigte sich die Kanzlerin besorgt und bat mich herauszufinden, was aus dem Flughafenmitarbeiter geworden war. Ihr Argwohn war berechtigt: Der Unglückliche hatte sich sicherheitshalber aus dem Staub gemacht, war aber dennoch aufgegriffen und festgesetzt worden. Erst unser Nachhaken bei den algerischen Behörden konnte dafür sorgen, dass er wieder freikam.

In meiner New Yorker Zeit freundete ich mich dann mit dem algerischen Botschafter Sabri Boukadoum an, einem Deutschland wohlgesonnenen AUDI-Fan, der 2019 Außenminister seines Landes wurde. Sabri hatte viel mit Altbundespräsident Köhler gesprochen und mit dazu beigetragen, dass es diesem gelang, alle Parteien des Westsaharakonfliktes an einen Tisch zu bringen. Dieses ungelöste Problem überschattet auch die Beziehungen zwischen Algerien und Marokko; die Grenze zwischen den beiden Ländern bleibt geschlossen, Hunderttausende Sahrauris fristen wie gesagt ein tristes Leben in Flüchtlingslagern auf algerischem Gebiet. Solange dieser Konflikt nicht gelöst ist, wird der Barcelona-Prozess kaum Fortschritte machen, lässt sich auch das große Potenzial einer Freihandelszone im Maghreb nicht verwirklichen. Algerien selbst hat sich strukturell über die Jahre hinweg nicht verändert, dennoch dürfen wir dieses wichtige Land nicht ignorieren, sollten immer wieder Ansätze suchen, um die bestehenden Verkrustungen aufzubrechen.

Tunesien

Den dritten Maghreb-Staat besuchte die Kanzlerin im März 2017. In den Jahren des autokratischen Präsidenten Ben Ali hatte sie nur rudimentäre Kontakte nach Tunesien unterhalten, doch mit dem Arabischen Frühling, der dort 2010 seinen Anfang genommen hatte, intensivierten sich die Beziehungen. Das im Vergleich zu seinen Nachbarn kleine Land litt vor allem wirtschaftlich schwer unter dem Konflikt in Libyen. Die Umstände machten es nicht einfach, eine demokratische Ordnung zu etablieren, ähnlich wie in Algerien waren die Verkrustungen im Staat schwer aufzubrechen. Dennoch sollte sich trotz der vielen Herausforderungen der Demokratisierungsprozess fortsetzen. Der Besuch der Kanzlerin im Frühjahr 2017 war dazu gedacht, diese Entwicklung zu würdigen, er galt auch dem erfahrenen Staatspräsidenten Beji Caid Essebsi und sollte das politische, wirtschaftliche und kulturelle Engagement Deutschlands herausstellen.

Wie bei den Gesprächen mit den anderen Maghreb-Staaten stand das Thema Migration im Mittelpunkt. Im Dezember 2016 hatte der radikale tunesische Islamist Anis Amri, der als bereits in Italien inhaftiert gewesener Gewalttäter längst hätte abgeschoben werden müssen, auf dem Berliner Weihnachtsmarkt zwölf Menschen getötet. So ging es um die raschere Abschiebung abgelehnter Asylbewerber, aber auch um eine größere Unterstützung durch Deutschland bei der Bewältigung der zugrunde liegenden Herausforderungen. Mit der Einweihung eines Beratungszentrums in Tunis wollte die Bundesregierung auf der einen Seite zurückkehrenden abgelehnten Asylbewerbern bei der Suche nach Ausbildungs- und Arbeitsplätzen helfen, auf der anderen Seite potenzielle Migranten von der gefährlichen Reise über das Mittelmeer abhalten und über Möglichkeiten der regulären Arbeitsmigration aufklären.

Doch nach dem Tod Essebsis 2019 ging es mit Tunesien tragischerweise wieder bergab. Die neuen demokratischen Strukturen waren noch nicht fest verankert, die Verantwortlichen kümmerten sich mehr um ihre eigene Profilierung und die Bekämpfung des politischen Gegners als um das Gemeinwohl. Angesichts der Frustration der Bevölkerung über die junge Demokratie wundert es nicht, dass es dem amtierenden Präsidenten Kais Saied 2022 gelang, einen friedlichen Staatsstreich zu organisieren und auf pseudodemokratischem Weg eine Rückkehr zur Präsidialdiktatur in die Wege zu leiten. Dieser Fehlschlag darf uns aber nicht demotivieren, sondern wir sollten uns weiter vor Ort engagieren und die einer wirklichen Demokratie und dem Rechtsstaat verpflichteten Menschen und Organisationen fördern.

Libyen

Als Oberst Muammar al-Gaddafi im Dezember 2007 im direkt neben dem Élysée-Palast gelegenen Hotel Marigny als Gast des französischen Präsidenten Sarkozy für eine Woche auch im wortwörtlichen Sinn seine Zelte aufschlug, ahnte wohl niemand, dass es gerade Nicolas Sarkozy sein würde, der vier Jahre später die Speerspitze der Befürworter eines militärischen Eingreifens in Libyen bildete, mit dem der Despot in die Schranken gewiesen werden sollte. Im Rahmen des Arabischen Frühlings kam es auch in Libyen zu heftigen Unruhen. Die Spannungen zwischen den Landesteilen eskalierten, und die Gefahr bestand, dass es durch die auf das abtrünnige Bengasi vorrückenden Truppen Gaddafis zu Massakern an der Zivilbevölkerung käme. Deshalb drängte Frankreich auf einen Militäreinsatz, der durch den UNO-Sicherheitsrat sanktioniert werden sollte.

Der deutsche Verteidigungsminister Thomas de Maizière kehrte gerade von einer Reise in die Vereinigten Staaten zurück und berichtete, dass die US-Regierung gegen einen militärischen Einsatz war. Doch in Washington wendete sich das Blatt. Präsident Obama hörte auf seine UNO-Botschafterin Susan Rice und seine Menschenrechtsbeauftragte Samantha Power und überstimmte Außen- und Verteidigungsminister. Sofort wurde eine Resolution auf den Tisch des Sicherheitsrates gelegt, mit dem ein militärischer Einsatz zum Schutz der Zivilbevölkerung völkerrechtlich gutgeheißen werden sollte. Deutschland, das 2011/12 im Sicherheitsrat saß, musste nun sein Abstimmungsverhalten festlegen, denn unser UNO-Botschafter Peter Wittig, ein sehr erfahrener Diplomat, mit dem ich fast fünf Jahre im Büro von Außenminister Klaus Kinkel zusammengearbeitet hatte, benötigte eine Weisung für die unmittelbar bevorstehende Sitzung. Die USA, Frankreich und Großbritannien versuchten auf allen Ebenen darauf einzuwirken, dass wir uns für den Einsatz aussprachen.

Im Büro der Kanzlerin setzte sich eine spontane Runde zusammen, um die Frage abzuwägen. Der folgenschwere zweite Irakkrieg war uns allen noch im Gedächtnis, und die Kanzlerin, deren Herangehensweise an außenpolitische Herausforderungen immer langfristig angelegt war (gemäß der Maxime »respice finem«, also den Ausgang einer Sache zu bedenken), teilte die allgemeine Skepsis. Wohin würde ein Militäreinsatz führen? Zu einem neuen Irak? Für eine Zustimmung wiederum sprach das Bündnisargument: Durfte Deutschland anders abstimmen als die NATO-Partner? Schließlich einigte sich der Kreis darauf, dass Peter Wittig sich enthalten sollte, wobei die Kanzlerin intern festlegte, dass sich Deutschland für den Einsatz aussprechen würde, wenn im Sicherheitsrat nicht die erforderlichen neun Stimmen für eine Intervention zustande kämen. Es zeigte sich aber, dass dies nicht notwendig war: Der Sicherheitsrat billigte den militärischen Einsatz, der daraufhin seinen Lauf nahm. Das überwiegende Echo in den Medien und den Koalitionsfraktionen im Deutschen Bundestag auf das im Büro der Kanzlerin beschlossene Vorgehen fiel negativ aus: Deutschland habe sich weggeduckt, sei seiner Verantwortung nicht gerecht geworden.

In den Jahren 2019/20 saß Deutschland wieder im Sicherheitsrat. Der Libyenkonflikt hatte sich mit und nach dem internationalen Eingreifen genau so entwickelt, wie wir es befürchtet hatten. Ein zermürbender Bürgerkrieg hatte Tausende Menschen das Leben gekostet, das Land war in viele Lager zerrissen, die Situation hatte auch destabilisierende Auswirkungen auf die Nachbarn. Intensiv bemühte sich die UNO um eine Lösung; der UNO-Beauftragte Ghassan Salamé warb unermüdlich für seinen Friedensplan und versuchte mit seinem Chef, UNO-Generalsekretär António Guterres, insbesondere Ägypten und die Vereinigten Arabischen Emirate zu gewinnen, die neben Russland zu den wichtigsten Unterstützern von General Khalifa Haftar gehörten, der den Osten des Landes dominierte und der Hauptgegner der international anerkannten Regierung in Tripolis war. Als im April 2019 eine politische Einigung zum Greifen nahe war, durchkreuzte Haftar alle Pläne und führte eine militärische Offensive auf Tripolis. Die UNO war desavouiert, Salamé verzweifelt. Er richtete einen Appell an Deutschland, das gerade auch den Vorsitz im Sicherheitsrat innehatte, die Fäden in die Hand zu nehmen.

Am Ende einer geschlossenen Sitzung schlug ich Presseerklärungen vor, mit denen der Sicherheitsrat die Offensive Haftars verurteilen sollte. Zu meiner völligen Überraschung wurden sie nicht von Russland abgelehnt, das Haftar unverhohlen unterstützte, sondern von den USA. Wie sich herausstellte, hatte Präsident Trump mit dem General telefoniert und Gefallen an dem Mann gefunden, der gerade dabei war, militärisch gegen die Regierung vorzugehen. Viele Hunderte Tote später scheiterte er bei seinem Versuch, Tripolis einzunehmen. Zwar unterstützten Russland, Ägypten und die Emirate ihn weiterhin, aber nach dem türkischen Eingreifen aufseiten der Regierung entstand ein Patt.

In dieser verfahrenen Situation unternahm die Bundeskanzlerin eine politische Initiative. Gemeinsam mit der UNO brachte sie die Parteien und ihre Unterstützer im Januar 2020 an den Verhandlungstisch in Berlin und erzielte auch wirklich einen Durchbruch. In der Erkenntnis, dass der Konflikt militärisch (zumindest auf absehbare Zeit) nicht zu lösen war, einigten sich alle Seiten auf einen umfassenden politischen, militärischen und wirtschaftlichen Prozess, der aus der Misere herausführen sollte. Im UNO-Sicherheitsrat gelang es, das Berliner Konferenzergebnis mit einer rechtsverbindlichen Resolution zu indossieren und ihm damit zusätzliches Gewicht zu verleihen.

Der deutsche diplomatische Erfolg 2020 war ein Erfolg Angela Merkels und wäre ohne die Vorgeschichte, die deutsche Enthaltung 2011 bei der Entscheidung für einen internationalen Militäreinsatz, nicht gelungen. Deutschland hatte sich Respekt und Vertrauen erworben, wurde als neutral angesehen und seiner Rolle als ehrlicher Makler gerecht. Daneben war es auch ein Erfolg der Vereinten Nationen, weil Berlin im guten Zusammenspiel zwischen Kanzleramt und Auswärtigem Amt gemeinsam mit Ghassan Salamé für die Vorbereitung und Durchführung der Konferenz gesorgt hatte. Und die spätere Umsetzung von deren Ergebnis wäre sicherlich nicht gelungen, wenn sich Salamés Nachfolgerin, die Amerikanerin Stephanie Williams, nicht mit ebenso viel Engagement und Umsicht eingesetzt hätte.

Das deutsche Engagement hatte zu einer Beruhigung der Situation vor Ort geführt, einen politischen Weg aus dem komplexen Konflikt aufgezeigt. Trotzdem, die gegensätzlichen Interessen der direkt und indirekt Beteiligten verhinderten, dass der in Berlin vorgezeichnete Weg tatsächlich zu Ende gegangen wurde. Zwar hatten die gewalttätigen Auseinandersetzungen nachgelassen, der politische Prozess aber stagniert bis heute. Wieder wäre Deutschland gefragt, um neuen Druck auf alle Seiten auszuüben und auch aufrechtzuerhalten. Allein gelassen schaffen es die libyschen Parteien nicht, so betrüblich dieser Umstand ist.

Ägypten

Im Rückblick auf die zahlreichen Begegnungen der Kanzlerin mit den drei Präsidenten Ägyptens, mit denen sie zusammenarbeitete – Husni Mubarak, Mohammed Mursi und Abd al-Fattah as-Sisi –, kommt mir eine Situation sofort in Erinnerung: Im Juni 2015 besuchte Präsident as-Sisi Berlin, und nach der Begrüßung im Ehrenhof des Kanzleramtes ging es wie immer mit dem Aufzug hinauf zum Gespräch mit der Kanzlerin. Da passierte das noch nie Dagewesene – der Aufzug blieb zwischen zwei Stockwerken stecken. Für einige Momente, die nicht nur den in der Kabine Festsitzenden wie eine Ewigkeit erschienen, passierte nichts, nur die wachsende Aufregung der ägyptischen Sicherheitsleute war immer deutlicher zu spüren. Auf einmal setzte sich der Aufzug wieder in Bewegung. Aus der sich öffnenden Tür traten locker und entspannt wirkende Chefs den aufs Äußerste gespannten Sicherheitsleuten entgegen. Ein Aufatmen ging durch das Kanzleramt. Ebenfalls in Erinnerung blieb die

Pressekonferenz im Anschluss an diese Begegnung, als sich ein Oppositioneller lautstark zu Wort meldete – zu Hause in Ägypten wäre ihm eine solche Meinungsäußerung nicht möglich gewesen.

Der Bundeskanzlerin war die politische und historische Bedeutung Ägyptens sehr bewusst. Dem früheren Präsidenten Mubarak zollte sie nicht nur wegen seines Alters, sondern auch seiner Erfahrung und seiner – im Vergleich zu as-Sisi, dem zweiten seiner Nachfolger – moderateren Politik Respekt. Sie besuchte ihn im Februar 2007 in Kairo und nahm im Januar 2009 an der von ihm ausgerichteten Konferenz in Scharm El-Scheich teil, die einen Waffenstillstand im Gazastreifen herbeiführen sollte. Trotz wirtschaftlicher Schwäche spielte Ägypten seit jeher eine zentrale Rolle im Nahen Osten. Ich selbst hatte einen guten Kontakt zu Mubaraks nationalem Sicherheitsberater und Geheimdienstchef Omar Suleiman aufgebaut, einem erfahrenen, aus dem Militär stammenden Kollegen, den ich auch in Kairo besuchte. Er wiederum unterhielt enge Beziehungen in die ganze Welt, auch nach Israel, und hatte eine sehr nüchterne Meinung zum Nahostkonflikt. Am Rande der Konferenz in Scharm El-Scheich äußerte er sich sehr enttäuscht über die Israelis und kritisierte sie dafür, dass sie bei ihrem jüngsten Einmarsch im Gazastreifen die Hamas nicht militärisch ausgeschaltet hätten. Denn er sah voraus, dass die radikale Organisation sowohl innerpalästinensisch als auch im Hinblick auf einen möglichen Friedensprozess mit Israel ein erheblicher Störfaktor bleiben würde.

Einer von vielen Nachteilen autoritärer Regierungen ist die Tatsache, dass es keine institutionalisierten Übergänge zwischen den jeweiligen starken Männern gibt (Frauen finden sich in solchen Regimen ohnehin nicht). Seit 1981 im Amt, hatte sich Mubarak in der Nachfolgefrage nicht festgelegt, auch sein Land verkrustete zusehends, und so war es kein Zufall, dass der Arabische Frühling in Ägypten auf ein großes Echo stieß, insbesondere unter der jungen, gebildeten Bevölkerung. Wie in den meisten arabischen Ländern, in denen es keine demokratischen Strukturen, keine unabhängigen gefestigten Verwaltungen und Gerichte, keine freie Presse gab, scheiterte die sogenannte Arabellion auch in Ägypten. Zunächst vermochte es der den Muslimbrüdern angehörende, im Anschluss an Mubarak auf demokratischem Weg ins Amt gelangte Präsident Mursi nicht, das Land hinter sich zu vereinen. Bei seinem Besuch in Berlin im Januar 2013 redete die Bundeskanzlerin mit Engelszungen auf ihn ein und riet ihm dazu, in seine Regierung auch Nicht-Muslimbrüder aufzunehmen, international erfahrene und renommierte ägyptische Politiker zu Rate zu ziehen, eine versöhnliche Politik gegenüber Israel zu verfolgen und eine offenere Gesellschaft zu akzeptieren. Es war vergebene Liebesmüh. Mursi und auf ihn einwirkende Muslimbrüder wollten die Gelegenheit nutzen, ein anderes, ein islamistisches Ägypten zu formen. Die stärkste Kraft im Land, das Militär, schaute nicht lange zu und entledigte sich in einem blutigen Militärputsch nicht nur der Muslimbrüder, sondern erstickte gleichzeitig alle Kräfte, die noch am demokratischen Aufbau aktiv waren. Und so kehrten mit as-Sisi jene autoritären Militärstrukturen zurück, die schon zu Mubaraks Zeiten das Land beherrscht hatten – aufgrund der letzten Entwicklungen waren die neuen Militärs allerdings noch härter im Vorgehen gegen jegliche Opposition.

Ägypten links liegen lassen, war für die Bundeskanzlerin dennoch keine Option. Dafür war das Land zu wichtig, und so versuchte sie, auch eine gute Beziehung zu as-Sisi aufzubauen. Mehrfach reiste ich nach Kairo, einmal mit dem inzwischen zum Bundesbankpräsidenten gewordenen Jens Weidmann, ein anderes Mal mit dem im Kanzleramt für Migrationsfragen zuständigen Jan Hecker, der später mein Nachfolger als Berater der Bundeskanzlerin werden würde. Wir trafen den ägyptischen Präsidenten, den Notenbankpräsidenten und eine mehrheitlich aus Militärs zusammengesetzte Runde zu Gesprächen über strategische außen-, sicherheitspolitische und wirtschaftliche Fragen.

Dabei stellte sich heraus, dass meine Kollegin Faiza Abou el-Naga, die außenpolitische Beraterin as-Sisis, eine Anhängerin des FC Bayern München war. Das half natürlich bei der Übermittlung von Anliegen und der vertraulichen Diskussion über strittige Themen. Und Themen gab es genug: zum einen die Lage im Nahen Osten, die Situation in der geografischen Nachbarschaft, und hier befürchteten die Machthaber in Kairo vor allem Übergriffe islamistischer Kämpfer aus Libyen. Deshalb war General Haftar, der im Osten Libyens die Kontrolle ausübte, ein natürlicher Partner des ägyptischen Militärs. Aber auch die wirtschaftliche und soziale Lage des Landes bereitete Sorgen, und natürlich die Migration, wobei diese weniger die Ägypter selbst betraf, die ihrer Heimat kaum den Rücken kehrten, sondern Migranten aus anderen Regionen, die Ägypten als Ziel- und Transitland ansteuerten.

Ein Ärgernis aus deutscher Sicht war über Jahre der Status des Büros der Konrad-Adenauer-Stiftung in Kairo und die strafrechtliche Verfolgung einiger seiner Mitarbeiter. Hier bedurfte es zahlreicher Gespräche, zäher Verhandlungen, insbesondere mit Außenminister Sameh Shoukri, um zu halbwegs akzeptablen Lösungen zu kommen. Nach einem langen Abendessen am Berliner Kollwitzplatz hatte ich sein Vertrauen gewonnen, das über viele Jahre anhalten sollte. An der grundsätzlichen Ausrichtung der ägyptischen Politik änderte das allerdings nichts. Wichtiger war natürlich das Verhältnis der Kanzlerin zum Präsidenten, und das entwickelte sich positiv. Höhepunkt der Beziehungen war ihr Besuch in Kairo im März 2017, bei dem as-Sisi ein unvergessliches Abendessen unterhalb der Pyramiden organisierte. Die Kanzlerin nutzte den Besuch aber nicht nur zu intensiven Gesprächen und pompösen Diners mit as-Sisi, sondern widmete sich auch Religionsfragen, die in der islamischen Welt immer dominierender wurden. So traf sie sich mit dem Patriarchen der koptischen Christen, Tawadros II., und mit Großscheich Ahmed el-Tayeb, einer der wichtigsten Autoritäten des sunnitischen

Islam. Die guten Beziehungen zu as-Sisi zahlten sich aus, als die Kanzlerin Anfang 2020 auch die Ägypter auf den Friedensprozess in Libyen einschwor, der so gar nicht nach dem Geschmack von deren Verbündetem General Haftar war.

Im Grunde kann man es auf eine schlichte Formel bringen: Freundschaftliche Beziehungen mit Ägypten zu pflegen, gehört zu den Pflichten deutscher Außenpolitik. Die Ägypter sind uns wohlgesonnen, wozu auch die renommierte Deutsche Schule in Kairo einen wichtigen Beitrag leistet. Wir sollten das besondere Vertrauensverhältnis nutzen, um auf Lockerungen für die Zivilgesellschaft und ein offeneres politisches System hinzuwirken.

Türkei

Zu den schwierigeren Gesprächspartnern der Kanzlerin gehörte Recep Tayyip Erdoğan. Er war eine Art fester Begleiter während ihrer gesamten Amtszeit, zunächst als Premierminister, dann als Präsident. Erdoğan hat die Türkei wirtschaftlich weitergebracht, die Infrastruktur des Landes systematisch ausgebaut und sich zu einem international einflussreichen politischen Schwergewicht entwickelt. Gleichzeitig schränkte er die politischen Freiheiten in der Türkei ein, entmachtete das Parlament weitgehend, schaffte das Amt des Premierministers ab und brachte die Medien und die Justiz auf Linie, was dazu führte, dass viele Kritiker im Gefängnis landeten.

Die geografische Lage des Landes und die zahlreichen familiären Bindungen zwischen Menschen in Deutschland und der Türkei machte Erdoğan zu einem unumgänglichen Partner Merkels, den sie regelmäßig traf. Natürlich begegnete sie auch den anderen Premierministern und Präsidenten Gül, Davutoğlu und Yildirim, aber es war immer klar: Erdoğan hatte das Sagen. Er definierte türkische Interessen, er traf die wichtigsten Entscheidungen im Alleingang, und er erhob ultimative Forderungen, die er dann nach Gutdünken wieder fallen ließ, abschwächte oder aufrechterhielt. Sein Ego war damals (und ist heute noch) kaum zu überbieten: In Ankara ließ er einen protzigen Präsidentenpalast errichten, in Istanbul einen bombastischen Flughafen, und er drängte auf den Bau eines Kanals zwischen Mittelmeer und Schwarzem Meer. Zu Deutschland empfindet Erdoğan eine besondere Nähe; er betrachtet die hier lebenden Millionen Türken als seine Bürger, von denen er Loyalität erwartet. So führte er in Deutschland schon Wahlkampf wie zu Hause, und viele seiner Mitarbeiter sprechen Deutsch und unterhalten persönliche Kontakte hierzulande.

Die dramatischste Periode in der 16-jährigen Zusammenarbeit zwischen Merkel und Erdoğan begann 2015 mit der ersten großen Flüchtlingswelle. Der syrische Bürgerkrieg hatte zu einer Überfüllung der Flüchtlingslager in den Nachbarstaaten geführt, den Hilfsorganisationen ging das Geld aus, und nach Ansicht Erdoğans hatte die Europäische Union nicht genügend Solidarität mit der von dieser Situation auch betroffenen Türkei gezeigt. So sorgte er dafür, dass sich eine nie da gewesene Flüchtlingswelle über die Ägäis in das überforderte Griechenland ergoss, von wo aus sich dann unzählige Menschen auf den Weiterweg über den Balkan nach Westeuropa und gerade auch Deutschland machten. Hektische Verhandlungen zwischen der Bundesregierung und der EU auf der einen und der Türkei auf der anderen Seite setzten ein. Mit einem zunächst drei Milliarden Euro umfassenden Finanzpaket gelang es, Erdoğan umzustimmen. Prompt ebbte der Flüchtlingsstrom wieder ab. Mein Nachfolger Jan Hecker hatte sich beim Zustandekommen dieses Abkommens durch sein Verhandlungsgeschick, einer Mischung aus insistierender Härte und stets höflichem Umgang mit seinen Gesprächspartnern, profiliert und wesentlich zum Erfolg beigetragen.

Auch in anderen Zusammenhängen versteht Erdoğan es immer wieder, Verhandlungssituationen rücksichtslos auszunutzen, um für sein Land etwas herauszuholen. Dabei scheut er auch nicht davor zurück, alleine auf der Bremse zu stehen, wie seine Blockade bis zur letzten Minute bei der Ernennung des dänischen NATO-Generalsekretärs Rasmussen im Rahmen des deutsch-französischen NATO-Gipfels 2009 bereits gezeigt hat. Am Ende willigte er ein, als seinem Land ein zusätzlicher Posten im NATO-Hauptquartier und Wiedergutmachung für die Mohammed-Karikaturen zugesagt wurden, durch die sich die Türkei als selbst erklärte Sachwalterin des Islams schwer verletzt gesehen hatte.

Eine ähnliche Erpressung unternahm Erdoğan 2022, als Finnland und Schweden, verunsichert durch den russischen Überfall auf die Ukraine, die Mitgliedschaft in der NATO anstrebten. Nachdem auf Arbeitsebene keine Bedenken geäußert worden waren, zeigten sich die zwei skandinavischen Regierungen zuversichtlich, dass ihrem Ansinnen nichts im Wege stand. Bis auf einmal Erdoğan die Gelegenheit beim Schopf packte und die NATO-Mitgliedschaft der beiden Länder aus fadenscheinigen Gründen blockierte, so beklagte er, die Türkei werde von Schweden durch ausbleibende Waffenlieferungen hängen gelassen. Erst kurz vor dem entscheidenden NATO-Gipfel Ende Juni in Madrid lenkte er ein und stimmte dem Beitritt zu. Allerdings behielt er die Hebel weiter in der Hand, weil die Ratifizierung des Beitritts die Zustimmung des türkischen Parlaments erforderte, dessen Mehrheit sich völlig nach Erdoğans Vorgaben ausrichtet.

Durch die 16 Jahre von Angela Merkels Kanzlerschaft zog sich auch die Frage einer EU-Mitgliedschaft der Türkei und des damit zusammenhängenden Zypernkonflikts. Hatte sie als CDU-Vorsitzende noch eine privilegierte Partnerschaft der Türkei propagiert, so fühlte sie sich als Kanzlerin durch die Zusage der Regierung Schröder gebunden, der Türkei eine Mitgliedschaft in der EU zu ermöglichen. Da diese nur einstimmig erfolgen kann, muss eine Lösung des Zypernproblems gefunden werden, weil ansonsten Zypern und seine »Schutzmacht« Griechenland einer Mitgliedschaft der Türkei auf keinen Fall zustimmen werden.

Ende März 2010 reiste Merkel erst zu offiziellen Gesprächen nach Ankara, bevor sie die Einladung Erdoğans annahm und mit ihm und seiner Frau im vornehmen türkischen Regierungsflugzeug in seine Heimatstadt Istanbul flog, die zweifelsfrei zu den am schönsten gelegenen Städten der Welt zählt. Für den Abend lud Erdoğan die Kanzlerin zu einer Bootsfahrt auf dem Bosporus. Die beiden widmeten ihre Aufmerksamkeit aber nur kurz der zauberhaften Kulisse und beschritten dann in der Diskussion alle möglichen Auswege aus der zypriotischen Sackgasse. Die vorgesehene Aufenthaltsdauer auf dem Schiff wurde weit überzogen, es schipperte immer wieder vor der spektakulären Küste hin und her, bis es am späten Abend endlich anlegte – ohne dass eine Lösung gefunden worden war.

Auch in den nächsten Jahren ergaben sich beim Zypernproblem keine Annäherungen. Im Gegenteil: Wegen der möglichen Exploration von Gasfeldern rund um die Insel nahmen die Spannungen sogar noch zu, die Volksgemeinschaften auf beiden Seiten lebten sich wieder mehr auseinander. Für mich ist es nicht vorstellbar, dass sich noch eine Lösung finden lässt. Die letzte Chance wurde 2004 vertan, als die Zyperngriechen den Annan-Plan ablehnten, der eine Art Konföderation der beiden Inselstaaten nach dem Vorbild der Schweizer Kantone vorsah. Damit scheidet eine EU-Mitgliedschaft der Türkei aus, auch wenn die Fiktion aus politischen Gründen aufrechterhalten bleibt. Nach dem Ende der Erdoğan-Ära müsste zudem ein innenpolitischer Reformprozess einsetzen, müssten die Unabhängigkeit der Justiz und die Pressefreiheit wiederhergestellt werden.

Aber völlig unabhängig davon: Deutschland wird der Türkei weiter Aufmerksamkeit schenken müssen, zum einen wegen der besagten vielen familiären Bande und zum anderen wegen der strategischen Bedeutung des Landes, die seine Mitgliedschaft in der NATO, auch wenn sie sich immer wieder kompliziert gestaltet, so wichtig macht. Deshalb sollten wir stets aufs Neue Anläufe zur Verbesserung der Beziehungen unternehmen, sollten versuchen, Felder der Zusammenarbeit zu finden, zum Beispiel gemeinsame Infrastrukturprojekte in Afrika.

Unser Land und die Türkei stehen sich historisch nah, wir haben beste Wirtschafts- und Wissenschaftsbeziehungen. Die Bevölkerung der Türkei wachst, die Jugend ist weltoffen und aufgeschlossen, ihr sind die von Erdoğan etablierten politischen Strukturen fremd. Der Erfolg des von türkischen Immigranten aufgebauten deutschen Medizinunternehmens BioNTech symbolisiert, was wir zusammen erreichen können. Wahrend meiner Zeit bei den Vereinten Nationen in New York gehörte das Diplomatenehepaar Feridun und Aishe Sinirlioğlu zu unseren besten Freunden: er UNO-Botschafter, ehemaliger Staatssekretär und Außenminister, sie ehemalige Botschafterin und G20-Sherpa. Aus unseren zahlreichen Gesprächen nahm ich immer das Gefühl mit, dass ein großes Potenzial in den deutsch-türkischen Beziehungen liegt.

Aufgrund seines politischen und wirtschaftlichen Gewichts könnte sich Deutschland stärker einbringen bei einer Lösung des Syrienkonfliktes, bei der Stabilisierung des seit dem Zweiten Irakkrieg instabilen Iraks, bei der Anbahnung besserer Beziehungen zwischen der Türkei und Armenien, ja sogar bei einer Entspannung zwischen der Türkei und Griechenland. Wir werden in der Region geschätzt; es fehlte bislang lediglich am politischen Willen in der Bundesregierung, initiativ zu werden. Als etwa die Verteidigungsministerin Kramp-Karrenbauer im Oktober 2019 den Vorschlag zur Einrichtung einer international kontrollierbaren Sicherheitszone im syrischen Grenzgebiet zur Türkei machte, und zwar unter Beteiligung auch der Bundeswehr, fiel das Auswärtige Amt ihr sofort in den Rücken. Völlig undenkbar sei ein solches Engagement, hieß es kategorisch.

Zeitenwende bedeutet nicht nur das Ende der langjährigen Kanzlerschaft Angela Merkels, sondern auch, dass solche Vorschläge in aktuellen und künftigen Regierungen nicht reflexartig abgelehnt werden dürfen. Die USA werden sich in dieser Region in absehbarer Zukunft weniger engagieren. Wenn es darum geht, Konfliktmanagement zu betreiben, Vertreibungen und Menschenrechtsverletzungen zu verhindern, dann sollten wir nicht wegschauen. Das hat mit Respekt vor dem internationalen Recht zu tun, aber auch mit handfesten deutschen Interessen. Destabilisierungen vor allem in den Regionen rund um Europa führen regelmäßig zu neuen Flüchtlingsströmen – und das in bedeutendem Maße Richtung Deutschland, wie die jüngste Vergangenheit zeigt.

Israel

Am 29. Januar 2006 reiste die Kanzlerin zu ihrem Antrittsbesuch nach Israel, eine ganz besondere Reise für sie, vielleicht sogar die bedeutsamste. In ihrem Leben in der DDR hatte Angela Merkel sich kaum mit Israel, den komplexen deutsch-israelischen Beziehungen und dem Holocaust beschäftigt. Es ging ihr so wie der Mehrheit der Ostdeutschen, denn nach DDR-Propaganda war die »BRD« der Nachfolgestaat Nazideutschlands, während die neue antifaschistische Republik nichts mit den Schandtaten der Deutschen in den 30er- und 40er-Jahren zu tun hatte. Nach der Wiedervereinigung und ihrem Eintritt in die Politik änderte sich das Bewusstsein Merkels. Sie übernahm die Haltung, die viele Westdeutsche in den späten 60er-Jahren eingenommen hatten, als sie endlich die deutsche Geschichte aufarbeiteten, was sie lange Jahre nach dem Zweiten Weltkrieg aus Scham über die in deutschem Namen begangenen Gräueltaten, darunter der Völkermord an den Juden, unterlassen hatten.

Bei ihrer Neubetrachtung der deutschen Geschichte spielte eine Person eine herausgehobene Rolle: Shimon Stein, Israels Botschafter in Deutschland von 2001 bis 2007. Die Liebe zur Oper verband Angela Merkel und ihren Mann Joachim Sauer mit Shimon, sie sprachen sehr häufig miteinander. Er konnte Geschichte sehr gut erläutern; aber er war auch ein früher Mahner vor dem Wiederaufleben des Antisemitismus in Deutschland. Auch ich freundete mich mit Shimon an, der nach seinem Abschied als Botschafter wieder nach Deutschland zurückkehrte und in Berlin lebt. Er blieb eine warnende Stimme in Sachen Antisemitismus, entwickelte sich aber auch zum Kritiker der Politik des langjährigen israelischen Premierministers Benjamin Netanjahu, weil dessen aggressive Siedlungspolitik seiner Ansicht nach nicht im Interesse Israels lag. Neben der Oper hat Shimon noch eine andere Leidenschaft, die auch uns beide verbindet: die Liebe zum Fußball. Und so verbrachten auch wir gemeinsame Stunden, allerdings nicht in der Staatsoper, sondern im Berliner Olympiastadion.

Die Nähe der Kanzlerin zu Shimon wird durch eine Geste verdeutlicht, die völlig untypisch für sie war. Bei ihrem letzten Besuch in Israel vom 9. bis 11. Oktober 2021 als nur noch amtierende Bundeskanzlerin nahm sie Shimon mit auf die Reise, eine protokollarische Extravaganz. Normalerweise hätte sie sich – wenn überhaupt – vom aktuellen Botschafter Jeremy Issacharoff begleiten lassen müssen. Doch Jeremy, ein gelassener, immer ausgewogen agierender Vertreter seines Landes, zeigte keine Verärgerung darüber. Wie heißt es in meiner Heimat, dem Rheinland: »Man muss auch gönnen können!« Die Mitreise Shimons war eine Anerkennung der Leistung dieses unbequemen, in sich ruhenden Mannes, der einerseits Deutschland liebt, andererseits sich immer um die Orientierung des Landes sorgt.

Israel durchlebte 2006 wieder einmal eine spannende Zeit. Der konservative, eigentlich als »Hardliner« bekannte Premierminiter Ariel Sharon hatte in den Vorjahren den politischen Mut aufgebracht und die israelischen Siedler aus dem Gazastreifen umgesiedelt. Dies entsprach dem Völkerrecht und den Vereinbarungen des Osloer Friedensprozesses (1993–1995), die eine Lösung des Nahostkonflikts durch die Verwirklichung einer Zweistaatenlösung vorsahen. Die Umsiedlung von 8000 Menschen war eine politische Herkulesaufgabe. Die Siedler sträubten sich dagegen, und auch in Israel traf sie auf heftigen Widerstand, aber Sharon zog das Projekt durch. Mehr als ein Schönheitsfehler war es allerdings, dass viele der Gazasiedler in der Westbank eine neue Heimat fanden – was die Lösung der Palästinenserfrage nicht einfacher machte – und dass die Frage offen blieb, wie der gebietsmäßig kleine, von Israel und Ägypten abgeriegelte Gazastreifen ohne Verbindung zur Westbank wirtschaftlich überleben sollte. Dennoch: Sharon hatte etwas gewagt und gewonnen. Allerdings war er gesundheitlich schwer angeschlagen und lag beim Antrittsbesuch der Kanzlerin bereits im Koma, aus dem er nicht mehr aufwachen würde.

Ehud Olmert hatte die Amtsgeschäfte übernommen, aber aus Respekt vor Sharon empfing er Merkel nicht im Amtssitz des Premierministers, sondern im berühmten Hotel King David, in dem sie in der Folge bei allen ihren Besuchen in Israel absteigen würde: ein einzigartiges Hotel mit einer besonderen Geschichte, aber auch mit einem atemberaubenden Blick auf die Jerusalemer Altstadt.

Olmert war der letzte israelische Premierminister, der wirklich an eine Zweistaatenlösung glaubte, und er und Angela Merkel entwickelten rasch eine enge Beziehung zueinander. Sie begrüßte, dass er und Palästinenserpräsident Abu Mazen sich trafen und um eine umfassende Lösung rangen, weshalb sie mich beauftragte, diese Anstrengungen zu unterstützen. So reiste ich mehrfach während der Amtszeit Olmerts nach Jerusalem, um mich dort mit seinen Mitarbeitern Tourgeman und Turbowitz (die »Double Ts« genannt) zu treffen, den Stand der

Gespräche abzufragen und Anregungen zu geben, wie der Prozess weitergeführt werden könnte. Begleitet wurde ich von dem sehr sachkundigen Nahostspezialisten von Außenminister Steinmeier, Jens Plötner, der vorher in der deutschen Botschaft in Israel tätig gewesen war und unter Olaf Scholz mein Nachfolger als außenpolitischer Berater im Bundeskanzleramt werden sollte. Von Jerusalem reisten wir jeweils weiter nach Jericho, um uns dort mit Saeb Erekat zu treffen, dem Chefunterhändler der Palästinenser. Die Kluft zwischen ihnen und den Israelis war auch seinerzeit sehr tief, unsere Kollegen sparten nicht mit gegenseitigen Vorwürfen, aber wir spürten doch auch den politischen Willen aufseiten ihrer jeweiligen Chefs, zu einem Ergebnis zu kommen. Bei einer der Begegnungen mit Olmert in Jerusalem führte er die Kanzlerin in sein Büro und zeigte ihr eine Karte, auf der eine Grenzlinie zwischen Israel und einem Palästinenserstaat eingezeichnet war. Laut Olmert hatten sich Abu Mazen und er geeinigt, jetzt sollten sich die Mitarbeiter an die Umsetzung machen.

Daraus wurde aber leider nichts, die Vorgaben der Chefs waren zu unpräzise, und die Mitarbeiter verhakten sich ineinander. Auch befand sich Olmerts Stern im Sinken. Der Krieg 2006 gegen die Hisbollah im Libanon war für Israel nicht optimal gelaufen, und der Premier sah sich anhaltender Kritik ausgesetzt. Außerdem geriet er in die Mühlen der israelischen Justiz, die ihn Jahre später wegen Korruption während seiner Zeit als Bürgermeister von Jerusalem sogar ins Gefängnis brachte. Im Jahr 2009 übergab er die Amtsgeschäfte an Benjamin Netanjahu.

Aber zurück zum Antrittsbesuch Angela Merkels: Wie bei allen späteren Aufenthalten in Jerusalem legte sie zu Beginn einen Kranz in der Holocaust-Gedenkstätte Yad Vashem nieder. Die Zeremonie bewegte sie jedes Mal, sorgfältig überlegte sie ihren Eintrag in das Besucherbuch. Auch ließ sie sich viel Zeit mit der Führung durch das mit großer Sorgfalt eingerichtete Museum mit seiner Darstellung individueller Schicksale aus dem Holocaust. Auch ihre Delegationen war von der Ausdrucksstärke des Ortes stets sehr berührt. Mir steht bis heute der völlig abgedunkelte Pavillon vor Augen, in dem kleine Sternchen durch den Raum schwirren; sie erinnern an die Hunderttausende Kinder, die Opfer des von den Deutschen begangenen Zivilisationsbruchs geworden waren.

Der von Hitler, seinen Geistesgenossen und willfährigen Mitläufern systematisch geplante Völkermord, das unermessliche Leid, das im Namen Deutschlands Millionen Juden angetan wurde, und ihre persönliche Betroffenheit gehörten zu den Gründen für die bemerkenswerteste Rede, die die Bundeskanzlerin während ihrer Amtszeit hielt. Der Präsident der Knesset hatte sie eingeladen, vor dem israelischen Parlament zu sprechen. Sie nahm die Einladung an und bereitete die Rede so sorgfältig vor wie keine andere. Shimon Stein und ihre Büroleiterin Beate Baumann hatten mitgewirkt, aber es war ihre ganz persönliche Auffassung, die sie am 18. März 2008 vortrug: »Die historische Verantwortung Deutschlands für die Sicherheit Israels ist Teil der Staatsräson meines Landes.« Für dieses Bekenntnis und die sehr weitgehende Selbstverpflichtung erhielt sie großen Applaus in Israel, aber auch zu Hause in Deutschland.

Für Angela Merkel war diese Aussage keine leere Floskel, sie setzte sie konsequent um. Wann immer radikale Palästinenser Israel mit Waffengewalt attackierten, verurteilte sie die Angriffe. Meine zahlreichen israelischen Gesprächspartner aber hoben einen besonderen, sehr konkreten Beitrag hervor, den Deutschland zur Gewährleistung der Sicherheit Israels leistete: die subventionierte Lieferung deutscher U-Boote und Korvetten. Die Unterstützung Israels mit Rüstungsgütern hatte Tradition; sie begann schon mit Konrad Adenauer, der gemeinsam mit dem israelischen Premierminister Ben Gurion den Grundstein zur Versöhnung gelegt hatte. Aber Merkel intensivierte diese Zusammenarbeit, die ich als für Rüstungsexporte Zuständiger im

Kanzleramt umsetzte. Die Verhandlungen mit den Israelis, der deutschen Industrie und dem Bundesfinanzministerium waren nie einfach, aber jeweils erfolgreich. Es war auch wohltuend zu erfahren, dass die demokratischen Parteien im Bundestag, die die Rüstungsexporte wegen ihrer Subventionierung indirekt billigen mussten, hinter der Rüstungszusammenarbeit mit Israel standen.

Aus meinen Kontakten mit der israelischen Seite entwickelten sich über die Jahre hinweg einige persönliche Freundschaften. Meine engste entwickelte sich mit dem von 2007 bis 2011 in Berlin amtierenden israelischen Botschafter Yoram Ben-Zeev, mit dem ich die Rüstungsprojekte, die Regierungskonsultationen und viele andere Themen voranbrachte. Auch in seiner Familie gab es Holocaust-Opfer, aber wie bei den Botschaftern Stein und Issacharoff wuchs bei ihm eine enge Beziehung zu Deutschland. Yoram stand dem von Premierminister Netanyahu forcierten Siedlungsbau in den Palästinensergebieten sehr kritisch gegenüber. Als Botschafter musste er allerdings zähneknirschend diese Politik vertreten, wofür er dann zu Hause von seiner dem linken israelischen Lager angehörenden Frau Iris kritisiert wurde. Wenn Yoram wieder mal etwas aus ihrer Sicht Unvertretbares verteidigen musste, forderte sie ihn auf, die Nacht im Auto zu verbringen – vermutlich hat sie aber nie darauf bestanden ...

Die Ben-Zeevs liebten Deutschland, aber hassten es, dass sie auf Schritt und Tritt von BKA-Beamten beschützt wurden. Anders als unser gemeinsamer Freund, der amerikanische Botschafter Phil Murphy, der seine Personenschützer als Familienmitglieder aufnahm, legte Yoram Wert auf seine Unabhängigkeit. Einmal gestand er mir, dass er den für ihn zuständigen BKA-Beamten regelmäßig erzählte, er werde die Ferien im benachbarten Ausland verbringen. So verabschiedete er sich dann von seinem BKA-Kommando an der Grenze, vereinbarte einen Zeitpunkt für seine vermeintliche Rückkehr – nur um bereits wenige Stunden später wieder heimlich zurückzukehren und entspannte Urlaube in deutschen Feriengebieten zu verbringen. Zum vereinbarten Zeitpunkt kreuzte er dann wieder an der Grenze auf, um sich unter die BKA-Obhut zu begeben.

Wiederum inspiriert von Shimon Stein, vereinbarte die Bundeskanzlerin mit Premierminister Olmert neben der Rüstungszusammenarbeit einen weiteren Baustein für die Intensivierung der deutsch-israelischen Beziehungen: die Einrichtung regelmäßiger Regierungskonsultationen. Dieses als Erstes mit Frankreich vereinbarte Instrument gehört zu den wirkungsvollsten im diplomatischen Werkzeugkasten: Durch die institutionalisierten Treffen einer Reihe von Ministern und ihrer Gegenüber wird Druck im Sinne einer Intensivierung der Zusammenarbeit ausgeübt – die jeweiligen Minister werden fast schon gezwungen, deutsch-israelische Projekte auf den Weg zu bringen. Dabei tat sich besonders die langjährige Forschungsministerin Annette Schavan hervor, der die deutsch-israelischen Beziehungen ein ebenso wichtiges Anliegen waren wie der Kanzlerin. Im Rüstungsbereich, bei Forschung, Wissenschaft und der Jugendarbeit, aber auch in der Entwicklungszusammenarbeit wurde so Konkretes vereinbart, wie etwa Dreiecksprojekte mit afrikanischen Ländern bei der Bewässerung landwirtschaftlicher Flächen, einer Technik, bei der die Israelis Weltmarktführer sind.

Das zwischen Merkel und Olmert gewachsene Vertrauensverhältnis manifestierte sich eindrucksvoll bei der israelisch-libanesischen Krise 2006. Angriffe der Hisbollah auf Israel hatten sich zu einer kriegerischen Auseinandersetzung zugespitzt, und Israel hatte den Luftraum und den Meereszugang in den Libanon gesperrt. Auf Bitten des libanesischen Premierministers Fuad Siniora setzte sich Merkel bei Olmert für eine Lockerung der Sperren ein, war aber selbst skeptisch, was einen möglichen Erfolg betraf. Doch zu ihrer Überraschung stimmte er zu, allerdings mit der Auflage, dass sich Deutschland selbst einbringe.

In der Folge gelang es tatsächlich, mit deutschen Grenzschutzbeamten am Flughafen Beirut ein verlässliches Personenkontrollsystem zu installieren und – sehr viel aufwendiger – mit der Entsendung deutscher Schiffe im Rahmen einer UNO-Friedensmission Israel davon zu überzeugen, seine Blockade zu beenden. Die Tatsache, dass Olmert ausgerechnet Deutschland gebeten hatte, diese vertrauensbildenden Maßnahmen zu übernehmen, war etwas ganz Besonderes, das nicht hoch genug eingeschätzt werden kann. Deutschland, das Hitler und den Nationalsozialismus hervorgebracht und den Holocaust verursacht hatte, war gebeten worden, sich beim Schutz Israels einzubringen. Diese Geste stellte einen Beweis dafür dar, dass Deutschland – und Angela Merkel – in Israel sehr viel Vertrauen erworben hatten.

Allerdings reichte es auf Olmerts Seite nicht aus, um eine eigene Initiative Merkels aufzugreifen. Als vehemente Befürworterin einer Zweistaatenlösung, zu deren Durchsetzung die auf israelischer Seite im Vordergrund stehenden Sicherheitsfragen gelöst werden mussten, schlug die Bundeskanzlerin ihm bei einem seiner Besuche in Berlin auf meine Anregung hin die Einbeziehung der NATO vor. Olmert war der Auffassung, dass Israel aufgrund der Tatsache, dass sein Staatsgebiet an einigen Abschnitten nur ein schmaler Streifen ist, den Schutz seines Territoriums bereits entlang des Jordantals sicherstellen müsse. Dies wurde jedoch von den Palästinensern mit dem Argument abgelehnt, dass es eine Einschränkung ihrer Souveränität bedeute. Auch die einschlägigen Sicherheitsratsresolutionen gaben so ein Vorgehen nicht her. Daher regte Merkel an, die NATO, die Europa seit 50 Jahren erfolgreich vor früher sowjetischen und mittlerweile russischen Expansionsbestrebungen beschützte, auch im Jordantal einzusetzen. Damit hätten die Palästinenser wohl eher leben können als mit israelischen Grenztruppen, aber Olmert lehnte den Vorschlag ab: Israel könne sich letztlich nur auf seine eigenen Streitkräfte verlassen, so seine Haltung.

Das Thema war aber noch nicht ausdiskutiert. Die Amerikaner hätten es sich zu eigen machen und einen erneuten Versuch starten können. Doch Olmerts Zeit war abgelaufen, und die Initiative versandete.

Von 2009 bis 2021 regierte Benjamin Netanjahu Israel. In dieser Zeit wurden die deutsch-israelischen Beziehungen weiter gepflegt, die Regierungskonsultationen wurden ebenso fortgesetzt wie die U-Boot-Lieferungen, auch wenn bei der Rüstungskooperation auf israelischer Seite schwere Korruptionsvorwürfe erhoben wurden, die die Fortsetzung des Programms zeitweilig in Gefahr brachten.

Beim unvermindert schwelenden Nahostkonflikt gab es nichts Positives zu vermelden, im Gegenteil. Netanjahu intensivierte den Siedlungsbau. Zwar bot er den Palästinensern Verhandlungen an, weigerte sich aber, auf deren Vorbedingung einzugehen, vor Aufnahme von Gesprächen den völkerrechtswidrigen Siedlungsbau einzustellen. Die Bundeskanzlerin kritisierte das stete Ausgreifen Israels auf Territorien, die gemäß Resolutionen des UNO-Sicherheitsrates den Palästinensern zustanden, ließ es darüber aber nicht zum Bruch kommen. Ihr Widerspruch zum israelischen Vorgehen basierte auf ihrer Überzeugung, dass nur eine Zweistaatenlösung eine Existenz Israels als jüdischer und zugleich demokratischer Staat garantieren könne. Bei Gesprächen in kleinem Kreis mit Netanjahu überließ sie es gelegentlich mir, die Kritik an der Siedlungspolitik zu äußern. Bei einem Abendessen auf der achten Etage im Kanzleramt wurde es einmal sogar richtig laut, als ein Netanjahu-Berater und ich über die Siedlungsfrage aneinandergerieten. Selbst die erfahrene Dorothee Kaltenbach, die seit Kohl regelmäßig deutsche Bundeskanzler gedolmetscht hatte, erschrak. So etwas hatte sie wohl noch nicht erlebt. Am Ende wusste die Kanzlerin das Gespräch wieder in ruhige, versöhnliche Bahnen zu lenken.

Auch als ich Jahre später Deutschland im Sicherheitsrat der Vereinten Nationen vertrat, stand dort der Nahostkonflikt regelmäßig auf der Tagesordnung. Doch jetzt wirkte ich nicht mehr im Hintergrund, sondern vertrat Deutschland nach außen. Ich war und bin zutiefst davon überzeugt, dass sich unser Land vor dem Hintergrund seiner Geschichte konsequent für die Geltung und Durchsetzung internationalen Rechts einsetzten muss. Und so kritisierte ich auch im Sicherheitsrat regelmäßig den israelischen Siedlungsbau oder die Besetzung der Golanhöhen – wie ich andererseits den Iran für dessen Weigerung, Israel anzuerkennen, und die Zurschaustellung von Raketen mit der Aufschrift »Tod für Israel« kritisierte. Gleiches galt für den Raketenbeschuss Israels vom Gazastreifen aus und die antiisraelischen Hasstiraden radikaler Palästinenser.

Aber weil ich eben auch zur Siedlungsfrage nicht schwieg, stießen meine Wortmeldungen im Sicherheitsrat auf jüdischer Seite nicht nur auf Wohlwollen. Im Gegenteil: Das Simon-Wiesenthal-Zentrum in Los Angeles setzte mich auf seine Liste von Antisemiten, was mir die »Ehre« einbrachte, von der *BILD-Zeitung* zum »Verlierer des Tages« abgestempelt zu werden. Es tat gut, dass sich Ehud Olmert, Yoram Ben Zeev und der zu dieser Zeit noch amtierende israelische Botschafter in Berlin Jeremy Issacharoff öffentlich vor mich stellten.

Schon seit der Netanjahu-Zeit treibt mich die Sorge um, wie Israel auf Dauer ein jüdischer und demokratischer Staat bleiben könnte. Heute bin ich der Überzeugung, dass dies nicht mehr gelingen kann. Angesichts der massiven Ausweitung der israelischen Siedlungen auf Palästinensergebiete halte ich es für unmöglich, einen zusammenhängenden, lebensfähigen Staat Palästina zu schaffen. Die Westbank gleicht einem Flickenteppich, aus dem kein eigenständiger Staat mehr zusammengesetzt werden kann. Bemühungen in der Vergangenheit, einmal errichtete Siedlungen zurückzubauen, selbst wenn es sich um illegale Außenposten handelte, scheiterten regelmäßig oder führten zu größeren

Gewaltausbrüchen, die keine israelische Regierung aushält. Zudem sind Siedlerparteien regelmäßig Bestandteil von Regierungskoalitionen, sodass entsprechende Beschlüsse erst gar nicht zustande kommen. Mit dem Ende der Realisierbarkeit einer Zweistaatenlösung stellt sich die Frage, ob Israel künftig ein jüdischer oder ein demokratischer Staat wird, also ein jüdischer, in dem die Palästinenser Bürger zweiter Klasse sind – was der amerikanische Außenminister John Kerry einmal als einen Apartheidsstaat bezeichnete – oder ein demokratischer, in dem Israelis und Palästinenser die gleichen Rechte haben.

In einem Seminar an der Universität St. Gallen im Rahmen meiner Honorarprofessur für die Praxis der Außenpolitik und Diplomatie sprach ich 2021 mit meinen Studenten über diese Lösung und schaltete meinen Freund Yoram Ben-Zeev aus Tel Aviv zu. Er schloss die demokratische Einstaatenlösung aus: »Nicht zu meinen Lebzeiten!« Und tatsächlich erscheint sie heute angesichts des Hasses vieler Palästinenser auf die Israelis und der hohen Schutzzaunanlagen, die an der Grenze und durch die Westbank verlaufen, als unvorstellbar. Wie soll das bitte funktionieren?

Nun, unvorstellbar war bis vor Kurzem andererseits auch, dass sich arabische Israelis an einer israelischen Regierung beteiligen. Aber Premierminister Naftali Bennett wurde, ohne dass er sich zu einer Zweistaatenlösung bekannte, von einer Araberpartei ins Amt geholfen. Die arabischen Israelis haben sich lange Zeit abseits des israelischen Staats gehalten, heute ist das anders: Sie beginnen sich zu integrieren, verlangen ihrerseits aber von den israelischen Behörden, dass diese sich auch um sie und ihre zurückgebliebenen Dörfer und Städte kümmern. Die Demografie trägt das Ihre bei.

Am Rande einer Konferenz im Herbst 2022 traf ich eine Mitarbeiterin des israelischen Verteidigungsministers Benny Gantz. Wir unterhielten uns über die Ausbildung unseres Nachwuchses. Die Israelin beschwerte sich darüber, dass ihr Kind in einem

Tel Aviver Kindergarten von einer arabischen Israelin erzogen würde, deren Hebräisch lückenhaft wäre. Ich drückte mein Bedauern aus, aber war gleichzeitig elektrisiert: War das nicht schon ein Schritt Richtung Einstaatenlösung, einem Miteinander von Juden und Muslimen, von Israelis und Arabern? Was wird passieren, wenn endlich die jetzige überalterte und abgehobene Palästinenserführung abtritt? Es ist nicht auszuschließen, dass dann die Autonomiebehörde zusammenbricht und Israel wieder die Verantwortung als Besatzermacht über die gesamte Westbank ausüben muss – vielleicht als Vorstufe zu einer Einstaatenlösung. Denkbar ist allerdings auch ein anderer palästinensischer Weg: Nach dem Ende der Regierung Abu Mazen finden Wahlen statt, und die radikale Hamas gewinnt, die dann neben dem Gazastreifen auch die Westbank kontrollieren wird. Dieses Radikalisierungspotenzial mag man sich gar nicht vorstellen.

Die internationale Gemeinschaft hat sich letztlich seit dem Ende der Clinton-Administration nicht mehr um den Nahostkonflikt gekümmert. Die Abraham Accords von Präsident Trump haben Israel zwar weitere willkommene Anerkennung verschafft, aber die Lösung der Palästinenserfrage noch schwieriger gemacht. Der arabische Friedensplan des saudischen Königs Abdullah II. – Anerkennung Israels gegen Umsetzung einer Zweistaatenlösung – ist wertlos geworden: Israel hat die Anerkennung auch ohne Gegenleistung erzielt. Ein schöner Erfolg für das Land, aber die palästinensische Zeitbombe tickt weiter. Ähnlich wie Präsident Obama kümmert sich auch Joe Biden bislang nicht um den Nahostkonflikt. Auch er sieht keine Chance auf eine Lösung. Und so geht der Siedlungsbau weiter, verliert die palästinensische Autonomiebehörde an Handlungsfähigkeit, aber auch an Glaubwürdigkeit gegenüber ihrer Bevölkerung.

Hat Deutschland irgendeine Einwirkungsmöglichkeit?

Wir sollten diese Frage nicht von vornherein negativ beantworten. Deutschland hat sich auf beiden Seiten des Konflikts viele Freunde gemacht. Wir leisten einen erheblichen Beitrag zur Sicherheit Israels, aber wir unterstützen ebenfalls sowohl die palästinensische Autonomiebehörde als auch die palästinensischen Flüchtlinge in der Region. In Zeiten, als die US-Regierung unter Präsident Trump das Flüchtlingsprojekt UNWRA durch Streichung von Finanzmitteln unterminierte, leistete Deutschland einen erheblichen Beitrag, die UN-Organisation über Wasser zu halten. Angela Merkel in der Libanonkrise, aber vor ihr auch Außenminister Joschka Fischer während der Zweiten Intifada leisteten Beträge zur Entschärfung der Konflikte. Letztlich liegt es in der Logik der von einem breiten Konsens in Deutschland getragenen Verpflichtung gegenüber Israel, dass der Nahe Osten in unserer Außenpolitik keine nachgeordnete Rolle spielen darf.

7. Kapitel

Die USA, unser wichtigster Verbündeter – auch in Zukunft?

Am 12. Januar 2006 brach die Kanzlerin zu ihrem ersten offiziellen Besuch in Washington auf, es war fraglos die spannendste ihrer vielen ja bereits aufregenden Antrittsreisen. Das Ansehen des amtierenden US-Präsidenten George W. Bush in Deutschland befand sich nach dem Zweiten Irakkrieg auf einem Tiefpunkt, die auch ihm entgegengebrachten Sympathien nach dem 11. September 2001 waren verflogen. Die Beziehungen zwischen Angela Merkels Vorgänger und Bush waren zerrüttet gewesen. Aus einem früheren Gespräch mit Gerhard Schröder hatte der Präsident den Schluss gezogen, dass der Kanzler die Irakinvasion zumindest nicht ablehnte, und war deswegen verstimmt über dessen massive Kritik an der US-Regierung gewesen. Die damalige Oppositionsführerin Merkel hatte den Irakkrieg hingegen nicht kritisiert – allerdings wusste sie zu diesem Zeitpunkt auch noch nicht, dass die »Indizien«, die die Bush-Administration zu seiner Begründung präsentiert hatte, fabriziert gewesen waren. Aufgrund ihrer Haltung hatte Bush ihr bei seinem Besuch im Februar 2005 in Berlin eine protokollarische Sonderbehandlung gewährt, indem er sie empfing, bevor er sich mit dem Bundeskanzler traf. In der Regel läuft ein Besuch umgekehrt ab: erst der Regierungschef, dann die Opposition. Es war also eine besondere Geste Bushs gegenüber Angela Merkel – und, verbunden mit einer anderen Botschaft, natürlich auch gegenüber Gerhard Schröder. Doch jetzt übte sie wenige Tage vor ihrer Reise als neue Bundeskanzlerin ebenfalls Kritik an der US-Regierung, indem sie in einem *Spiegel*-Interview ihre Ablehnung des amerikanischen Guantanamo-Gefängnisses auf Kuba klar zum Ausdruck brachte.

Schon bald nach ihrem Amtsantritt hatte ich Kontakt zum Weißen Haus aufgenommen. Stephen »Steve« Hadley war Bushs stellvertretender Nationaler Sicherheitsberater gewesen und auf die Spitzenposition aufgerückt, nachdem seine Vorgängerin Condoleezza Rice Außenministerin geworden war. Ich war überrascht von seiner ausnehmend freundlichen Art, mit der er mir begegnete. Steve hatte nichts von dem oftmals sehr fordernden, manchmal sogar arroganten Stil, den etliche US-Offizielle pflegen, er konnte zuhören und auf Argumente eingehen. Sehr schnell entwickelte sich ein freundschaftliches Verhältnis zwischen uns. Natürlich waren wir gelegentlich unterschiedlicher Meinung – insbesondere bei der Frage der NATO-Mitgliedschaft Georgiens und der Ukraine –, aber unsere Gespräche waren immer von einem gegenseitigen Grundvertrauen geprägt. Als die deutsche Botschafterin in Washington Emily Haber 15 Jahre später, im Juni 2021, am Ende meiner Zeit als deutscher UNO-Botschafter ein Abschiedsessen für meine Frau und mich gab, nahm Steve zu meiner Freude die Einladung an. Aus Kollegialität war wirklich Freundschaft geworden.

Auch die Bundeskanzlerin wusste um die Bedeutung guter Beziehungen zwischen den Mitarbeitern und trug das Ihre dazu bei: Bei einem Besuch Steves in Berlin empfing sie ihn zu einem Gespräch – nun ihrerseits eine besondere Geste gegenüber einem Berater. Im Gegenzug hielt auch Steve eine Überraschung bereit: Als ich zu Konsultationen mit ihm nach Washington flog, lud er mich zum Abendessen ein, an dem spontan auch Condoleezza Rice teilnahm. Ich freute mich, aber mir war natürlich klar, dass diese Geste nicht wirklich mir galt, zumal »Condi« und ich uns 2006 persönlich noch nicht näher kannten, sondern eine indirekte Wertschätzung gegenüber der Kanzlerin zum Ausdruck brachte.

Und so verlief ihr Antrittsbesuch in Washington sehr viel besser, als ich es erwartet hatte. Das *Spiegel*-Interview, über das wir das Weiße Haus vorab unterrichtet hatten, war kein Thema; Bush war Kritik gewohnt. Überhaupt trat er ganz anders auf, als er in den Medien rüberkam: herzlich, charmant und voller Humor. Und die Kanzlerin mochte er vom ersten Moment an. Eine Rolle mag dabei gespielt haben, dass er in ihr die Personifizierung des »Sieges« im Kalten Krieg sah: eine hinter dem Eisernen Vorhang groß gewordene Ostdeutsche, die es nach der Wiedervereinigung zur deutschen Regierungschefin gebracht hatte. Bush faszinierte das.

Einige Monate später machte er Schlagzeilen, als er während des G8-Gipfels 2006 in Sankt Petersburg von hinten an die am Verhandlungstisch sitzende Kanzlerin herantrat und ihr kurz den Nacken massierte. Eigentlich ein unakzeptables Verhalten, und Angela Merkel reckt im ersten Moment auch die Arme halb in die Höhe und zieht eine leichte Grimasse. Doch Bush hatte sich wahrscheinlich wenig dabei gedacht, auf burschikose Weise drückte der Texaner ganz einfach seine Zuneigung gegenüber der Bundeskanzlerin aus. Und die nahm ihm das nach dem ersten Schreck auch nicht übel, amüsierte sich sogar über das Medienecho.

Von der Antrittsreise zurückgekehrt, überraschte sie ihre Mitarbeiter mit ihrer ganz persönlichen Planung eines Gegenbesuchs Bushs. Sie hatte die umfangreichen Sicherheitsmaßnahmen noch in Erinnerung, die seinen letzten Aufenthalt in Deutschland überschattet hatten. Diesmal also nicht Berlin, so lautete ihre Überlegung. Stattdessen wollte sie ihn in ihre politische Heimat nach Mecklenburg-Vorpommern einladen. Normalerweise kümmert sich das Protokoll des Auswärtigen Amtes um die Identifizierung von geeigneten Orten für solche Besuche. Anders dieses Mal: Die Kanzlerin hatte sich in der Region umgehört und neben Stralsund ein Dorf ausgesucht, das keiner kannte und dessen Namen keiner richtig aussprechen konnte: Trinwillershagen.

Zweifel wurden geäußert, aber die Kanzlerin ließ sie nicht gelten. Die Begegnung des Präsidenten mit der Bevölkerung auf dem Marktplatz in Stralsund fiel sehr freundlich aus. Bush nahm ein Bad in der Menge und schüttelte Hände, danach erklärte er der Kanzlerin, wie man dabei am effektivsten vorging: mit beiden Armen, auch übergreifend, und dabei immer – ganz wichtig! – den Leuten in die Augen schauen. Dass der US-Präsident ihr solche Ratschläge gab, verdeutlicht, wie eng das Verhältnis sehr schnell geworden war. Der ebenfalls warme Empfang durch den Bürgermeister und die Ratsbläser tat dann ein Übriges. Von Stralsund ging's hinüber nach Trinwillershagen; den Namen der kleinen Gemeinde im Hinterland des Darß kannte das Merkel-Team mittlerweile im Schlaf. Es gab ein Barbecue mit einem aufgespießten Wildschwein; die beiden Delegationen saßen gemischt auf Holzbänken und vertieften ihre Beziehungen. Als die amerikanische Hubschrauberflotte abhob, waren alle Beteiligten zufrieden. Die Kanzlerin hatte mit dem von ihr selbst orchestrierten Besuchsprogramm richtiggelegen.

Der Besuch in Mecklenburg-Vorpommern war für die Kanzlerin auch eine Generalprobe für den G8-Gipfel, der im Juli 2007 in Heiligendamm stattfand. Auch bei dieser Veranstaltung, der ersten großen während ihrer Kanzlerschaft, stand Bush im Mittelpunkt. So mussten Sicherheitsherausforderungen gemeistert werden, insbesondere aber ging es um den Inhalt. Merkel wollte Fortschritte bei der Bekämpfung des Klimawandels erreichen, den Bush bis dahin nicht anerkannt hatte, weshalb er auch nicht die Notwendigkeit sah, dagegen einschneidende Maßnahmen zu ergreifen. Schon vor dem eigentlichen Gipfel wollte sich die Kanzlerin in Heiligendamm darum mit dem Präsidenten treffen. Sein Team hatte uns allerdings bereits klar zu verstehen gegeben, dass an der US-Haltung nichts zu ändern sei. Die Kanzlerin versuchte es dennoch – und Bush gab nach. Es war ein großer Erfolg Merkels, und der Präsident ließ keinen Zweifel daran, dass er sein Zugeständnis auch aufgrund der großen Sympathie gemacht hatte, die er der Kanzlerin entgegenbrachte.

Dass umgekehrt auch Angela Merkel Sympathien für die USA hegte, überraschte viele. Im Jahr 1991 hatte Kanzler Helmut Kohl, den die Sorge umtrieb, dass eine Ostdeutsche den USA keine Zuneigung entgegenbringen würde, die junge Ministerin für Frauen und Jugend mit auf eine Amerikareise mitgenommen, um ihr sozusagen das Land zu zeigen. Merkel konnte ihn aber beruhigen: Sie kenne die USA bereits, habe ihren Mann sehr früh nach der Wende auf einen wissenschaftlichen Kongress nach San Diego begleitet. Als jemand, der 35 Jahre unter den Einschränkungen eines kommunistischen Regimes gelebt hatte, fühlte sie sich vom sprichwörtlichen Land der unbegrenzten Möglichkeiten angezogen.

Zu Beginn hatte Kohl ihr auch einen »USA-Erklärer« zur Seite gestellt, den ehemaligen US-Botschafter in Berlin Bob Kimmitt. Als er viele Jahre später in meiner Zeit im Kanzleramt anrief und fragte, ob er einen Termin bei der Kanzlerin haben könnte, reagierte ich sehr zurückhaltend: Sie sei sehr beschäftigt, der Terminkalender eng, ehemalige Botschafter empfange sie nach meiner Erfahrung nicht. Dennoch versuchte ich mein Glück, und fast unmittelbar kam ein »Ja« von ihr zurück – Bob hatte sein Vieraugengespräch. Im Nachgang erzählten mir beide vom Hintergrund für dieses Vertrauensverhältnis. Bob hatte seinerzeit tatsächlich Kohls Auftrag erfüllt und der Juniorministerin auf seine bescheidene Art die USA erklärt. Sie hatte sich gemerkt, wer sie als unerfahrene Anfängerin in einem Regierungsamt ernst und auf Augenhöhe wahrgenommen hatte. Neben Bob Kimmitt waren dies auch der britische Verleger George Weidenfeld und Henry Kissinger gewesen, der bei jedem seiner bis ins hohe Alter absolvierten Berlinbesuche einen Vieraugentermin mit ihr erhielt.

George W. Bush pflegte sein Verhältnis zur Bundeskanzlerin. Anfang November 2007 lud er sie und ihren Mann auf seine

Ranch nach Crawford in Texas ein. Nur ein enger Kreis war anwesend. Der Besuch verlief so persönlich, wie er nur zwischen Regierungschefs stattfinden konnte. Bush war sichtbar stolz, als er der Naturliebhaberin Merkel auf einer ausgiebigen Rundfahrt seine riesige Ranch zeigte, und das Abendessen fand sozusagen am Familientisch statt. Am Ende schlug Außenministerin Condi Rice vor, die Menükarten herumgehen zu lassen, jeder solle sie unterschreiben: die beiden Ehepaare Bush und Merkel/Sauer sowie Condi selbst, Steve Hadley, Regierungssprecher Uli Wilhelm, der stellvertretende Büroleiter der Kanzlerin Thomas Romes sowie der amtierende US-Botschafter in Deutschland William Timken und seine Frau. Uli, Thomas und ich schliefen dann im ersten Wohnhaus der Bushs, das auch auf der Ranch lag, und zwar in den ehemaligen Kinderzimmern der Bush-Töchter.

Die Bundeskanzlerin erhielt auch eine Einladung der der Demokratischen Partei angehörenden Parlamentspräsidentin Nancy Pelosi, um eine Rede vor beiden Häusern des Kongresses zu halten. Obwohl dies eine besondere Auszeichnung darstellte, reagierte die Kanzlerin zögerlich. Im aufziehenden US-Wahlkampf wollte sie durch die positive Antwort auf eine Anfrage der Demokraten Bush und seine Republikaner nicht verärgern. Ein vorsichtiges Anklopfen beim Weißen Haus verdeutlichte aber, dass Bush überhaupt nichts dagegen hatte, im Gegenteil: Er freute sich über die Würdigung der von ihm selbst so geschätzten Kanzlerin. Weil sie dennoch jeden Anschein vermeiden wollte, sie stünde den Republikanern näher als den Demokraten, hielt sie ihre Rede vor dem Kongress erst unter der Präsidentschaft Barack Obamas.

Trotz der Differenzen bei der Frage zu den NATO-Mitgliedschaften versuchten Bush und Merkel, Anstöße für eine Vertiefung der bilateralen sowie der Beziehungen zwischen den USA und der Europäischen Union zu geben. Zwar zeigte sich der Präsident persönlich nicht sonderlich enthusiastisch, aber er machte bei den erneuten Anläufen, eine transatlantische Freihandelszone auf die Beine zu stellen, doch mit. Die Widerstände auf beiden Seiten des Atlantiks waren jedoch zu groß, auch der mit sehr viel Elan unternommene neue Anlauf in der zweiten Hälfte der Obama-Präsidentschaft würde scheitern, Stichwort TTIP. Das Chlorhühnchen, von den Amerikanern als Vorbild für keimfreien Export von Nahrungsmitteln angepriesen, wurde von den Deutschen und anderen Europäern als Ausgeburt chemikalisch verseuchter Produkte gebrandmarkt, deren Import völlig unakzeptabel sei. Auch wenn wissenschaftliche Studien die amerikanische Sichtweise stützten: Freihandel mit den USA stößt vor allem in Deutschland auf unüberwindbare, teilweise irrationale Hindernisse. Zumindest gelang Bush und Merkel jedoch die Gründung des Transatlantic Business Dialog, eine Institutionalisierung des wichtigen Austausches zwischen Vertretern der Wirtschaft.

Kurz vor dem Ende seiner Amtszeit kam Bush im Juni 2008 noch einmal nach Deutschland und verbrachte mit Merkel zwei sehr harmonische, fast schon nostalgische Tage im Gästehaus der Bundesregierung Schloss Meseberg.

Nach der Wiederwahl der Kanzlerin 2009 und 2013 gehörte er zu ihren ersten Gratulanten. Ich erinnere mich an keinen anderen ehemaligen Staats- oder Regierungschef, der ein solches Signal sendete. Als dann 2019 George Bush senior starb, lud sein Sohn die Bundeskanzlerin als besonderen Gast ein, der bei der Trauerfeier neben der Bush-Familie platziert wurde. Ich war seinerzeit nicht mehr ihr Berater, kann mir aber vorstellen, wie nah ihr der Tod von Bush senior ging, der von 1989 bis 1993 ja selbst US-Präsident gewesen war, und das in einer auch für sie persönlich bedeutenden Phase der Weltgeschichte. In ihrem Büro nahm ein Bild des deutschen Fotografen Andreas Mühe einen besonderen Platz ein: Es zeigte Helmut Kohl, Michail Gorbatschow und eben George Bush senior, die drei Hauptverantwortlichen für das Gelingen der friedlichen Wiedervereinigung Deutschlands. Ohne sie wäre das diplomatische Meisterwerk nicht gelungen, das es der Kanzlerin erlaubte, die DDR nicht erst als Rentnerin, sondern bereits mit 35 Jahren hinter sich zu lassen und eine Karriere einzuschlagen, die sie sich in ihren kühnsten Träumen nicht hätte vorstellen können.

Als George W. Bush und Angela Merkel am Ende seiner Amtszeit telefonierten, sagte er voraus, dass sein politisches Werk in späteren Zeiten einmal positiv gewürdigt würde. Ich wünschte diesem persönlich so sympathischen Menschen, dass seine Vorhersage eintreffen würde, konnte es mir angesichts der katastrophalen Folgen des Zweiten Irakkrieges allerdings nicht so richtig vorstellen. Aber 2008 ahnte auch noch niemand, dass acht Jahre später mit Donald Trump ein Mann US-Präsident werden sollte, der alles in den Schatten stellte, was vorher an Negativem über Bush junior zu kritisieren gewesen war.

Wie ein Heilsbringer wurde Barack Obama bereits gefeiert, bevor er überhaupt sein Amt angetreten hatte. Hunderttausende zelebrierten im Sommer 2008 seinen Auftritt als Präsidentschaftskandidat an der Siegessäule im Berliner Tiergarten. Im übertragenen Sinne schüttelte die Kanzlerin den Kopf ob solcher Vorschusslorbeeren, als nüchterner Mensch wollte sie den neuen Präsidenten erst einmal in Aktion sehen, bevor sie ihn beurteilte. Aus diesem Grund konnte sie auch die frühe Verleihung des Friedensnobelpreises an Obama nicht nachvollziehen. In ihren Augen sprach es für den US-Präsidenten, der bei der Verleihung gerade einmal neun Monate im Amt war, dass er das ganz ähnlich sah.

Dem Auftritt Obamas in Berlin war ein Streit über den Standort seiner Rede vorhergegangen. Sein Wahlkampfteam wollte unbedingt, dass der Präsidentschaftskandidat vor dem Hintergrund des Brandenburger Tores sprach, das garantiere die besten Bilder. Irgendwie landete die Frage auf dem Schreibtisch der Kanzlerin, die sich negativ dazu äußerte: Dieser symbolträchtige, historische Ort solle nicht zu Wahlkampfzwecken missbraucht werden. Ihre Haltung wurde als kleinlich kritisiert, doch im Ergebnis konnten vor der Siegessäule sehr viel mehr Menschen der Rede beiwohnen, als es auf dem Pariser Platz möglich gewesen wäre. Und: Bei seinem auf die Rede folgenden Besuch bei der Kanzlerin äußerte Obama volles Verständnis für ihre Haltung zur Bedeutung des Brandenburger Tores. Im Juni 2013 war es dann aber so weit: Obama hielt eine Rede vor dem Brandenburger Tor. Zwei Dinge waren im Vergleich zu 2008 nun anders: Es herrschte extreme Hitze, und aus Sicht der Kanzlerin war es völlig angemessen, dass Obama nun als Präsident vor dieser besonderen Kulisse sprach.

Auch sie selbst hielt eine historische Rede an einem bedeutungsschweren Ort: im Washingtoner Capitol. Es war ihr bereits erwähnter Auftritt vor beiden Häusern des amerikanischen Kongresses. Am 3. September 2009, zwanzig Jahre nach dem Fall der Berliner Mauer, erinnerte sie daran, wie viel Deutschland, aber auch sie persönlich den USA verdankten: Freiheit und Wiedervereinigung. Sie erhielt lang anhaltenden Applaus für die sehr persönliche Rede, die ihr herzliches Verhältnis zu den USA widerspiegelte, das zu keinem anderen Staat der Welt enger war. Umso mehr schmerzte sie dann die merkbare Abkühlung der Beziehungen unter Präsident Trump. Lediglich zur Europäischen Union pflegte die Kanzlerin ein noch intensiveres Verhältnis als zu den USA. Doch sie war sich auch früh bewusst – und drückte dies später mehrfach aus –, dass es bei allem Vertrauen in Amerika notwendig sei, die EU zu stärken und handlungsfähiger zu machen. Denn die USA könnten künftig ausfallen als das Land, das die großen Herausforderungen der Welt und für Europa in vorderster Front angehen würde. Europa müsse in der Lage sein, die US-Rolle zumindest teilweise zu übernehmen.

Angela Merkel und Barack Obama hatten zahlreiche Begegnungen. Zu Beginn beäugten sie sich gegenseitig. Beide waren auf ihre Art in gewissem Sinne Außenseiter in ihren Gesellschaften gewesen, beide waren unerwartet an die Macht gekommen: sie als Frau und Ostdeutsche Bundeskanzlerin, er als erster Schwarzer Präsident. Ihre Gespräche verliefen völlig anders als die mit Bush junior. Hatte Letzterer in Detailfragen regelmäßig Außenministerin Rice oder Sicherheitsberater Hadley das Wort erteilt, so beherrschte Obama die Themen ähnlich wie die Kanzlerin selbst. Zu Beginn hatte ich den Eindruck, die beiden befänden sich in einem Wettbewerb: Wer kannte die Einzelheiten komplexer Sachverhalte besser? Mit wachsendem gegenseitigem Respekt nahm dieses konkurrierende »Aufplustern« aber ab, die Treffen verliefen von Mal zu Mal entspannter, ja freundschaftlich und vertraut.

Eine Erleichterung für die Kanzlerin war die Amtsübernahme Obamas in der Klimafrage. Hier zogen die beiden an einem Strang. Auf dem Weg zu einem Besuch des Konzentrationslagers Buchenwald zeigte Obama sich bei dem gemeinsamen Flug über Ostdeutschland schwer beeindruckt von der hohen Zahl an Windrädern, die er aus dem Hubschrauber beobachten konnte. Auch beim großen Klimagipfel in Kopenhagen 2009 stand er auf Merkels Seite, hatte aber Probleme mit dem Kongress und dessen Bereitschaft, verbindliche Klimaziele zu verabschieden. Bush war Merkel in Heiligendamm 2007 zwar entgegengekommen, aber die Republikaner insgesamt blieben skeptisch. Das Schweigen der republikanischen Abgeordneten beim eindringlichen Appell in ihrer Kongressrede sprach Bände. Und Trump entpuppte sich dann als ausgesprochener »Klimawandelleugner«.

Anders verhielt es sich während der Finanz- und Wirtschaftskrise. Bei den G20-Gipfeln in Cannes (2011) oder in Los Cabos (2012) gerieten Merkel und Obama regelrecht aneinander bei der Frage, wie Europa die Krise am wirksamsten bekämpfen sollte. Aus Sorge vor den Folgen für die Weltwirtschaft setzte sich Obama regelmäßig für große, unkonditionierte Rettungspakete etwa für Griechenland und Italien ein, während die Kanzlerin auf den Gleichschritt von Hilfen und Reformen bestand, die eine

Wiederholung der Krise verhindern sollten und anders auch nicht vom Deutschen Bundestag gebilligt worden wären. Dieser Dissens bestand fort, bis sich Europa wirtschaftlich erholte.

Allerdings änderten die Meinungsunterschiede über die zu ergreifenden Maßnahmen nichts an Obamas grundsätzlicher Einstellung gegenüber der Kanzlerin. Er schätzte ihre immer offenen und ehrlichen Analysen der jeweiligen Sachverhalte und ihre Gradlinigkeit und Verlässlichkeit in der Verfolgung ihrer Politik.

Zwei jeweils mit Besuchen des anderen verbundene Anlässe stechen aus den Amtszeiten der beiden hervor: die Verleihung der Medal of Freedom, eine der höchsten zivilen Auszeichnungen der USA, an die Bundeskanzlerin durch den Präsidenten am 7. Juni 2011 und seine bereits erwähnte Rede vor dem Brandenburger Tor zwei Jahre später am 19. Juni 2013.

Das Weiße Haus gab sich riesige Mühe bei der Vorbereitung der Verleihungszeremonie, die im Freien, im Garten des Regierungssitzes, stattfinden sollte. Die Kanzlerin durfte eine Reihe von Sondergästen bis hin zur Musikeinlage bestimmen, und sogar ihr Ehemann Professor Sauer, der seine Teilnahme an offiziellen Veranstaltungen auf ein Minimum reduzierte, flog mit nach Washington. Der Abend überstieg alle Erwartungen: die Herzlichkeit Obamas, seine humorvolle Rede und die von ihrer transatlantischen Emotion getragene Ansprache der Kanzlerin ließen eine positive Atmosphäre entstehen, die in dieser Intensität erst bei Obamas Abschiedsbesuch in Berlin im November 2016 wieder – und letztmalig – erreicht wurde.

Das Pendant war seine Rede vor dem Brandenburger Tor, die 50 Jahre nach Kennedys berühmter Liebeserklärung an Berlin stattfand und in der auch Obama ein Bekenntnis zu den transatlantischen Beziehungen ablegte. Ähnlich wie er zwei Jahre zuvor in Washington hatte sich nun auch die Kanzlerin viele Gedanken über den Ablauf gemacht. Emotionaler Höhepunkt war ein Abendessen im Schloss Charlottenburg mit vielen ausgesuchten Gästen. Die Bassisten der Berliner Philharmoniker spielten –

bei gefühlten 30 Grad und hoher Luftfeuchtigkeit. Aber das tat dem gelungenen Abend keinen Abbruch.

Obama war sich bewusst, dass er als erster Schwarzer Präsident unter besonderer Beobachtung stand. Die USA, die sich auf dem Papier der Gleichberechtigung ihrer Bürger als oberstes Prinzip verschrieben haben, erleben in der täglichen Praxis, dass die Diskriminierung nicht überwunden ist. Für Obama hatte der Abbau der sozialen Spannungen im Land deshalb höchste Priorität, aber die Polarisierung zu überwinden, gelang ihm letzten Endes nicht. Zwar war zum Beispiel die Reform der Krankenversicherung (Obamacare) ein Erfolg, blieb aber doch weit hinter seinen ursprünglichen Ambitionen zurück. Die Widerstände im Kongress waren einfach zu massiv.

Hinzu kam, dass die Außenpolitik – eigentlich nicht Obamas Lieblingsthema – ihn mehr beschäftigte, als es ihm recht war. Die Konflikte im Irak, in Afghanistan und Syrien erforderten viel Aufmerksamkeit, Gleiches galt für den mit manchen dieser Regionen unmittelbar verknüpften Kampf gegen den »Islamischen Staat«. Auch zur »Arabellion« musste Obama sich positionieren, und schließlich griff zu allem Überfluss Putin die Ukraine an. Obama ließ seinen Außenministern Hillary Clinton und John Kerry großen Spielraum, intervenierte nur, wenn er es als wirklich notwendig erachtete. Bei Themen wie etwa dem Nahostkonflikt war er zur Schlussfolgerung gelangt, dass mit dem Falken Netanjahu keine Fortschritte zu erzielen waren und sich sein Engagement als nutzlos erweisen würde.

Lagen Obama und Merkel während der Finanz- und Eurokrise auseinander, so war ihr Zusammenspiel in der Ukrainekrise sehr viel harmonischer. Die Kanzlerin und der französische Präsident Hollande hatten die Gedenkfeier zum 70. Jahrestag der Landung der alliierten Truppen in der Normandie im Juni 2014 auf Anregung meines französischen Kollegen Jacques Audibert und mir zu einem gemeinsamen Treffen mit dem russischen

Präsidenten Putin und dem ukrainischen Präsidenten Poroschenko genutzt. Dies war die Geburtsstunde des Normandie-Formates, im Rahmen dessen die Ukrainekrise politisch bewältigt werden sollte. Zu Beginn war es nicht mehr als eine Gesprächsrunde, die den Kreml nicht davon abhielt, seine Aggression gegen die Ukraine weiter fortzusetzen. Auf ihrem Höhepunkt gelang es im Februar 2015 diesem Format jedoch, mit dem Minsker Abkommen den russischen Vormarsch zu stoppen und einen Waffenstillstand sowie eine politische Grundlage für eine einvernehmliche Lösung zu verabschieden.

Die US-Kollegen, allen voran die Europaabteilungsleiterin im US-Außenministerium Victoria Nuland, die mit ihrem abfälligen »Fuck the EU« in einem vermutlich vom russischen Geheimdienst abgehörten und veröffentlichen Telefonat mit dem US-Botschafter in Kiew in die Schlagzeilen geriet, waren es nicht gewöhnt, bei der Bewältigung einer Krise dieser Dimension nicht vorne am Verhandlungstisch zu sitzen, und drängten sich regelmäßig in das Normandie-Format. Aber für Obama war es kein Problem, im Gegenteil: Das deutsch-französische Engagement passte ihm in sein Konzept, der Innenpolitik den Vorrang einzuräumen. Und so unterstützte er den von Merkel und Hollande gewählten Ansatz. Er sah auch davon ab, die ukrainische Regierung mit massiven Waffenlieferungen zu unterstützen. Anders als einige prominente Kongressmitglieder teilte der Präsident die Auffassung der Kanzlerin, dass der Konflikt militärisch nicht zu lösen sei, weil Russland jederzeit in der Lage wäre, ihn militärisch zu eskalieren, wenn dies aus seiner Sicht nötig würde. So beschränkten sich die USA auf die Stärkung der defensiven militärischen Kräfte der Ukraine als Abschreckung gegen weitergehende aggressive Vorhaben des Kremls.

Beim Ausschluss Russlands aus den G8 ergriff Obama allerdings die Initiative, der alle anderen Mitglieder mehr oder weniger begeistert folgten. Auch die Kanzlerin, für die die Aufrechterhaltung von Gesprächskanälen mit Russland immer sehr wichtig war, hatte keine Einwände gegen dessen Ausschluss. Es war das Ende eines Prozesses der Einbeziehung Russlands in die G7, die Helmut Kohl eingeleitet hatte, doch Putins völkerrechtswidriges Verhalten ließ keine andere Wahl. Auch bei der Frage der Sanktionen gegen Russland gab es eine enge Absprache zwischen den USA, Deutschland und Frankreich bzw. der dafür zuständigen Europäischen Union. Die jeweiligen Sanktionsschritte erfolgten inhaltlich und zeitlich synchron.

Die Frage, ob die erste russische Invasion der Ukraine 2014 durch eine härtere Haltung Obamas im Syrienkrieg hätte verhindert werden können, wird nie beantwortet werden können. US-Senator John McCain, der Obama bei der Präsidentschaftswahl 2008 als Kandidat der Republikaner unterlegen war, vertrat diese Ansicht. Er war der festen Überzeugung, dass Putin sich durch die in seinen Augen schwächliche Reaktion Obamas auf den Einsatz von Giftgas im Syrienkrieg im Spätsommer 2013 zur Aggression gegenüber der Ukraine ermutigt fühlte. Denn hatte der Präsident zunächst für diesen Fall ein militärisches Eingreifen der USA angekündigt und auch geplant, zog er in letzter Sekunde zurück.

Am letzten Sonntag im August 2013 besuchte ich das Schützenfest in meiner Heimatstadt Neuss. Kurz vor der »Parade« rief mich die neue US-Sicherheitsberaterin Susan Rice an: Sie wolle mich vorwarnen, Obama werde als Reaktion auf den massiven Einsatz von Giftgas durch den syrischen Machthaber Assad in Ghuta, im Osten von Damaskus, in den nächsten Stunden militärisch in Syrien intervenieren. Frankreich und Großbritannien würden sich beteiligen, von uns werde positive politische Begleitmusik erwartet. Sofort unterrichtete ich die Bundeskanzlerin und nahm Kontakt mit meinen Kollegen auf. Aus Frankreich wurde bestätigte, dass Präsident Hollande auf jeden Fall mitmachen werde. Die Briten klangen etwas zögerlicher, Premier Cameron wollte – in Erinnerung an das Irakdebakel – das

Parlament mit einbeziehen. Die Telefone liefen heiß. Ich war weiter in Neuss beim Schützenfest und hatte nebenher auch noch den eingeladenen chinesischen Botschafter zu betreuen – doch dann musste ich die Notbremse ziehen: Ich verließ das Fest und flog nach Berlin. Das Auswärtige Amt und das Parlament mussten unterrichtet, unsere öffentliche Reaktion auf den zu erwartenden Militärschlag vorbereitet, die Abstimmung mit den Partnern aufrechterhalten werden.

Doch der Militärschlag ließ auf sich warten. Cameron stieg aus, weil das Unterhaus nicht mitmachte – und Obama änderte seine Meinung. Im engsten Beraterkreis waren die Fragezeichen zu groß geworden; letztlich scheute Obama die Gefahr, durch ein militärisches Eingreifen in ein weiteres Abenteuer im Nahen Osten hineingezogen zu werden. Der Liste der teuren und wenig erfolgreichen Unternehmen in Afghanistan, Irak und Libyen wollte er keine weiteren hinzufügen. Die Bereitschaft Russlands, Druck auf Assad auszuüben, damit dieser sich an das Chemiewaffenabkommen hielt, und eine Untersuchung des Giftgaseinsatzes zuzulassen, erlaubten Obama, halbwegs gesichtswahrend aus der Sache herauszukommen. Lediglich die Franzosen waren verärgert: Hollande stand zu seiner Zusage und hätte militärisch an der Seite der USA interveniert, allein kam ein solcher Einsatz für ihn allerdings nicht infrage.

Ansonsten herrschte Erleichterung über die Deeskalation. Deutschland beteiligte sich in der Folge an der Entschärfung und Beseitigung der syrischen Chemiewaffenvorräte. Es dauerte aber nicht lange, und die Stimmung kippte. Syrien hielt sich nicht an seine Zusage, alle Vorräte offenzulegen und zu vernichten. Im Gegenteil: Das Regime setzte weiter Chemiewaffen ein. Derweil stellte sich Russland hinter Assad und versuchte, über Desinformation und einen Hackerangriff auf die in Den Haag beheimatete Organisation für das Verbot chemischer Waffen, der für ihr Engagement in Syrien der Friedensnobelpreis 2013 verliehen wurde, die Glaubwürdigkeit dieser für die Einhaltung des

Chemiewaffenverbotes entscheidend wichtigen Institution zu unterminieren.

Doch trotz aller Manipulationen und Aggressionen gilt wie anfangs gesagt: Ob sich Putin wirklich durch Obamas Rückzieher zum Angriff auf die Ukraine ermutigt fühlte, wird leider nie zu klären sein!

Ende Oktober 2013 erhielt ich wieder einen Anruf von Susan Rice. Im Zusammenhang mit der globalen Abhöraffäre, die von dem ehemaligen amerikanischen Geheimdienstmitarbeiter Edward Snowden durch die Enthüllung von Dokumenten des US-Auslandsgeheimdienstes National Security Agency (NSA) ausgelöst worden war, hatte sich ein Verdacht ergeben. Ob mir eine bestimmte Mobilnummer etwas sage, fragte mich Susan – und nannte mir die Nummer der Bundeskanzlerin. Als ich ihr die Richtigkeit der Nummer bestätigte, stöhnte sie hörbar auf und erklärte dann, bei der Aufarbeitung der Snowden-Vorwürfe habe sich ergeben, dass die Kanzlerin vor langer Zeit ins Raster der NSA gelangt und abgehört worden sei. Susan versicherte mir, dass Präsident Obama dies nicht gewusst habe und erzürnt sei. Nach dem 11. September 2001, den die Nachrichtendienste nicht hatten verhindern können, hätten sie zu extremen Maßnahmen gegriffen und maßlos übertrieben. Der Präsident habe dies bereits kritisiert, sei sich über die Dimension der Abhöraktionen nicht im Klaren gewesen. Susan und ich waren uns bewusst, dass die jetzt bevorstehende Veröffentlichung, die Kanzlerin sei abgehört worden, die bilateralen Beziehungen schwer belasten würde. Und in der Tat: Der Umstand, dass die US-Geheimdienste maßlos übertrieben hatten, führte in der Folge zu einem massiven Ansehensverlust der USA in Deutschland.

Natürlich unterrichtete ich sofort die Kanzlerin und den für die Geheimdienste zuständigen Chef des Bundeskanzleramtes Ronald Pofalla. Wie immer bei Krisen reagierte die Kanzlerin sehr ruhig, mit Pofalla wurden die nächsten Schritte überlegt:

Wie werden das Parlament und die Öffentlichkeit unterrichtet? Wie reagieren wir gegenüber den USA? Und wie kann verhindert werden, dass sich so etwas wiederholt? Auch die Frage, wie unsere Dienste bei der Aufklärung vorgehen, wurde gestellt.

Wenige Wochen zuvor hatte der neue US-Botschafter John Emerson sein Amt in Berlin angetreten. Wie bei seinem Vorgänger Phil Murphy handelte es sich bei John um eine Persönlichkeit, die Deutschland viel Sympathie entgegenbrachte und umgekehrt auch gemocht wurde. Als ehemaliger stellvertretender Stabschef von Bill Clinton verfügte er über Regierungs- und Krisenerfahrung. Ich hatte ihn früh empfangen und schnell eine persönliche Beziehung aufgebaut. Am Morgen nach meinem Telefonat mit Susan Rice erhielt John einen Anruf Emily Habers, die zu diesem Zeitpunkt Staatssekretärin im Auswärtigen Amt war: Bundesminister Guido Westerwelle wolle ihn umgehend sehen, um ihm gegenüber das Missfallen der Bundesregierung über die Abhöraffäre persönlich auszudrücken. Die sogenannte Einbestellung eines Botschafters gehört zu den schärferen Maßnahmen aus dem Werkzeugkasten der Diplomatie, gegenüber befreundeten Ländern wird sie höchst selten ergriffen.

Als John Emilys Anruf entgegennahm, befand er sich nicht in seiner Botschaft in Berlin, sondern zufällig in meiner Heimatstadt Neuss, wo er einen Vortrag halten sollte. Von dort aus wollte er dann im Rahmen seiner Antrittsbesuche an weiteren Orten im Rheinland Station machen. Schmunzelnd kamen er und Emily schnell überein, dass er vor seinem Rückflug nach Berlin noch unbedingt den Vortrag in Neuss halten sollte. Es gebe schon genug Ärger, jetzt auch noch den Unwillen des Kanzlerberaters zu erregen, indem er das erwartungsfrohe Publikum in dessen Heimat enttäuschte, musste tunlichst vermieden werden. So hielt John seine Rede und flog danach zurück nach Berlin, wo Guido Westerwelle ihm das Gleiche sagte wie die Kanzlerin Barack Obama in ihrem eigenen Telefonat: Abhören unter Freunden, das geht gar nicht.

Intensive Gespräche zwischen den Diensten setzten ein, die gerade auch für Deutschland wichtige Zusammenarbeit wurde neu geordnet. Die Aufarbeitung erfolgte auch hierzulande, der Bundestag setzte einen Untersuchungsausschuss ein. Und die Neusser dankten John Emerson, dass er trotz allem noch seinen Vortrag gehalten hatte, und luden ihn als Ehrengast zum – wie könnte es auch anders sein! – Neusser Schützenfest ein.

Der ausgeprägte politische Wille auf beiden Seiten, insbesondere auch direkt bei Barack Obama und Angela Merkel, führte dazu, dass sich im Laufe der Zeit das Ansehen der USA in der Öffentlichkeit wieder kräftig erholte. Beim G 7-Gipfel auf Schloss Elmau im Juni 2015 stand das berühmte Foto der mit ausgebreiteten Armen vor Obama stehenden Kanzlerin für die wiedergewonnene Harmonie. .

Botschafter vermögen in den Beziehungen zwischen Staaten eine wichtige Rolle zu spielen. Sie können die Politik ihrer Regierung erklären, durch ihre Persönlichkeit Sympathien für ihr Land wecken, sich – wenn sie einflussreich sind – auch zu Hause für Anliegen ihres Gastlandes einsetzen. George W. Bush hatte den persönlich durchaus sympathischen Autozubehörunternehmer William Timken als Botschafter nach Berlin geschickt, der mit seiner Frau auch bei dem Privatessen auf der Ranch des Präsidenten dabei gewesen war. Doch er verstand nicht viel von *Public Diplomacy* und sprach kein Deutsch, folglich hinterließ er keinen nachhaltigen Eindruck in Deutschland.

Als jemand, dem die transatlantischen Beziehungen überaus wichtig sind, wandte ich mich auf der Münchner Sicherheitskonferenz im Februar 2009 an den ersten Nationalen Sicherheitsberater Obamas Jim Jones und legte ihm die Berufung eines Deutsch sprechenden Botschafters ans Herz. Obama kam dieser Bitte nach. Der als langjähriger Investmentbanker in Frankfurt tätig gewesene Phil Murphy erfüllte diese Bedingung und entwickelte sich zu einem Glücksfall für unsere Beziehungen. Die gesamte Familie, also auch seine Frau Tammy und ihre vier

Kinder, tauchten fast im wahrsten Sinne des Wortes in Deutschland ein, bereisten alle Ecken der Republik, hielten unentwegt Reden, übernahmen Schirmherrschaften und frönten ihrem gemeinsamen Hobby: Alle Bundesligastadien und -vereine wurden besucht, alle Familienmitglieder spielten selbst Fußball. Die Residenz des Botschafters in Dahlem wurde zu einem Mittelpunkt des politischen Berliner Lebens. Phil kannten alle in Deutschland, alle in Deutschland kannten ihn. Bestes Zeugnis für seinen Einfluss und seine Beziehungen hierzulande stellt für mich die Tatsache dar, dass das einzige gemeinsame Abendessen des erkrankten Altkanzlers Helmut Kohl und Angela Merkels während ihrer Amtszeit bei den Murphys zu Hause stattfand. Natürlich besuchten sie mehrfach auch meine Heimatstadt Neuss, und natürlich war Phil Ehrengast auf dem Schützenfest, bei dem er bis zum Morgengrauen auf einem Ball tanzte. Die Neusser hatten ihn in ihr Herz geschlossen. Auf einem anderen Fest auf der anderen Seite des Atlantiks aus Anlass seiner Amtseinführung als Gouverneur von New Jersey im Januar 2018 hielt ich eine kurze Tischrede, in dem ich sein Wirken für die deutsch-amerikanischen Beziehungen würdigte und spaßeshalber den »Plan B« vorstellte, den wir umgesetzt hätten, wenn er nicht Gouverneur von New Jersey geworden wäre: Wir Neusser hätten ihn zu unserem Bürgermeister gemacht!

John Emerson, der zweite Obama-Botschafter in Deutschland, stand Phil in nichts nach. Als brillanter Redner und Analytiker »durchpflügte« auch er das Land, stand aufrecht im Gegenwind des Abhörskandals und versuchte, die vielen skeptischen Deutschen von den Vorzügen von TTIP, dem geplanten transatlantischen Freihandelsabkommen, zu überzeugen. Tapfer erklärte er dann auch die Ursachen des Trump-Sieges, bevor er und seine Frau Kimberly, die während ihrer Zeit in Berlin ihre Arbeit für die Organisation Human Rights Watch mit großem Engagement weitergeführt hatte, zum Amtsantritt des neuen Präsidenten Berlin verließen.

Donald Trump entsandte Richard Grenell als Botschafter, einen erfahrenen früheren US-Pressesprecher und Inhaber einer PR-Firma. Als »Stimme seines Herrn« verstärkte er wie ein Lautsprecher Trumps Kritik an Deutschland. Auch wenn er im privaten Gespräch nett sein konnte, sah er es nicht als seine Aufgabe an, in Deutschland um Sympathien für die US-Regierung zu werben, und so stürzte das Ansehen der USA in den Umfragen wieder ab. Es wurde ruhig um die US-Residenz in Dahlem, in die erst neues Leben kam, als Joe Biden mit der Universitätspräsidentin Amy Gutmann wieder eine Botschafterin nach Berlin entsandte, die sehr viel Anklang fand.

Aber zurück zu Barack Obama. Wie gesagt, wuchsen sein Respekt vor der Kanzlerin, aber auch seine Sympathien für Deutschland im Laufe seiner Amtszeit. Im April 2016 besuchte er die Hannover-Messe, deren Partnerland die USA waren. Sein Rundgang geriet fast zum Volksfest, und am Rande der Veranstaltung hielt er eine Ansprache an Jugendliche. Dass er ein begnadeter Redner ist, weiß jeder, aber die Hannover-Rede ragte heraus. Eindringlich mahnte er die Jugend, den Wert des transatlantischen Verhältnisses, aber auch und vor allem des europäischen Einigungswerkes und der Europäischen Union zu schätzen, nicht für selbstverständlich zu nehmen. Es war erstaunlich, wie sehr sich Obama für Europa ins Zeug legte. Vielleicht trieb ihn das Wissen darum um, dass die USA ihre Rolle des Weltpolizisten in Zukunft nicht mehr würden spielen können – oder wollen –, und er wünschte sich, dass Europa das dann entstehende Vakuum zumindest teilweise füllen würde.

Die Rolle, die Angela Merkel im Konzert der Regierungschefs spielte, war am Zustandekommen einer Seitenveranstaltung zu erkennen. Wie selbstverständlich hatten sich der französische Präsident Hollande, der britische Premierminister Cameron und der italienische Regierungschef Renzi bereit erklärt, zu einem Gespräch mit Obama nach Hannover zu kommen, um über die

Krisenherde der Welt zu diskutieren. Sein Besuch fand ein halbes Jahr vor den Präsidentschaftswahlen in den USA statt und wurde als seine Abschiedsreise betrachtet. Aber Anfang November, kurz nach den Wahlen, die Donald Trump das Präsidentschaftsamt eintrugen, rief mich Susan Rice wieder an: Obamas Berater hätten mit dem Präsidenten zusammengesessen und dessen letzte Reise geplant. Er habe den Griechen schon lange einen Besuch versprochen und wolle sie nicht enttäuschen. Aber dann habe er gefragt, was die Mitarbeiter denn davon hielten, wenn er auf dieser Reise noch mal seine engste politische Partnerin besuche: Angela Merkel. Und da allseits Zustimmung signalisiert worden sei, wolle sie anfragen, ob die Kanzlerin Obama kurzfristig noch einmal empfangen würde. Selbstredend stimmte sie zu.

So trafen die beiden in Begleitung ihrer Teams am 16. November 2016 im Berliner Hotel Adlon zusammen und saßen lange zu zweit beieinander. Ihr Thema wird das gleiche gewesen sein wie zwischen uns Mitarbeitern. Es herrschte eine bedrückte Stimmung. Immer noch waren die amerikanischen Kollegen bestürzt über die Niederlage ihrer Favoritin Hillary Clinton. Was war schiefgelaufen? Spekuliert wurde, ob den russischen Einmischungen in den Wahlkampf nicht hart genug entgegengetreten worden sei. Der Schatten, der auf dem Treffen lag, wurde aber auch durch die trüben Ausblicke auf die Zukunft unserer bilateralen Beziehungen und überhaupt der weltpolitischen Entwicklungen geworfen. Die Trump'schen Äußerungen ließen nichts Gutes erahnen. Obama setzte viel Hoffnungen auf die Kanzlerin und darauf, dass sie Fehlentwicklungen verhindern, ja eine noch stärkere Führungsrolle einnehmen würde. Bei ihrer Entscheidung, ein viertes Mal für das Amt des Bundeskanzlers zu kandidieren, hat dieses Anliegen Obamas aus meiner Sicht eine mit entscheidende Rolle gespielt.

Am nächsten Tag kamen noch einmal die Staats- und Regierungschefs Frankreichs, Großbritanniens und Italiens zusammen, um sich über die wichtigsten außenpolitischen Fragen abzustimmen, dann war es Zeit für den Abschied. Obama und Merkel standen noch lange zusammen. Beide wussten, dass schwierige Zeiten bevorstanden. Als ich Susan Rice umarmte, kullerten ein paar Tränen über ihre Wangen. Parallel zur Entwicklung des Verhältnisses der Chefs zueinander hatten auch wir eine enge, vertrauensvolle Beziehung aufgebaut. Ich hatte sie als eine zu Beginn sehr brüske, später als warmherzige Kollegin schätzen gelernt. Obama winkte ein letztes Mal, stieg in sein Auto, die Tür wurde geschlossen. Aber er öffnete sie noch mal, stieg wieder aus – und kam auf mich zu, um mir die Hand zu schütteln. »Thank you, Christoph!« Ich war ehrlich gerührt. Ähnlich wie die Kanzlerin, die auch immer die Mitarbeiter ihrer Gesprächspartner wertschätzte, konnte man bei Obama spüren, dass er im Amt nicht abgehoben, sondern normal geblieben war.

Doch viel Zeit für Obama-Nostalgie blieb nicht, das politische Berlin bereitete sich auf den neuen Präsidenten vor. Auf Bitten der CDU/CSU-Fraktion lud ich meinen alten Freund Steve Hadley, den Sicherheitsberater George W. Bushs, nach Berlin ein, denn von ihm als Republikaner erhofften wir uns Aufschlüsse über das zu Erwartende. Steve analysierte die Interessenlage der USA, mahnte, die Rhetorik Trumps nicht überzubewerten, und riet zu »strategischer Geduld«, es werde sich schon alles einrenken. Als ich der Kanzlerin über Steves Vortrag vor der Fraktion berichtete, zeigte sie sich skeptisch. Sie hatte die Zeit seit der Wahl Trumps genutzt, um seine Interviews und ein Trump-Buch zu lesen. Sie glaubte, dass er so sei und so handeln werde, wie er im Wahlkampf gesprochen hatte. Wie sehr sollte sie doch recht behalten!

Aber den Kopf in den Sand zu stecken, war keine Alternative, und so reiste ich im Januar noch vor dem Amtsantritt Trumps nach Washington, um mich mit seinem designierten Sicherheitsberater Michael Flynn zu treffen. Ich stieß auf einen selbstbewussten Mann, der einige außenpolitische Plattitüden von sich gab und sich keinerlei Notizen machte, als ich versuchte, die außenpolitische Agenda durchzugehen: Iran, Ukraine, Naher Osten, Balkan usw. Das Treffen dauerte etwa eine Stunde, das war's. Es blieb die einzige Begegnung mit Flynn, der wegen seiner Geheimgespräche mit dem russischen Botschafter in Washington bald verhaftet wurde.

Das erste Telefonat zwischen der Kanzlerin und dem neuen Präsidenten verlief sehr höflich. Uns trieb die Sorge um, dass Trump die Ukrainekrise nicht richtig erfasst hatte und Russland gegenüber zu nachsichtig sein könnte, zumal er sich gegenüber der Ukraine despektierlich geäußert hatte. So meldete ich über meinen neuen Kollegen, den nun zu Trumps Sicherheitsberater gewordenen H. R. McMaster, ein zweites Telefonat der Kanzlerin mit dem Präsidenten an. Sie bereitete sich sehr gut vor, hatte sich handschriftliche Notizen gemacht. Nach dem Austausch kurzer Höflichkeitsfloskeln erläuterte sie dem Präsidenten die Ursachen des Konflikts, den gegenwärtigen Stand und die Verhandlungsstrategie. Nach ihrer wenige Minuten dauernden Darstellung beendete Trump das Telefonat rasch. Wie wir später erfuhren, war er höchst verärgert über das Gespräch, die Kanzlerin habe versucht, ihn zu belehren. Für den von sich selbst und seinen scheinbar unbegrenzten Fähigkeiten überzeugten Mann kam der Anruf einer Demütigung gleich.

Nach diesem unglücklich verlaufenen Auftakt stand Angela Merkels Antrittsbesuch beim neuen Präsidenten bevor. Um ihn vorzubereiten, reiste ich mit meinem Kollegen Lars-Hendrik Röller, dem erfahrenen Sherpa und Wirtschaftsberater der Kanzlerin, nach Washington, wo wir uns mit Jared Kushner trafen, Trumps Schwiegersohn. Ich begann das Gespräch mit einer Rückschau auf die Entwicklung der deutsch-amerikanischen Beziehungen, von der Luftbrücke über Kennedys »Ich bin ein Berliner« bis zur Wiedervereinigung und verwies auf die gemeinsamen Werte. Kushner hörte sich das alles an und erwiderte dann kühl, ich sollte wissen, dass Trump und sein Umfeld aus der Wirtschaft stammten und auch dorthin zurückzukehren beabsichtigten. In der Wirtschaft zählten Freundschaften nicht. Einen Tag sei man Freund, einen anderen Tag Feind. So sei das auch mit Deutschland. Die Vergangenheit zähle nicht. Das saß.

Während Lars-Hendrik seine Vorbereitungsgespräche mit den durchaus professionellen Wirtschaftsberatern fortsetzte, traf ich mich mit H. R. McMaster. Er war ein erfahrener Militär, der in Deutschland gedient hatte, und trat mir ausgesprochen freundlich gegenüber. Für ihn sei eine Abstimmung mit Deutschland und den anderen Schlüsselpartnern wichtig. Wir vereinbarten regelmäßige Videokonferenzen im Quint-Format, also zusammen mit Frankreich, Großbritannien und Italien, bei denen wir gemeinsame Positionen zu den verschiedenen außenpolitischen Themen ausarbeiten wollten. Und wir hielten auch wirklich eine Reihe von Videokonferenzen ab. Später sollte sich dann aber herausstellen, dass H. R. im luftleeren Raum arbeitete, seine Papiere und Vorträge vom Präsidenten nicht geschätzt wurden. Für systematische Beratungs- und Entscheidungsprozesse hatte Trump nichts übrig.

Seinen dritten Sicherheitsberater John Bolton erlebte ich nur aus der Ferne. Er war ein hartgesottener Ideologe, der sich bald mit Trump überwarf und durch den sehr zurückhaltenden, sich wenig exponierenden Robert O'Brien ersetzt wurde. Er besuchte in meiner Zeit als UNO-Botschafter New York, wo er den europäischen Sicherheitsratsmitgliedern die Trump'sche Iranpolitik erläuterte. Auf unsere Einwände und Zweifel am Erfolg der Politik des »maximalen Drucks« hatte er keine Antwort. Aber er war persönlich sympathisch.

Der Antrittsbesuch der Kanzlerin bei Trump fand am 17. März 2017 statt. Es war mein Geburtstag. Anders als seine Vorgänger empfing Trump die Bundeskanzlerin schon vor dem Weißen Haus, Bush und Obama hatten sie immer erst im Oval Office begrüßt. Als die beiden dann in das Präsidentenbüro traten und sich setzten, riefen einige Journalisten nach einem Handschlag. Angela Merkel streckte ihre Hand aus, aber Trump schlug nicht ein. Von den meisten Journalisten wurde dies als unfreundliche Geste gegenüber der Kanzlerin interpretiert, aber ich neige in der Tat Trumps Erklärung zu: Er hatte die Bitte akustisch nicht verstanden und auch nicht an einen weiteren Handschlag gedacht, schließlich war dieser ja bereits erfolgt.

Die Gespräche verliefen erstaunlich freundlich, Trump spitzte seine Kritik an Deutschland nicht zu, wobei ihm vor allem die niedrigen deutschen Verteidigungsausgaben und der hohe Handelsbilanzüberschuss gegenüber den USA ein Dorn im Auge waren. Gespräche mit deutschen Unternehmern der Automobilbranche, die große Investitionen in den USA getätigt und hier viele Arbeitsplätze geschaffen hatten, sollten Trump positiver stimmen. Die Kanzlerin engagierte sich dann auch beim Zustandekommen eines gemeinsamen Projektes mit der Präsidententochter Ivanka, bei dem es um die Förderung von Unternehmerinnen ging.

Die anschließende Pressekonferenz verlief weniger harmonisch. Die Journalistin Kristina Dunz von der *Rheinischen Post* stellte Donald Trump kritische Fragen zur »America First«-Politik und seiner eigenen Verbreitung von Unwahrheiten, während er sich selbst immer über angebliche »Fake News« aufregte. Trump reagierte unwirsch und die Stimmung drohte zu kippen. Aber den Präsidenten schien sich diesmal nicht daran zu stören; die Gespräche setzten sich unaufgeregt über das Mittagessen fort, und er zeigte sich interessiert am deutschen G20-Programm.

Als die vorgesehene Zeit abgelaufen war, kam seine Frau Melania bereits mit Mantel in den Raum und erinnerte ihn an den geplanten Abflug zu ihrem Anwesen Mar-a-Lago in Florida. Doch Trump forderte sie auf, sich zu setzen, die Kanzlerin erzähle gerade so interessant. Da Angela Merkel sich vorgenommen hatte, das Thema Russland, das sie in dem missglückten Telefonat mit Trump zum Thema Ukraine bereits angesprochen hatte, erneut mit dem Präsidenten zu erörtern, zog sie eine vorbereitete Weltkarte hervor, auf der die frühere Ausdehnung der Sowjetunion und deren weltweite Aktivitäten eingezeichnet waren. Darüber war eine Folie mit Putins »Engagement« gelegt. Die Karte zeigte frappierende Überlappungen, und Trump studierte sie. Nach einigen Momenten deutete er sichtbar stolz mit dem Finger auf eine Stelle: Er habe Slowenien gefunden, das Heimatland seiner Frau. Das war's zu dem Thema.

Für mich gab es auch einen persönlichen Moment während des Besuchs: Angela Merkel erinnerte sich an meinen Geburtstag und erwähnte ihn gegenüber Trump, der sofort ein gemeinsames Foto anregte. Ich fand das keine so großartige Idee, was auf dem Bild auch erkennbar ist. Nach dieser ersten Begegnung mit dem neuen Präsidenten verfestigte sich bei mir der Eindruck von Trump als einem narzisstisch veranlagten Menschen. Es drehte sich alles um ihn, um sein großes Ego. Er betrachtete die Welt aus einer Sicht, in der Ideologien keine Rolle spielten. Es kam Trump darauf an, ob jemand ihm nutzte oder nicht. »Macher«, wie er sich selbst sah, imponierten ihm. Geschichte, Werte, Allianzen, internationales Recht zählten für ihn nicht. Als sich Trump vor der Generalversammlung der Vereinten Nationen mächtig über Deutschlands Abhängigkeit von russischem Gas erregte – ein durchaus legitimer Einwand –, war für mich klar, dass er sich nicht um Deutschland sorgte, sondern es ihm alleine um die Verbesserung der Marktchancen für amerikanisches Flüssiggas ging, das aus US-Bundesstaaten kommen sollte, deren Unterstützung für seine Wiederwahl wichtig war. Was Putin anbelangt, war mein Eindruck, dass er Trump imponierte. Er war eben ein Machtmensch, zu dem er sich hingezogen fühlte. Es überraschte mich von daher nicht, dass er am Rande des G20-Gipfels im Sommer 2017 in Hamburg spontan Putin zur Seite und in ein Besprechungszimmer zog. Dies war ein Tabubruch, denn in den USA gilt die auch von der Bundeskanzlerin befolgte Regel, mit Diktatoren nicht unter vier Augen zusammenzukommen. Damit wird verhindert, dass die Gegenseite Falsches über ein Gespräch berichtet, wobei dann Aussage gegen Aussage stünde. Mit »Zeugen« passierte so etwas nicht.

Die Kanzlerin blieb nach ihrem Antrittsbesuch weiter am Ball, bemühte sich um eine gute Atmosphäre mit dem Präsidenten. Im Laufe des Jahres trafen sie sich am Rande des G7-Gipfels auf Sizilien und dann wieder beim G20-Gipfel in Hamburg.

Einen Einblick in Trumps Arbeitsweise verdeutlicht eine kleine Episode. Ende März rief mich H. R. McMaster an: Der Präsident wolle die Kanzlerin kurz sprechen. Um was es sich handle, wusste H. R. nicht, und mir fiel auch nichts Aktuelles ein. Die Kanzlerin ging auf den Wunsch ein. Trump rief an – um ihr zum überraschenden Wahlsieg Annegret Kramp-Karrenbauers bei den Landtagswahlen im Saarland zu gratulieren. Er hatte wohl im Morgenprogramm bei Fox die Meldung gesehen und spontan zum Hörer gegriffen. An den Glückwunsch schloss er eine despektierliche Bemerkung über Meinungsforschungsinstitute an. Die Atmosphäre schien sich also gut zu entwickeln.

Aber die kalte Dusche ließ nicht auf sich warten. Trumps Besuch bei der NATO in Brüssel Ende Mai 2017 war denkwürdig. Mit keinem Wort erwähnte er die erfolgreiche Vergangenheit des Bündnisses und schwieg auch zur Beistandsverpflichtung der USA gemäß Artikel 5 des NATO-Vertrags, überzog die Alliierten dafür aber mit Vorwürfen wegen ihrer mangelnden finanziellen Beiträge. Und so ging es in den folgenden Jahren weiter. Trump wurde immer aggressiver und suchte sich häufig die Kanzlerin als Zielscheibe seines Ärgers aus. Weil sie eine erfolgreiche, intelligente Frau war? Weil sie über Deutschland hinaus so beliebt war und entgegen seinen Erwartungen auch nach den Bundestagswahlen im September 2017 im Amt blieb – trotz ihrer von ihm als völlig unvernünftig angesehenen humanen Flüchtlingspolitik?

In meiner Zeit bei den Vereinten Nationen in New York hatte ich es mit zwei von Trump ernannten US-Botschafterinnen zu tun, zunächst Nikki Haley, dann Kelly Craft. Die Erste konzentrierte sich ganz auf das Nahostthema. Als ehemalige Gouverneurin von South Carolina hatte sie politische Ambitionen und wollte sich vor allem mit ihrer bedingungslosen Pro-Israel-Haltung profilieren. Ende 2017 flatterte mir ein Brief von ihr auf den Schreibtisch: Wenn Deutschland für die auf der Tagesordnung der Generalversammlung stehende Resolution stimmen würde, in der die Verlegung der US-Botschaft von Tel Aviv nach Jerusalem verurteilt werde, dann wäre dies ein ausgesprochen unfreundlicher Akt gegenüber den USA, und sie würde dem Präsidenten davon berichten.

Ich suchte das Gespräch mit ihr und bekam auch rasch einen Termin, bei dem ich ihr die deutsche Geschichte erläuterte: Nach dem Holocaust und dem immensen Leid, das unser Land über die Welt gebracht habe, habe sich das Nachkriegsdeutschland verpflichtet, sich in Zukunft an das internationale Recht zu halten. Unsere Verfassung, die auf dem Rechtsstaatsprinzip fuße, sei von den USA und den anderen westlichen Alliierten ausdrücklich gebilligt worden. Und nun verlange sie von mir, gegen das internationale Recht zu verstoßen, und wolle mich andernfalls beim Präsidenten verpfeifen. Die Verlegung der US-Botschaft nach Jerusalem verstoße nämlich eindeutig gegen verbindliches Völkerrecht, und zwar gegen die Sicherheitsratsresolution 478, die eine Ansiedlung in Jerusalem ausdrücklich untersage.

Nikki schien wie vom Blitz getroffen. Sie fragte ihren Mitarbeiter, ob es stimme, was ich gesagt hätte. Er war erkennbar ein Berufsdiplomat und murmelte, dass ich wohl recht habe, die USA sich aber seinerzeit enthalten hätten. Dass diese Enthaltung nichts am völkerrechtswidrigen Verhalten der USA änderte, traute sich der Kollege nicht zu erwähnen. Das Gespräch endete dann sehr rasch.

Nikki Haley, die Ende 2019 zurücktrat und seither aus ihren

Präsidentschaftsambitionen keinen Hehl machte, wurde durch die bisherige US-Botschafterin in Kanada, Kelly Craft, ersetzt. Die Crafts gehörten zu den größten finanziellen Unterstützern Trumps, was Kelly aber nicht davon abhielt, schon in ihrer Anhörung im Kongress den Klimawandel als große Herausforderung anzuerkennen, eine Feststellung, zu der sich Trump nie durchringen konnte. Trotz unterschiedlicher Ansichten zu einigen außenpolitischen Themen entwickelten wir sehr freundschaftliche Beziehungen. Kelly zeichnete eine hohe persönliche Integrität aus, die sich auch in ihrer Menschenrechtspolitik manifestierte. Wir unterstützten uns gegenseitig im Sicherheitsrat, wenn es um Menschenrechtsfragen ging, insbesondere zum Thema Syrien, bei dem Russland dem verbrecherischen Assad-Regime vorbehaltlos zur Seite stand. Aber auch gegenüber China vertraten wir eine gemeinsame Haltung: Nach dem Bekanntwerden der massiven Menschenrechtsverletzungen gegen die muslimische Minderheit der Uiguren gelang es uns und unseren Teams innerhalb kurzer Zeit, 39 Staaten für eine kritische Erklärung gegenüber China zu gewinnen, sehr viel mehr als in den Vorjahren. China reagierte überrascht und gereizt, ein Abteilungsleiter wurde Berichten zufolge daraufhin entlassen.

Aus meiner Zeit in New York nahm ich die Überzeugung mit, dass gerade Deutschland in der Pflicht steht, sich für die Achtung internationalen Rechts und insbesondere auch für die Menschenrechte einzusetzen, und dass der Einsatz dafür trotz der stärker werdenden Widerstände vonseiten Chinas und Russlands nicht aussichtslos ist. Auch muss Deutschland als viertstärkste Wirtschaftsmacht der Welt bereit sein, hier Führung zu übernehmen. Andere Staaten können oder wollen das nicht leisten.

Zum Ende ihrer Amtszeit arbeitete die Kanzlerin noch ein knappes Jahr mit Präsident Joe Biden zusammen und stattete Washington einen emotional bewegten Abschiedsbesuch ab. Sie erinnerte daran, dass sie als Jugendliche von einer USA-Reise geträumt und wie glücklich sie die frühzeitige Verwirklichung dieses Traums gemacht hatte, und wiederholte den Dank an die USA für deren bedingungslose Unterstützung der Wiedervereinigung Deutschlands.

Merkel kannte und schätzte Biden aus seiner Zeit als Vizepräsident in der Obama-Regierung. Als langjähriger Vorsitzender des Auswärtigen Ausschusses des Senats hatte er sehr viel Erfahrung in der Außenpolitik gesammelt. Allerdings stand diese nicht im Mittelpunkt seiner Arbeit als Präsident. Er konzentrierte sich auf die vielen innenpolitischen Herausforderungen in seinem zutiefst polarisierten Land. Die Gemeinsamkeiten im Kongress hatten sich auf ein Minimum reduziert. Für jeden seiner Programmpunkte – Investitionen in Bildung, Klimaschutz, Gesundheit, Infrastruktur – musste Biden innerparteilich und gegen die auf Fundamentalopposition ausgerichteten Republikaner hart kämpfen. Da auch die Stimmung im Land nicht danach war, widmete er der Außenpolitik wenig Zeit und versuchte, das außenpolitische Engagement zurückzufahren bzw. auf den Wettbewerb mit dem immer stärker werdenden China zu konzentrieren. Die Konsequenz war der überhastete und mit den NATO-Alliierten unabgestimmte Rückzug aus Afghanistan, das Ausbleiben jeglicher Initiative im Nahen und Mittleren Osten und das zwar im Ton freundlichere, aber letztlich wie unter Trump lediglich minimale Engagement in den Vereinten Nationen.

In Anbetracht der immensen nationalen Herausforderungen war dieser Rückzug aus der Außenpolitik (mit der Ausnahme der chinarelevanten Themen) nachvollziehbar, unverständlich dagegen, dass zu Beginn seiner Amtszeit eine Intensivierung der Bemühungen um eine engere Abstimmung mit den Partnern und das Eingehen auf deren Initiativen ausblieb. Die von George W. Bush proklamierte »Partnership in Leadership«, obwohl von der Sache her notwendiger denn je, wurde auch von der Biden-Administration zunächst nicht umgesetzt. Es wäre ein Leichtes gewesen, die Nahostpolitik durch eine Aktivierung des Nahostquartetts wiederzubeleben, den Europäern bei der Umsetzung des Iranabkommens zu folgen oder auch in Afrika, speziell im Sahel, die dortigen Staaten zu unterstützen, indem die USA der UNO erlaubt hätten, afrikanische Friedenseinsätze zu finanzieren. Trotz ihres relativen Gewichtsverlustes und ihrer innenpolitischen Instabilitäten blieben die Reflexe in der US-Administration erst einmal gleich: Eine systematische und frühzeitige Einbeziehung der Partner bei US-Initiativen und Überlegungen fand bei der eigenen Positionierung nicht statt.

Zu Beginn des zweiten Amtsjahres Bidens änderte sich die US-Haltung fundamental. Als Putin zum Jahresende 2021 die USA und die NATO mit unrealistischen, ultimativen Forderungen zur Ukraine und zur Sicherheitsarchitektur in Europa konfrontierte, bemühte sich die US-Regierung um eine enge Abstimmung und eine gemeinsame klare Haltung gegenüber den russischen Forderungen. Nach der sehr spät erfolgten Bestätigung der Deutschlandkennerin Karen Donfried als Europaabteilungsleiterin hatte das Außenministerium eine Mitarbeiterin, der die enge Zusammenarbeit mit Europa ein Herzensanliegen war. Ich hatte mit ihr schon unter der Obama-Administration gearbeitet und sie als engagierte Transatlantikerin kennengelernt, die während der Trump-Zeit den German Marshall Fund in Washington geleitet hatte, eine Stiftung zur Förderung der transatlantischen Beziehungen.

Bei der Münchner Sicherheitskonferenz im Februar 2022, wenige Tage vor dem russischen Einmarsch in die Ukraine, leitete ich eine Podiumsdiskussion mit dem US-Außenminister Tony Blinken und seiner deutschen Kollegin Annalena Baerbock. Auf meine Frage, ob es nicht gerade aufgrund der durch Deutsche begangenen Massenmorde an jüdischen Ukrainern eine moralische Verpflichtung für Deutschland sei, der Ukraine auch mit Waffenlieferungen beizustehen, lehnte Baerbock dies mit grundsätzlichen Ausführungen kategorisch ab. Als ich dann Blinken dazu befragte, unterstützte er sie zu meiner großen Überraschung:

Ja, man müsse die deutsche Haltung zu diesen Themen respektieren. Die Antwort Blinkens war für mich Ausdruck des unbedingten Willens der Biden-Administration, die transatlantische Partnerschaft zu pflegen, keine Kritik an der Bundesregierung zu äußern.

Dieser enge Schulterschluss hatte in der Folgezeit Bestand und zog sich auch durch die deutsche G7-Präsidentschaft 2022. Auch die NATO- und EU-Gipfel, an denen Präsident Biden teilnahm, waren durch diese Nähe gekennzeichnet. Als neuer Vorsitzender der Münchner Sicherheitskonferenz nahm ich mir vor, meinen Beitrag zu diesem transatlantischen Verständnis zu leisten, und veranstaltete im Dezember 2022 im symbolträchtigen bayerischen Elmau eine »Mini-MSC«, wobei wir bewusst Demokraten und Republikaner einluden, um zumindest in der Außenpolitik so etwas wie Überparteilichkeit zu befördern. Mit einer transatlantischen »To-do-Liste« wollten wir einen kleinen Beitrag zu einer parteiübergreifenden Agenda leisten, die auch die nächste Präsidentschaftswahl überdauern könnte.

In Anbetracht der anhaltend starken Polarisierung des politischen Systems in den USA ist es nicht auszuschließen, dass es über kurz oder lang zu der Neuauflage einer Regierung kommen könnte, für die – wie unter Trump – die transatlantischen Beziehungen nichts Fundamentales, sondern nur etwas konjunkturell Nützliches wären, das den sehr eng definierten amerikanischen Interessen dienlich sein könnte. Wie hatte mir Jared Kushner das noch erklärt? »Wir sind Geschäftsleute. Beziehungen können zu einer Zeit gut, zu einer anderen schlecht sein!«

In Anbetracht der militärischen und wirtschaftlichen Stärke der USA, ihrer Fähigkeit, als globaler Akteur aufzutreten und Interessen durchzusetzen, muss es das Bemühen jeder Bundesregierung sein, zu einem guten transatlantischen Verhältnis beizutragen, ja regelmäßig entsprechend aktiv zu werden. Aber wir dürfen die Augen nicht vor möglichen amerikanischen Instabilitäten verschließen. Wie sich aus Anhörungen zur Erstürmung des Capitols am 6. Januar 2021 ergab, hat Trump einen Staatsstreich versucht. Warum sollte so etwas für die Zukunft ausgeschlossen sein? Warum sollte ausgeschlossen sein, dass es aufgrund der fortgesetzten Polarisierung in der amerikanischen Gesellschaft zu bürgerkriegsähnlichen Zuständen kommt? Die USA sind in der Vergangenheit aus Krisen sehr oft gestärkt hervorgegangen, haben die oft aus Europa kommenden Unkenrufe Lügen gestraft. Hoffentlich wird es dabei bleiben. Aber Hoffen allein ist kein guter Ratgeber, und so sind Deutschland und Europa in der Pflicht, mehr Verantwortung zu übernehmen, bei der Lösung von Konflikten bereitzustehen und die entsprechenden politischen, militärischen und wirtschaftlichen Instrumente zur Verfügung zu haben.

8. Kapitel

Russland: Von der Partnerschaft zum Zivilisationsbruch

Vor dem Antrittsbesuch der Kanzlerin in Moskau rief ich meinen Kollegen Sergei Prikhodko an, den außenpolitischen Berater des russischen Präsidenten. Wir sprachen über die Themenliste für die Treffen, aber auch einen besonderen Punkt: Angela Merkel war vor nicht allzu langer Zeit von einem Hund gebissen worden und stand diesen Tieren nun misstrauisch gegenüber. Präsident Wladimir Putin dagegen war ein Hundefreund und nahm den eigenen Vierbeiner häufiger in seine Gespräche mit. Meine Bitte an Sergei: Putin möge seinen Hund im Zwinger oder sonst wo belassen, aber auf keinen Fall zu der Begegnung mit der Bundeskanzlerin mitbringen. Sergei sagte dies zu.

Als die Kanzlerin am 16. Januar 2006 nach Moskau aufbrach, waren die Beziehungen zu Russland in einem vergleichsweise guten Zustand. 16 Jahre nach dem Fall der Berliner Mauer herrschte ein Gefühl der Dankbarkeit gegenüber dem Land, ohne dessen Einverständnis die Wiedervereinigung Deutschlands nicht erfolgt wäre. Die politischen, wirtschaftlichen und gesellschaftlichen Beziehungen hatten sich systematisch verbessert. Die Freundschaft Helmut Kohls mit Michail Gorbatschow hatte ihre Fortsetzung im engen persönlichen Verhältnis Gerhard Schröders zu Wladimir Putin gefunden, das auch nach dem Ende von Schröders Kanzlerschaft fortbestand.

Aber Putin war aus anderem Holz geschnitzt als Gorbatschow und dessen Nachfolger Boris Jelzin, auf den seinerseits er selbst

1999 ins Präsidentenamt gefolgt war. Putin betrachtete die Jahre von Perestroika und Glasnost, das Ende des Warschauer Paktes und den Zerfall der Sowjetunion als eine Zeit der Demütigung Russlands und war entschlossen, dem Niedergang seines Vaterlandes, dem er aus großer Überzeugung als Spion gedient hatte, ein Ende zu setzen, den Trend umzudrehen und Russland zu alter Größe zurückzuführen. Zu Hause fing er an, indem er die aufsässigen Nordkaukasen mit brutaler Gewalt niederzwang. Nach zwei zwischen 1994 und 2009 unter vielen Menschenrechtsverletzungen und Opfern geführten Kriegen war die tschetschenische Hauptstand Grosny dem Erdboden gleichgemacht und mit Ramsan Kadyrow ein Regionalfürst eingesetzt, der die autonome Teilrepublik der Russischen Föderation seither mit harter Hand regiert und jede Opposition, jede Aktivität der Zivilgesellschaft im Keim erstickt. Putin revidierte insgesamt die Regelung, dass die russischen Gebietskörperschaften ihre Gouverneure unabhängig wählen konnten, und setzte eine Vorauswahl der zu wählenden Personen durch den Kreml durch. Damit konnte er im Ergebnis nach seinem Gutdünken die Regionalfürsten aussuchen, deren Loyalität ihm sicher war. In einem Gespräch mit der Kanzlerin begründete Putin diese undemokratische Entscheidung mit seiner Angst vor einem Auseinanderfallen Russlands – in »guter« Zaren- und Sowjettradition muss Russland aus seiner Sicht zentral, sprich aus dem Kreml heraus regiert werden. Entscheidend für Russlands Gewicht in der Welt galten ihm das Militär und die Wirtschaft, und das hieß konkret die Öl- und Gasindustrie. Auch hier setzte Putin eine Zentralisierung durch. Alexei Miller, den Chef des staatlich kontrollierten Energiekonzerns Gazprom, führte er seinen Gästen bei Gelegenheit nach Belieben vor und machte dadurch deutlich, wer der eigentliche Herr im Haus war. Ihm war es ein Dorn im Auge, dass seine Vorgänger ausländischen Investoren Anteile an der Öl- und Gasindustrie überlassen hatten, und er drängte diese zum größten Teil wieder aus dem Land. Inländische, politisch ambitionierte Wirtschaftsoligarchen wurden, sofern sie sich nicht Putins Kommando unterwarfen, ins Exil gedrängt oder wie der bekannteste unter ihnen, Michail Chodorkowski, ins Gefängnis geworfen. Politische Opposition, kritische Zivilgesellschaft und Medien wurden behindert, verfügten lange Zeit aber noch über einen gewissen Freiraum.

Außenpolitisch befand sich Russland kurzzeitig in »guter Gesellschaft« mit Deutschland und Frankreich, vereint in der Ablehnung des 2003 von den USA und der sogenannten Koalition der Willigen geführten Zweiten Irakkrieges, der den Sturz des Diktators Saddam Hussein zum Ziel hatte. Mit der NATO-Russland-Grundakte und einem Partnerschaftsabkommen mit der EU hatte der alte »Westen« mit Putins Vorgängern ein neues, auf Kooperation ausgerichtetes Verhältnis aufgebaut.

Putin jedoch verachtete diese Vereinbarungen, weil sie aus seiner Sicht kein Verhältnis auf Augenhöhe zuließen. Er sah Russland in die Rolle eines Juniorpartners gedrängt, die er für unakzeptabel hielt. Das neue Beziehungsgeflecht, zu dem auch die OSZE und der Europarat gehörten, war für ihn keine Konstruktion, innerhalb derer er Russland zu alter Größe zurückführen konnte. Vielmehr setzte er auf Konfrontation anstatt Kooperation. Auch die Ostausdehnung von NATO und EU sah er als gegen seine Interessen gerichtet und versuchte, sie aufzuhalten, was sich zunächst auf den Einflussbereich der alten Sowjetunion bezog. Auf verschiedenen Wegen versucht er sicherzustellen, dass die zentralasiatischen Staaten und der Russland umgebende Ring von Ländern – Weißrussland, Ukraine, Moldau, Georgien, Armenien und Aserbaidschan – keine Anstalten machten, der NATO oder der EU beizutreten. Dabei bediente er sich der Methode Zuckerbrot und Peitsche. Den »ewigen« weißrussischen Präsidenten Lukaschenko machte er über die Jahre hinweg völlig von sich abhängig, die russische Besetzung von Teilen Moldaus, Georgiens und der Ukraine sowie die Verstetigung des Gebietsstreits zwischen Armenien und Aserbaidschan schränkten die Bewegungsfreiheit all dieser Nachbarstaaten erheblich ein und machten sie zum Spielball russischer Interessen.

Vor diesem Hintergrund, der sich Anfang 2006 erst in groben Umrissen erkennen ließ, brach Angela Merkel nach Moskau auf. Putin empfing sie im prachtvollen Kreml, die Gespräche verliefen sachlich und höflich. Die Kanzlerin wies auf die traditionell guten deutsch-russischen Beziehungen hin, die sie durch regelmäßige Regierungskonsultationen und den zivilgesellschaftlichen Austausch insbesondere im Rahmen des Petersburger Dialogs fortführen, ja intensivieren wollte. Wie immer bei seinen Gesprächen hatte Putin einen Packen von Zetteln vor sich, die die neuesten Angaben zu den (stets) positiven Wirtschaftsdaten Russlands und den bilateralen Wirtschaftsbeziehungen mit Deutschland enthielten. Im Rahmen dieser angenehm verlaufenden ersten Begegnung lud Putin die Kanzlerin auch in seine Sommerresidenz nach Sotschi ein.

Eine kleine Spitze hielt er für sie aber dennoch bereit: Er überreichte ihr einen großen – Plüschhund! Leicht spöttisch meinte er mit Bezug auf ihre Hundephobie, so einer aus Stoff sei doch harmlos. Ob er in diesem Moment bereits seine nächste Gemeinheit in Sotschi plante? Ich wurde dann zum Herrchen des Plüschhunds bestimmt und durfte ihn nicht nur durch den Kreml tragen, sondern auch die Kommentare der Kolleginnen und Kollegen sowie der die Kanzlerin begleitenden Journalisten ertragen.

Sotschi, den großen Urlaubsort am Schwarzen Meer, kannte ich schon. Im Vorjahr hatte ich meinen damaligen Chef Javier Solana, den ersten »Außenminister« der EU, dorthin begleitet; es war in einer Phase gewesen, in der Russland die neue EU nach dem Maastrichter und Amsterdamer Vertrag argwöhnisch beäugte. Vor Solana hatte Putin einen gewissen Respekt. Als deren Generalsekretär hatte der Spanier die NATO durch den Kosovokrieg geführt, stand aber umgekehrt als Sozialist dem Irakabenteuer der USA skeptisch gegenüber. Auch als Kenner des Nahen Ostens und Mitglied im Nahostquartett war Solana eine feste, geachtete Größe.

Unser Gespräch in Sotschi ging nicht über den Austausch von Höflichkeiten und Allgemeinplätzen hinaus, bis Putin uns zum Ende hin wieder eine seiner Bosheiten servierte: Er habe zwei Gäste im Nachbarraum, die er Solana gern vorstellen wolle, und zwar die Präsidenten Abchasiens und Südossetiens. Solana schaute mich fragend an. Wir saßen in der Falle. Putin hatte Solana auf dessen Bitte hin empfangen, obwohl er als Staatspräsident protokollarisch über ihm stand. Ihm nun seine eigene Bitte zu versagen, ging kaum. In Wahrheit war natürlich mit einer Begegnung des – so Solanas offizieller Titel – Hohen Vertreters für die Gemeinsame Außen- und Sicherheitspolitik der Europäischen Union mit den Vertretern der zwei Marionettenstaaten eine von Putin beabsichtigte Aufwertung der beiden von Russland völlig abhängigen Regionalfürsten verbunden. Solana traf sich mit den beiden; wir hatten uns allerdings das Unterbleiben jeglicher bildlichen Dokumentation der Begegnung ausbedungen, woran sich der Kreml dann auch hielt.

Als nun die Kanzlerin am 21. Januar 2007 in Sotschi eintraf, wurde sie nicht von Putin, sondern dessen Protokollbeamten in Empfang genommen, die sie in einen Salon geleiteten. Dort sollte ihre offizielle Begrüßung durch den Präsidenten erfolgen. Zahlreiche Journalisten waren bereits vor Ort, nicht aber Putin. Als Stellvertreter hatte er allerdings seinen Hund im Salon platziert und wartete nun sicher irgendwo gespannt auf Angela Merkels Reaktion. Würde sie sich erschrecken und Angst erkennen lassen? Putin dürfte sich einen Ausdruck der Schwäche erhofft haben, der dann von den Journalisten festgehalten würde. Er konnte seine Herkunft als KGB-Mitarbeiter, zu dessen Handwerkszeug die Einschüchterung von Menschen gehörte, nicht verleugnen. Doch er verfehlte sein Ziel. Die Kanzlerin ließ sich nichts anmerken und meinte zum Hund, er solle seine Aufmerksamkeit doch den Journalisten widmen. Als Putin schließlich auftauchte, verwies er scheinheilig darauf, wie harmlos sein Hund doch sei.

Angela Merkel hegte Sympathien für Russland und die Russen. Sie hatte die Sprache gelernt, war einige Male von der DDR aus in die Sowjetunion und mehrere Ostblockstaaten gereist. Die Aufenthalte, die sie mit knappen Geldmitteln und als Anhalterin unternommen hatte, waren ihr in guter Erinnerung, woran auch eine Erfahrung auf einer Ferienreise durch den Südkaukasus ihren Anteil hatte. Sie mochte die landschaftlich reizvolle Region, und obwohl ihr Visum abgelaufen war, setzte sie ihre Reise fort. Als dies den Grenzbeamten bei ihrem Rückflug von Sotchi auffiel, musste sie als »Strafe« einen Aufsatz auf Russisch schreiben, in dem sie erklären sollte, warum sie sich nicht an die geltenden Gesetze gehalten hatte. Da der Umgang mit den Beamten aber sehr höflich und freundlich war, behielt sie diesen Zwischenfall als etwas Amüsantes im Gedächtnis.

Zu Hause in der DDR befand sich in der Nähe ihres Wohnortes in Templin eine russische Garnison. Den Truppen war der Umgang mit der lokalen Bevölkerung verboten, doch die schlechte Behandlung der einfachen russischen Soldaten blieb Angela Merkel nicht verborgen. Sie reagierte daher auch eher mit Mitleid als mit Zorn, als ihr Fahrrad vermutlich von einem russischen Rekruten gestohlen worden war.

Diese Grundsympathie für das Partnerland wurde von Putin geteilt. Als junger Familienvater hatte er seine KGB-Zeit in Dresden in der zweiten Hälfte der 80er-Jahre sehr genossen. Er sprach hervorragend Deutsch – sogar besser als die Kanzlerin Russisch – und konnte problemlos Gedichte deutscher Schriftsteller rezitieren. Wenn sich die beiden informell unterhielten, sprachen sie oft deutsch miteinander, wobei die Kanzlerin ihrerseits aber auch mal ihre Russischkenntnisse zum Besten gab. Am Rande der regelmäßigen Regierungskonsultationen trafen sich

Putin und Merkel immer wieder zu nichtoffiziellen Abendessen in kleinstem Kreis und gemütlichem Ambiente.

Mein Glück war es, dass die Kanzlerin Wert darauf legte, mit Putin auch bei diesen Abendessen nicht unter vier Augen zusammenzukommen, sondern immer einen Mitarbeiter dabeizuhaben, damit hinterher nicht unterschiedliche Interpretationen des Besprochenen verbreitet werden konnten. Ich erinnere mich gerne an solche Abende, zum Beispiel in der Nähe von Wiesbaden, wo der ehemalige Verteidigungsminister Jung für ausgezeichneten Wein aus der Region gesorgt hatte. Das Sprachenregime war bei diesen Anlässen uneinheitlich. Manchmal redeten die beiden englisch miteinander, meistens aber wie gesagt deutsch oder russisch, wobei für die anderen Anwesenden jeweils gedolmetscht wurde. Gelegentlich verzichteten sie aber auf eine Dolmetschung, das war dann für einen ihrer Mitarbeiter misslich, denn Sergei Prikhodko bzw. Juri Uschakow, der persönlich ebenfalls sehr sympathische Berater Putins ab dessen zweiter Amtszeit, sprachen so wenig Deutsch wie ich Russisch.

Um Politik ging es bei diesen informellen Essen erst in zweiter Linie. Putin pries jeweils die russischen regionalen Köstlichkeiten an, wobei er bei der Hobbyköchin Angela Merkel auf großes Interesse stieß, die ihrerseits die in der Regel eher deftige russische Küche mochte – vielleicht auch in Erinnerung an ihre Reisen als Jugendliche und Studentin. Putin wusste auch immer etwas zu den regionalen Besonderheiten zu berichten. Ein solches Abendessen fand vor den ersten Regierungskonsultationen Ende April 2006 in Tomsk statt. Putin schwärmte vom Naturspektakel des Eisbrechens auf dem Tom zur Frühjahrszeit. Die Kanzlerin, eine Naturliebhaberin, war so begeistert, dass die beiden spontan entschieden, außerhalb des offiziellen Programms das Schauspiel vom Flussufer aus persönlich anzuschauen.

Natürlich wurden auch politische Themen angesprochen. Putin erläuterte, wie wichtig es sei, dass er die Dinge in Moskau selbst in die Hand nahm; umgekehrt erklärte ihm die Kanzlerin das Funktionieren der jeweiligen Berliner Koalition oder die Entscheidungsfindung in der EU in Brüssel. In Putins Weltsicht passte diese demokratische Herangehensweise nicht hinein.

Überhaupt hielt er die meisten europäischen Staaten letztlich für schwächlich. Mein amerikanischer Kollege, Obamas zweiter Nationaler Sicherheitsberater Tom Donilon erzählte mir von seinem Gespräch mit Putin 2012, zu dem ihn sein Chef vor seiner eigenen ersten Begegnung mit dem zum zweiten Mal ins Amt gekommenen Putin entsandt habe: Putin habe sich beschwert über den geringen Wirtschaftsaustausch mit den USA. Dieser befinde sich etwa auf dem Niveau des Handels mit den »schwulen« Holländern. Donilon war geschockt über diese Äußerung, die viel über Putin aussagte: seinen Wunsch nach Augenhöhe mit den Amerikanern, seine Verachtung der Europäer und sein Menschenbild.

Und doch: Die im Prinzip gegenseitig positive Grundhaltung trug die Beziehung zwischen Merkel und Putin durch 16 zum Teil schwierige Jahre. Zu keinem Zeitpunkt herrschte Sprachlosigkeit zwischen den beiden; zwar bediente sich Putin manchmal einer Verzögerungstaktik, lehnte aber nie einen Telefonwunsch ab. Neben seine grundsätzliche Sympathie für Deutschland trat mit den Jahren auch Respekt vor der Kanzlerin für deren Ausdauer und Führungskraft. Seine Beziehung zu Altkanzler Gerhard Schröder, der sich in Putins bzw. im Umfeld von Gazprom verdingt, wurde praktisch nie thematisiert. Wie weit hier von Putins Seite eine wirkliche Freundschaft besteht, vermag ich nicht zu beurteilen. Dass Schröder ihn als »lupenreinen Demokraten« bezeichnete, wird er achselzuckend zur Kenntnis genommen haben. Ich möchte nicht in Abrede stellen, dass Putin ihn mag, aber ob er Schröder auch respektiert?

In diesem Zusammenhang ist mir ein überraschendes Ereignis besonders in Erinnerung. Der ehemalige Außenminister Hans-Dietrich Genscher wollte mich treffen; die Bundeskanzlerin hatte ihn bei mir »angemeldet«, ich solle ihm helfen. Ich freute mich auf die Begegnung mit diesem historisch bedeutsamen Menschen. Es sollten dann noch einige davon und viele Telefonate folgen, denn Genscher hatte sich in den Kopf gesetzt, Michail Chodorkowski frühzeitig aus dem Arbeitslager freizubekommen. Ich war zunächst sehr skeptisch, ob das gelingen könne. Genscher winkte ab, ich solle ihn nur machen lassen, ich brauchte »lediglich« zu versuchen, einen Termin bei Putin für ihn zu bekommen. Das war leichter gesagt als getan. Nach einigen Bittanrufen bei Prikhodko war Putin wirklich bereit, Genscher im Kreml zu empfangen. Erste positive Anzeichen wurden sichtbar, aber dann stockte die Entwicklung wieder. Also wollte Genscher noch ein Gespräch mit Putin, und auch das ließ sich einrichten; nach einem Gespräch mit der Kanzlerin empfing Putin ihn vor seiner Abreise am Flughafen Tegel. Kurz vor Weihnachten 2013 kam Chodorkowski dann tatsächlich frei. Später besuchte er mit seiner Mutter die Kanzlerin, der er neben Genscher letztlich seine Freilassung zu verdanken hatte.

Ich bin mit Chodorkowski in Kontakt geblieben, einem Patrioten, der auf ein demokratisches Russland hofft und dabei auf die Jugend setzt. Als ich ihm meine diesbezügliche Skepsis darlegte, sagte er einen Satz, an dem ich mich in den Folgejahren immer festgehalten habe: Putin hat eines nicht im Kalkül – auch er ist sterblich, und es wird ein Russland nach Putin geben, ein anderes, besseres Russland.

Bis zur ersten russischen Invasion der Ukraine 2014 verharrten die Beziehungen zwischen Deutschland und Russland auf einem einigermaßen normalen Niveau. Der Georgienkrieg 2008, wenn auch vom georgischen Präsidenten Sakaaschwili mitverursacht, die stete Aufrüstung Russlands, seine gegenüber den baltischen Staaten kontinuierlich unfreundliche Haltung, die abnehmende Toleranz gegenüber Andersdenkenden im Inland, die politischen Morde an Anna Politkowskaja, Boris Nemzow, Alexander

Litwinenko und anderen machten es der Kanzlerin jedoch schwer, einen Trend zum Besseren in Gang zu setzen. Aber sie engagierte sich weiterhin. So hielt sie bis zur Invasion der Ukraine an den regelmäßigen Regierungskonsultationen fest und legte großen Wert auf das Fortleben eines zivilgesellschaftlichen Austauschs, insbesondere im Rahmen des Petersburger Dialogs, bei dem es zu regelmäßigen Begegnungen von Politik, Wirtschaft und Gesellschaft kam. Doch gegen das immer weiter auf Konfrontation setzende Russland Putins war in diesem Diskussionsforum schließlich nicht mehr viel auszurichten. Mit dem Betätigungsverbot dreier deutscher Nichtregierungsorganisationen provozierte Putin 2021 schließlich die Suspendierung des Petersburger Dialogs von deutscher Seite. Dennoch: Bis zum Ende ihrer Amtszeit blieb die Aufrechterhaltung von Gesprächskanälen für die Bundeskanzlerin von hoher Bedeutung – in guten, aber vielleicht noch wichtiger in schlechten Zeiten.

Im Jahr 2008 endete die zweite Amtszeit Putins, und sein Vertrauter Medwedew wurde sein Nachfolger als Präsident. Die internationale Gemeinschaft rätselte sogleich, ob Medwedew eine Marionette Putins sein oder Eigenständigkeit beweisen würde. Die Bundeskanzlerin ging jedenfalls auf ihn zu, engagierte sich durch Besuche und Gegenbesuche, um die Beziehungen zu pflegen. Mit der Zeit wurde Medwedew selbstbewusster und trat dabei weniger aggressiv auf als Putin, die Beziehungen verliefen in ruhigerem Fahrwasser. Da ihr ja viel an einem guten Verhältnis zu Russland lag, lud die Kanzlerin ihn im Juni 2010 zu einem zweitägigen Besuch ins Gästehaus der Bundesregierung nach Meseberg ein. Sie hatte meinem Vorschlag zugestimmt, eine außenpolitische Initiative zu ergreifen, die zu einer Wiederannäherung der EU und Russlands führen könnte.

Eher zufällig hatte ich den jungen Außenminister der Republik Moldau, Iurie Leancă, getroffen, der mich motivierte, dem Land mehr Aufmerksamkeit zu schenken. Iuries Ziel und das seiner proeuropäischen Regierung in Chișinău war ein engeres

Verhältnis mit der Europäischen Union. Wie ein Klotz am Bein wurde Moldau vom Transnistrienkonflikt belastet: Die unter russischem Einfluss stehende Bevölkerung dieses kleinen Landstrichs an der ukrainischen Grenze hatte sich nach der Unabhängigkeitserklärung der neuen Republik während der Auflösung der Sowjetunion abgespalten, aber anders als in Abchasien, Südossetien oder auf der Krim siedelten dort keine ethnischen Minderheiten. Zwar gab es einiges an Industrie, aber dennoch war Transnistrien nicht von großer wirtschaftlicher Bedeutung. Ich war zum Schluss gekommen, dass der Versuch, mit dem konzilianter auftretenden Medwedew eine Lösung dieses Konfliktes zu erreichen, der Mühe wert war, und so unterbreitete die Kanzlerin dem Präsidenten einen Vorschlag, der später die »Meseberg-Initiative« genannt wurde.

Die Grundüberlegung war einfach: Mithilfe der Venedig-Kommission des Europarates, die Staaten verfassungsrechtlich berät, sollte eine föderale Verfassung für ein wiedervereinigtes Moldau ausgearbeitet werden. Ein vom russischen Präsidentenberater Dmitri Kozak Anfang der 2000er-Jahre unterbreiteter Vorschlag für eine Überwindung der Teilung des Landes war unbrauchbar gewesen, weil er die Aufteilung der Kompetenzen zwischen Chișinău und Tiraspol, der Hauptstadt Transnistriens, zu vage gelassen hatte. Kern der Meseberg-Initiative war ein »Deal« zwischen der EU und Russland. Dieses würde zwar seiner in Istanbul 1999 eingegangenen OSZE-Verpflichtung nachkommen und seine verbliebenen Truppen aus Transnistrien abziehen müssen, aber es könnte gemeinsam mit der EU eine Sicherheitstruppe aufstellen, die den Wiedervereinigungsprozess begleiten würde. Gleichzeitig bekäme Russland einen Gastplatz am Tisch des Politischen- und Sicherheitspolitischen Komitees, des für die außen- und sicherheitspolitischen Fragen zuständigen Gremiums der EU. Als zusätzlichen Anreiz hatte ich nach Rücksprache mit der Venedig-Kommission einen Vorschlag für einen Verfassungszusatz erarbeitet, der Transnistrien das Recht zum Ausscheiden aus dem Föderalstaat gäbe, falls die Regierung in Chișinău einen Antrag auf NATO-Mitgliedschaft stellen würde. Kurz, eine Umsetzung der Meseberg-Initiative hätte das Potenzial einer Entspannung, ja eines Neuanfangs im Verhältnis zwischen Russland und der EU gehabt.

Medwedew reagierte auch durchaus positiv und delegierte die Umsetzung an den ewigen Außenminister Sergej Lawrow. Kurze Zeit nach dem Treffen in Meseberg reiste ich nach Moskau und nahm Verhandlungen mit Lawrow und seinen Leuten auf. Leider wurde schon bald klar, dass er sich nicht auf den Vorschlag einlassen wollte. Eine Veränderung des russischen Kurses war mit ihm nicht zu machen, denn er war nicht bereit, den Zugriff auf die Nachbarn aufzugeben, über den Russland durch die eingefrorenen Konflikte verfügte. Und bedauerlicherweise entwickelte sich auch Moldau nicht positiv, auch wenn es zunächst nicht so aussah: Der Schwung der Meseberg-Initiative hielt an, die Kanzlerin stattete dem Land den ersten Besuch eines deutschen Regierungschefs ab, und mein Freund Iurie Leancă wurde Ministerpräsident. Aber Moldau konnte sich dem Zugriff der einheimischen Oligarchen nicht entziehen, die Regierung verlor das Vertrauen der Bevölkerung. Erst nach einer Zwischenetappe, während der das Land unter einem prorussischen Präsidenten weiter abglitt, setzte sich mit der unbelasteten Maia Sandu eine Politikerin durch, die frei von Korruptionsaffären einen Neuanfang unternahm. Sollte in der Zukunft nach Putin im Kreml ein anderer, frischer Wind wehen, würde sich die relativ einfache Lösung des Transnistrienkonflikts als ein erster, bedeutender Entspannungsschritt eignen.

Auch wenn es heute müßig erscheint, weil sich die Präsidentschaft Medwedews nur als eine kurze Episode herausgestellt hat, lohnt es sich dennoch – gerade im Hinblick auf die Möglichkeiten für eine Zeit nach Putin –, auf die Frage der Eigenständigkeit Medwedews einzugehen. Als er rückblickend bekannte, dass er von Beginn an nur Platzhalter für Putin gewesen sei, schien die

Sache eigentlich klar zu sein. Mein Eindruck war jedoch ein anderer: Medwedew hatte wirklich versucht, sich von Putin abzusetzen, einen eigenen, liberaleren Weg zu gehen. Dies bestätigte mir auch Sergei Prikhodko, der mich am Ende der Amtszeit Medwedews in Berlin besuchte. Der 2021 an Krebs gestorbene Außenpolitiker war sogar der Überzeugung, dass das Russland den liberaleren Medwedew-Kurs fortsetzen würde und Putin die Uhr nicht zurückdrehen könnte. Die Geschichte hat ihm unrecht gegeben – vielleicht ja auch nur fürs Erste.

Nach den Protesten, die Putins Rückkehr an die Macht im Jahr 2011 begleitet hatten, schwenkte er auf einen harten, ja immer härteren Kurs um. Er hatte Angst, dass die Welle der Ereignisse in der arabischen Welt, die Arabellion, und vor allem in seiner Nachbarschaft, in Georgien und der Ukraine, in sein eigenes Land überschwappen und ihn mitreißen würde. Medwedew resignierte, übernahm als Ministerpräsident die Aufgabe, Putins Vorgaben umzusetzen. Wenn diese keine Verbesserungen brachten, diente er auch als Sündenbock. Nach seiner völligen Desavouierung aufgrund der Enttarnung seines riesigen Vermögens durch den Oppositionspolitiker Nawalny verschwand Medwedew in der völligen politischen Bedeutungslosigkeit. Gelegentlich wird er von Putin noch hervorgeholt, um etwas völlig linientreues von sich zu geben, so abstrus es auch sein mag. Seine Hasstiraden und Drohungen mit einem Atomkrieg im Zusammenhang mit dem Ukrainekrieg 2022 sind umso erschütternder, je mehr man meine oben angeführte Analyse berücksichtigt, dass er als Präsident wirklich zu einem Umlenken des Kremlkurses bereit gewesen war.

Vermutlich muss sich der in den Augen vieler putintreuer Hardliner als Liberaler im Verdacht stehende Medwedew so brutal äußern, um nicht ins politische Abseits zu geraten. Wohlmeinende sehen in ihm sogar einen möglichen Nachfolger Putins, der – einmal im Amt – wieder an liberalere russische Zeiten anknüpfen könnte.

Ein deutsch-russisches Thema begleitete die Bundeskanzlerin während ihrer gesamten Amtszeit: das Pipelineprojekt North Stream. Der erste Strang war vertraglich vereinbart, als Angela Merkel Ende 2005 Bundeskanzlerin wurde, es war die Verwirklichung eines Kernanliegens ihres Vorgängers Gerhard Schröder. Da für die Kanzlerin Rechtssicherheit und die Zuverlässigkeit einer Bundesregierung – egal welcher Couleur – von hoher Bedeutung war, stand ein Abbruch von North Stream 1 nicht zur Diskussion. Das wäre auch mit dem Koalitionspartner, den Sozialdemokraten, nicht machbar gewesen. Im Übrigen hatte das Projekt für das strukturschwache SPD-regierte Mecklenburg-Vorpommern auch wirtschaftliche Bedeutung. Und so nahmen die Dinge ihren Lauf, die Pipeline wurde fertiggestellt.

Mit dem Wiedereintritt der Sozialdemokraten in das Bundeskabinett 2013 stand dann unvermittelt North Stream 2 auf der Tagesordnung. Dieses Mal konnte Angela Merkel nicht auf getroffene Entscheidungen verweisen, die Bundesregierung musste sich ihre eigene Meinung bilden. Den außenpolitischen Nachteilen, vor allem der Schwächung der von der begonnenen russischen Aggression gebeutelten Ukraine, die ihre starke Position als Transitland und somit ihre Einnahmen aus der Durchleitung verlor, sowie der massiven Kritik aus den USA, den baltischen Ländern und Polen stand das Drängen der SPD, insbesondere des Parteivorsitzenden und Wirtschaftsministers Sigmar Gabriel gegenüber.

Inwieweit Gerhard Schröder, sein politischer Ziehvater aus gemeinsamen Niedersachsentagen, dahinterstand, konnte ich nicht beurteilen. Aber auch aus Mecklenburg-Vorpommern kam – parteiübergreifend – starker Druck. So fiel die Entscheidung, North Stream 2 als normales Wirtschaftsprojekt zu betrachten, dessen Umsetzung im Hinblick auf die Vereinbarkeit mit dem Europarecht dem Urteil der Europäischen Kommission unterworfen werden sollte.

Mehrfach telefonierte ich mit dem zuständigen EU-Kommissar Šefčovič, dem gegenüber ich bestätigte, dass die Bundeskanzlerin es wirklich ernst meinte: Die Kommission sollte frei und ohne äußere Einflüsse, nur dem europäischen Recht verpflichtet entscheiden. Da ich dem Projekt persönlich sehr skeptisch gegenüberstand, ermunterte ich ihn regelrecht, seiner kritische Einstellung, die er als Slowake und damit von der Verlagerung des Gasflusses unmittelbar negativ Betroffener haben musste, im kommissionsinternen Entscheidungsprozess Gehör zu verschaffen. Aus Berlin gingen allerdings auch andere Anrufe in Brüssel ein, mit denen Einflussnahme in Richtung Genehmigung erfolgte. Hier tat sich vor allem Wirtschaftsminister Gabriel hervor, aus dessen Sicht die Verwirklichung von North Stream 2 große Vorteile hatte. Im Ergebnis wurde auch der zweite Pipelinestrang gebaut.

Allerdings ebbte die Kritik nicht ab; mit dem Amtsantritt Präsident Trumps stieg der Druck aus den USA weiter an. Trumps Beweggrund war allerdings nicht die Sorge um die Ukraine, sondern das Interesse an der Erschließung des europäischen Marktes für amerikanisches Flüssiggas (LNG). Die Bundesregierung antwortete mit der Bereitschaft, LNG-Terminals zu bauen, aber der Preis von Flüssiggas gab es nicht her, dass russisches Gas vom Markt verdrängt wurde, es ließen sich keine Investoren und Lieferanten für LNG finden. Auch Trumps Nachfolger Biden widmete sich dem Thema, schlug aber entsprechend seiner Grundausrichtung gegenüber Deutschland einen konzilianten Ton an, und kurz vor dem Ende der Amtszeit der Bundeskanzlerin verständigten sich beide, den Betrieb von North Stream 2 an die Fortsetzung der Lieferung russischen Gases an und dessen Durchleitung durch die Ukraine zu binden.

Der erzielte Burgfrieden hielt allerdings nicht lange. Dafür sorgte Putin eigenhändig. Bereits im Sommer 2021 hatte er mit der Veröffentlichung einer Art Essay über die angebliche historische Zugehörigkeit der Ukraine zu Russland neue Unruhe gestiftet. Seine Lagebeurteilung ähnelte der, die er im Sommer

2013 angestellt hatte. Als Präsident Obama es Assad damals ungestraft hatte durchgehen lassen, mit dem Einsatz von Giftgas gegen die eigene Bevölkerung eine rote Linie zu überschreiten, hatte Putin dies als eine Schwäche der US-Regierung interpretiert und war 2014 in die Ukraine einmarschiert. Sieben Jahre später interpretierte er auch den überhasteten Rückzug der Amerikaner aus Afghanistan wieder als Schwäche der USA und nahm ihn zum Anlass, sich der seinem Zugriff hartnäckig widersetzenden Ukraine zuzuwenden. Er wusste, dass seine vulgärhistorische Sichtweise auf die Ukraine als Kerngebiet Russlands zu Hause, aber auch im Ausland verfing. Und so erhöhte er Ende 2021 den Druck auf die Ukraine, die USA, die NATO und die Europäische Union, indem er völlig unakzeptable Ultimaten verkündete. Putin gefiel es nicht, dass Biden sich wie Obama ganz auf China konzentrierte und Russland kaum würdigte. Mit seiner aggressiven Politik hatte er die Aufmerksamkeit des US-Präsidenten und der internationalen Staatengemeinschaft wiedergewonnen. Die Hälfte seines Ziels hatte er damit schon erreicht: Russlands Bedeutung war allen klar geworden. Putin genoss diese Situation.

So wie er sich in seiner harten Jugend in Sankt Petersburg Achtung und Anerkennung verschaffen musste, so will er das auch für sein Land erreichen. Dass Obama Russland einmal als Regionalmacht bezeichnete, hat Putin ihm nie verziehen.

Einziges Gegenmittel gegen jemanden, der keinen Respekt vor internationalem Recht hat, dem die Menschenrechte völlig gleichgültig sind, dem es überhaupt nichts ausmacht, wenn Menschen verhungern, gefoltert oder getötet werden, und dem es um Machterhalt um jeden Preis geht, sind Stärke und Gemeinsamkeit. Putin kennt die Zahlen: Die USA, die Europäische Union und die NATO sind zusammengenommen Russland wirtschaftlich und militärisch überlegen. Also musste er sie spalten, unterwandern, Zweifel und Unfrieden säen, Unwahrheiten verbreiten. Darin hat er eine Meisterschaft entwickelt: Im Cyberwar, der hybriden Kriegsführung durch Propaganda mithilfe der Informationstechnologie, macht Russland niemand etwas vor.

Putins erster Angriff auf die Ukraine 2014 und die Folgezeit waren insofern ein Meisterstück, das er systematisch vorbereitet hatte. Anlass für seine Aggression war die ukrainische Revolution Anfang 2014. Der ukrainische Präsident von Russlands Gnaden Viktor Janukowitsch hatte den Großteil der eigenen Bevölkerung gegen sich aufgebracht, als er Ende 2013 Putins Verlockungen erlag und die Assoziierung seines Landes mit der EU auf Eis legte. Die Menschen gingen auf die Straße, demonstrierten, und da Janukowitsch auch aufgrund seiner Korruptheit jeglicher Rückhalt in der Bevölkerung fehlte, flüchtete er nach Russland. Die proeuropäischen Kräfte setzten sich in Kiew durch, das Land richtete seine Augen auf die Europäische Union. Putin wartete noch die Olympischen Winterspiele 2014 in Sotschi ab, sein großes Prestigeprojekt, das er durch eine Intervention in der Ukraine nicht gefährden wollte, und setzte danach systematisch die ausgearbeiteten Pläne zur Eroberung zumindest eines Teils der Ukraine um. Er versuchte, seine Machenschaften zu kaschieren, indem er seine Soldaten ohne Hoheitsabzeichen einsetzte und prorussische einheimische Kräfte vorschob. Gleichzeitig setzte er vor allem in Europa seine Propagandamaschine ein, die Russland eine Beobachterrolle attestierte und die Intervention als innerukrainische Angelegenheit darstellte. Dann verbreitete er noch die Mär, dass die Krim sowieso immer schon russisch gewesen sei und jetzt lediglich ein historischer Irrtum korrigiert werde.

Als Reaktion auf die Besetzung eines Teils der Ukraine schnellten Putins Beliebtheitswerte in die Höhe. Voller Stolz unterlief ihm eine seiner wenigen Unbeherrschtheiten, als er bei der Verleihung von Orden an die an der Invasion beteiligten russischen Soldaten bestätigte, dass diese sogenannten grauen Männchen natürlich seine Leute gewesen seien.

Bis heute setzen russische Politiker und Diplomaten ihre

Propaganda kontinuierlich fort, verbreiten systematisch Unwahrheiten und setzen darauf, dass die internationale Gemeinschaft der Ukraine und ihrer durch Russland geschaffenen Probleme überdrüssig wird.

Auch in Deutschland glauben viele Menschen daran, dass die Krim russisch sei, obwohl es keine Landverbindung zu Russland gibt, sondern die Halbinsel völlig auf die Ukraine ausgerichtet war. Historisch hat die Krim eine abwechslungsreiche Geschichte. Wenn man sie irgendwo verorten will, dann bei den sogenannten Krimtataren, die bis zu ihrer Vertreibung durch Stalin die Bevölkerungsmehrheit darstellten und nach ihrem neuerlichen Exodus nach der russischen Besetzung 2014 nur noch eine kleine Minderheit bilden. Russische Propaganda ist bestrebt, vergessen zu machen, dass das in der Ukraine durchgeführte Referendum über die Unabhängigkeit des Landes nach dem Zerfall der Sowjetunion auf der Krim sogar eine – wenn auch knappe – Mehrheit erzielte. Russland versucht auch, das Budapester Memorandum von 1994 totzuschweigen, mit dem die ukrainische Regierung sich zum Abbau der auf ihrem Territorium stationierten Atomwaffen verpflichtete und dafür von Russland eine Garantie der ukrainischen Unabhängigkeit und Souveränität erhielt. Der damalige russische UNO-Botschafter Sergej Lawrow richtete 1994 ein Schreiben an den Präsidenten des UNO-Sicherheitsrates, in dem er ihn bat, das Budapester Memorandum als Dokument des Sicherheitsrates registrieren zu lassen. Die Ukraine wurde für ihre Vertragstreue bitter bestraft, ohne die Atomwaffen war sie 2014 den militärisch weit überlegenen Russen hoffnungslos ausgeliefert. Putin und Lawrow wollen bis heute möglichst nicht auf das Memorandum angesprochen werden. Internationales Recht hat für sie nur Bedeutung, wenn dies ihren Interessen dient.

Für die Bundeskanzlerin war der Ukrainekonflikt neben der Finanz- und Eurokrise, der Flüchtlingswelle und der Corona-

Pandemie die wohl größte Herausforderung ihrer Amtszeit. Seit seinem Ausbruch 2013 hatte sie sich ihm kontinuierlich gewidmet. Sie führte unzählige Telefonate mit dem ukrainischen und dem russischen Präsidenten, und immer wieder wurden auch Gespräche im Normandie-Format, also mit den Präsidenten Frankreichs, der Ukraine und Russlands, abgehalten.

Höhepunkt der Bemühungen waren die Verhandlungen im weißrussischen Minsk am 11. und 12. Februar 2015. Die ganze Nacht wurde in einem Seitenflügel des Kongresspalastes Lukaschenkos um ein Abkommen gerungen. Die militärische Situation war für den ukrainischen Präsidenten Poroschenko verzweifelt, seine Streitkräfte waren geschlagen. Es wäre für Putin ein Leichtes gewesen, bis nach Kiew vorzudringen. Aber er gab sich mit dem Erreichten zufrieden und stimmte Verhandlungen zu. Auf den Vorarbeiten der außenpolitischen Berater der vier bauend, wurde die ganze Nacht verhandelt: über den Zeitpunkt eines Waffenstillstandes, den Rückzug von Raketenstellungen, die Beobachtung der Einhaltung der Vereinbarung durch die OSZE, die Vorbereitung und Durchführung von Wahlen, eine Amnestie und die Gewährung von Autonomie für die Gebiete um Luhansk und Donezk innerhalb des ukrainischen Staatsverbandes.

Eine solche Art von Verhandlungen dauert normalerweise Wochen und Monate, hier musste ein Ergebnis innerhalb von wenigen Stunden erreicht werden. Insofern waren es keine Verhandlungen, wie man sie sich landläufig vorstellt. Es gab keinen Tisch, um den alle Parteien saßen, das meiste geschah im Stehen und in unterschiedlichen Zusammensetzungen. Deutschland war mit der Bundeskanzlerin und Außenminister Steinmeier sowie den jeweiligen engsten Mitarbeitern vertreten. Wie sie dies auch von europäischen Verhandlungen gewohnt war, hatte die Kanzlerin bei unserer Delegation die Fäden in der Hand. Immer wieder mischte sie sich ein, machte Textvorschläge, diskutierte mit den Mitarbeitern.

Auf russischer Seite war Wladislaw Surkow tonangebend. Er verbreitete ein modernes, westeuropäisches Image von sich selbst und war persönlich durchaus sympathisch, doch in Wahrheit war er der Ideologe und Scharfmacher. Wie Putin brachte er den ukrainischen Vertretern keinen Respekt entgegen, sah sie als Abgesandte eines Gebietes an, das eigentlich Russland zustand. Putin ließ ihn verhandeln; er wusste, wofür Surkow stand. Die Bundeskanzlerin legte sich mehrmals mit ihm an, blieb hart, bis Putin einschritt und ihr entgegenkam.

Die Ukrainer wussten um ihre schwierige Ausgangslage, versuchten aber natürlich, so wenig wie möglich Kompromisse einzugehen. Außenminister Pavlo Klimkin, ehemaliger Botschafter in Berlin, stand hier in vorderster Front, vertrat mit viel Herzblut ukrainische Interessen. Der französische Präsident Hollande hielt sich eher im Hintergrund, stimmte sich aber immer wieder mit der Kanzlerin ab; das Zusammenspiel zwischen den beiden und auch meinem französischen Kollegen Jacques Audibert und mir funktionierte hervorragend.

Nach der Nacht von Minsk hatten Surkow, der ukrainische Berater Audibert und ich die Aufgabe, die Umsetzung des verabschiedeten Maßnahmenpakets zu überwachen, eine äußerst mühsame Übung, wie sich sehr bald herausstellen sollte.

Im Rückblick auf die Minsker Verhandlungen sind mir Bilder von engagiert gestikulierenden Menschen im Gedächtnis geblieben, die um Halbsätze rangen, die Bundeskanzlerin mittendrin. Oder das Bild der Präsidenten Putin und Poroschenko, die nebeneinander erschöpft auf Stühlen saßen und anscheinend miteinander plauderten. Oder das Bild des mitten in dem relativ kleinen Raum befindlichen großen runden Tisches, der sich unter den Speisen bog, die regelmäßig immer wieder in den Raum gebracht wurden. Denn eigentlich hatte Lukaschenko das Essen für ein opulentes Galadiner mit den vier Staats- und Regierungschefs vorgesehen, das aber nie stattfand. Und ich erinnere mich an den Hinweis meines Russisch sprechenden

Mitarbeiters Maximilian Spinner, der sich außerhalb des Verhandlungsraumes unter die russischen Kollegen gemischt hatte, die mit ihrem Außenminister Lawrow den russischen Fernsehnachrichten folgten und sich vor Lachen bogen über die offensichtlichen Unwahrheiten, die der Sprecher dem Publikum verkündete.

Das am frühen Morgen verabschiedete Minsker Maßnahmenpaket hatte einen schweren Geburtsfehler: die Nichtrespektierung des vereinbarten Waffenstillstands durch Russland. Um den Zeitpunkt war heftig gerungen worden. Die Russen, allen voran Surkow und die ihm praktisch untergeordneten Militärs, wollten den Waffenstillstand möglichst weit hinausschieben, um noch zusätzliche Geländegewinne zu machen, insbesondere ging es ihnen um die Eroberung des strategisch wichtigen Eisenbahnknotenpunkts Debalzewe. Wir unterstützten die Ukrainer hingegen darin, einen möglichst zeitnahen Waffenstillstand zu erreichen. Es ging hin und her, die Verhandlungen drohten zu scheitern, bis Putin schließlich ein Einsehen hatte und einer kürzeren Frist zustimmte. Um null Uhr am 15. Februar 2015 sollte der Waffenstillstand beginnen.

Wir verließen Minsk zufrieden; ein Ende des Krieges war absehbar, und es bestanden gute Aussichten darauf, den Konflikt vom Schlachtfeld an den Verhandlungstisch zu verlagern. Aber Putin hatte die Rechnung ohne seine Soldaten gemacht. Sie waren an der unvermuteten Widerstandskraft der zahlenmäßig kleinen lokalen ukrainischen Kampftruppe gescheitert und hatten Debalzewe am 15. Februar noch nicht erobert – wie heute klar ist, war es ein kleiner Vorgeschmack auf das, was den russischen Truppen 2022 widerfahren sollte. Anstatt nun vereinbarungsgemäß die Kampfhandlungen einzustellen, setzten die russischen Kräfte ihre Angriffe fort, bis sie drei Tage später Debalzewe besetzt und die Frontlinie in ihrem Sinne begradigt hatten. Hinzu kam, dass die Russen und ihre Vasallen in Luhansk und Donezk in der Folge ebenfalls den Vereinbarungen zuwider die schweren Waffen nicht zurückzogen und darüber hinaus die OSZE-Beobachter regelmäßig an ihrer Arbeit hinderten und ihnen nicht gestatteten, die Grenze der besetzten Gebiete nach Russland zu beobachten. Dadurch konnten sie den von den Russen geleugneten kontinuierlichen Fluss von Waffen und Soldaten nicht bezeugen.

Diese Defizite in der Umsetzung von »Minsk« blieb den ukrainischen Abgeordneten im Parlament, der Rada, natürlich nicht verborgen. Ihre Mehrheit traute den Russen danach nicht, und deshalb hatte es Präsident Poroschenko schwer, die Gesetzes- und Verfassungsänderungen verabschieden zu lassen, die erforderlich waren, um die vereinbarten Amnestie-, Autonomie- und Wahlrechtsregelungen umzusetzen. In der Folge setzte die russische Propagandamaschine an diesem Defizit an und bezichtigte Kiew der Nichtumsetzung von »Minsk«. Die russischen Verfehlungen wurden dagegen natürlich ignoriert. Moskau setzte auf das kollektive Vergessen seiner Missetaten, dessen schlimmste der Abschuss des malaysischen Passagierflugzeugs MH 17 am 17. Juli 2014 durch russische Freischärler war. Doch das Haager Gerichtsurteil von November 2022 stellte unmissverständlich klar, dass der Kreml und seine Schergen am Tod von 298 Menschen verantwortlich waren. Moskau stellt sich bis heute schützend vor die Verantwortlichen, insbesondere den russischen Milizenführer Igor Girkin, der sich in den sozialen Medien des Abschusses des vermeintlichen ukrainischen Militärflugzeugs gerühmt hatte.

Zumindest auf dem Papier hatte das Minsker Abkommen die Perspektive einer diplomatischen Lösung des Konflikts eröffnet. In den folgenden Jahren bemühten sich vor allem die Bundeskanzlerin und mein Team mit dem unermüdlichen und kenntnisreichen Matthias Lüttenberg an der Spitze, Fortschritte bei der Umsetzung des Abkommens zu erreichen. Auch die OSZE versuchte alles für ein Vorankommen – und dabei stachen vor allem die Schweizer Heidi Tagliavini als Beauftragte und der stellvertretende Chef der Beobachtermission Alexander Hug hervor. Wir kamen auf die Idee der Einrichtung von »Entflechtungszonen«, um die Spannungen an der Front zwischen dem unbesetzten und dem besetzten Teil der Ukraine zu mindern und den zahlreichen Pendlern, vor allem den Rentnern und Kranken, den Übergang zu erleichtern.

Die Russen, denen das Schicksal der Menschen völlig gleichgültig war, versuchten dabei regelmäßig, den Status der sogenannten Volksrepublik Luhansk aufzuwerten, eine Taktik, die sie bei Abchasien und Südossetien auch unbeirrbar verfolgten. Ich hatte das ja selbst erlebt, als Putin meinen damaligen Chef Javier Solana mit seinen Marionetten, den Präsidenten dieser georgischen Territorien, konfrontiert hatte.

Ein Teilaspekt des Verhandlungsprozesses war die sogenannte Steinmeier-Formel, deren ausbleibende Umsetzung in ukrainisches Recht Putin und seine Leute nicht müde wurden anzuprangern. Es ging um eine Detailfrage, den genauen Zeitpunkt des Inkrafttretens der im Minsker Abkommen enthaltenen Bestimmungen zur Einführung eines Sonderstatus für die besetzten Gebiete und einer Amnestie nach Durchführung der ebenfalls vereinbarten Wahlen. Sollte dies sofort nach dem Urnengang erfolgen oder erst nach Bestätigung des Ergebnisses durch den Wahlbeobachter der OSZE?

Angesichts der Tatsache, dass Putin nicht im Entferntesten daran dachte, Luhansk und Donezk zurückzugeben, dass er – im Widerspruch zu »Minsk« – Pseudowahlen in den besetzten Gebieten durchführen und Tausende russische Pässe an die dortige Bevölkerung ausgeben ließ, war es natürlich besonders perfide, dass die russischen Regierungsvertreter gebetsmühlenartig das Umgießen der Steinmeier-Formel in Gesetzestexte durch die Rada einforderten. Die ukrainischen Abgeordneten waren dazu nicht bereit, weil sie den Russen – zu Recht – nicht über den Weg trauten.

Während der zahlreichen Verhandlungen zur Umsetzung des

Minsker Abkommens wurde mir klar, dass Russland es nicht wirklich implementieren wollte. Parallel zu den Verhandlungen inszenierte die Russen – in kleinerem Ausmaß allerdings auch die Ukrainer – immer wieder Waffenstillstandsverletzungen. Putin wollte die Ukraine nicht zur Ruhe kommen lassen, er wollte verhindern, dass das Land sich konsolidierte, wirtschaftlich und politisch Erfolg hatte. Denn eine prosperierende, demokratische Ukraine hätte auf Dauer natürlich die russische Bevölkerung auf den Plan gerufen, die dann ähnliche Veränderungen eingefordert hätte.

Trotz der russischen Destabilisierungsversuche und trotz der weiterhin grassierenden Korruption im Land entwickelte sich die Ukraine positiv. Der Handel mit der EU stellte nach dem Abschluss des Assoziierungsabkommens den Wirtschaftsaustausch mit Russland in den Schatten. Die Präsidentschaftswahlen verliefen demokratisch und ergaben einen friedlichen Machtwechsel. Die Ukraine befand sich auf einem guten Weg, und das ließ bei Putin die Alarmglocken klingeln.

Am 20. Februar 2022 hatte ich am Ende der Münchner Sicherheitskonferenz von Wolfgang Ischinger ihren Vorsitz übernommen. Die »offiziellen« Russen hatten die Konferenz boykottiert, doch unter den Teilnehmern aus Europa und Nordamerika bestand großes Einvernehmen: Sollte Putin die von den Nachrichtendiensten prognostizierte neuerliche Invasion wahr machen, würde er auf eine geschlossene, harte Reaktion treffen. Ich war von dieser demonstrativen kollektiven Entschlossenheit beeindruckt und hatte die Hoffnung nicht aufgegeben, dass Putin doch noch die Reißleine ziehen würde. Wie viele andere täuschte ich mich, und am 24. Februar 2022 startete Putin seinen Frontalangriff auf die ganze Ukraine, der nach nur wenigen Wochen in einer Sackgasse endete. Putin war es nicht gelungen, die Eigenstaatlichkeit der Ukraine zu beenden und das Land wieder in seinen Einflussbereich zu bringen. Er wurde auf die

Situation von 2015 zurückgeworfen, als er mit militärischen Mitteln einen Teil des Landes besetzt hatte. Nur waren dieses Mal die ukrainischen Streitkräfte sehr viel tüchtiger, und die Bevölkerung stand geschlossen hinter der Regierung und ihren Soldaten.

Warum hat Putin diesen zweiten Angriff auf die Ukraine unternommen? Neben der Tatsache, dass ihm eine unabhängige, sich Richtung EU und NATO orientierende Ukraine sowieso ein Dorn im Auge war, so spielte aus meiner Sicht eine entscheidende Rolle, dass sich Putin wegen der Corona-Pandemie zwei Jahre lang in kompletter Isolation befunden hatte. Keine Reisen, keine persönlichen Begegnungen und Gespräche mit ausländischen Politikern, die Einfluss auf sein Denken hätten ausüben können. Putin duldete nur Jasager um sich, kritische Berater oder kritische russische Persönlichkeiten ließ er nicht an sich heran, unabhängige Medien und die Zivilgesellschaft hatte er ohnehin schon ausgeschaltet. Und so glaubte er letztlich wie viele Diktatoren an seine Fantasien, etwa hinsichtlich der Überlegenheit der russischen Streitkräfte, der fehlenden Widerstandskraft der Bevölkerung der Ukraine, der er eine eigene Staatlichkeit und ihre Unabhängigkeit absprach.

Über zwei Jahre hatte er sich auch mit Angela Merkel nicht persönlich getroffen, die er ja so respektierte. Da sie nie ein Blatt vor den Mund nahm und Klartext redete, hätte sie ihn vielleicht von seinen abenteuerlichen Plänen abbringen können. Unsere Gespräche waren immer sehr offen geführt worden, auch die Berater nahmen teil und kamen zu Wort. Mir hatten sie eine »Ehrenbezeichnung« eingebracht. Putin bezeichnete mich einmal als »Halunke«, als ich ihn auf russische Defizite bei der Implementierung von »Minsk« hinwies.

Solche Überlegungen im Nachhinein anzustellen, ist müßig, ja Spekulation. Richtig ist: Putin hatte in der Vergangenheit von Vorhaben Abstand genommen, wenn er realisierte, dass der Gegenwind zu stark war, er seine Ziele nicht erreichen konnte.

Er ist ein Opportunist, der Gelegenheiten beim Schopf packt, wenn sie sich ihm eröffnen, also etwa wenn er die amerikanische Administration als schwach einschätzt. Eine ihm von Angela Merkel in einem persönlichen Gespräch vorgetragene Sicht auf die Dinge – die ukrainische Widerstandskraft, die Geschlossenheit des »Westens«, die Aussicht auf harte Sanktionen – hätte Putin vielleicht von seinem Vorhaben abgebracht. Auf der anderen Seite spricht die nach seinem zweiten Amtsantritt eingeschlagene aggressive außenpolitische Linie gegen eine solche Vermutung und eher dafür, dass Putin früher oder später eine weitere Aggression gegen die Ukraine unternommen hätte. Klar ist aber im Rückblick, dass die von Politik und Wirtschaft getragene Entscheidung, die Energieversorgung Deutschlands immer mehr in russische Hände zu geben, falsch war.

Wird es künftig noch so etwas wie einen normalen Umgang mit Putin geben können? Ich halte das für ausgeschlossen. Mit seinem Bruch des Völkerrechts, seinem Verstoß gegen die UNO-Charta, die Allgemeine Erklärung der Menschenrechte, die KSZE-Grundakte, die Charta von Paris, das Budapester Memorandum und angesichts der zahlreichen von ihm zu verantwortenden furchtbaren Kriegsverbrechen hat sich Wladimir Putin selbst aus dem Kreis der Staats- und Regierungschefs hinauskatapultiert, auf die man sich verlassen und mit denen man Verträge schließen kann. Ein Friedensabkommen, das Putins Namen trüge, wäre das Papier nicht wert, auf das er seine Unterschrift setzte. Putin, der ganz allein für den Tod Zehntausender ukrainischer (und russischer) Menschen verantwortlich ist, gehört vor ein internationales Gericht, das in der Tradition des Nürnberger Gerichtshofs, der Jugoslawien- oder Ruanda-Tribunale steht. Heute erscheint ein solcher Prozess zwar noch unvorstellbar, aber das haben sich die Nationalsozialisten, das haben sich Milošević, Karadžić, Mladić und Charles Taylor auch gedacht.

Mit Russland werden wir weiter umgehen müssen. Auch mit Vertretern der Putin-Diktatur müssen wir zum Beispiel bei den

Vereinten Nationen reden. Aber einen Neuanfang, normale Beziehungen kann es nur mit einer anderen Regierung in Moskau geben, die auf dem Boden des internationalen Rechts handelt und bereit ist, zu Hause so etwas wie seinerzeit in Deutschland die »Denazifizierung« durchzuführen: also eine »Deputinisierung«.

9. Kapitel

China: Der Umgang mit der neuen Weltmacht

Angela Merkel war noch nicht lange ins Kanzleramt gezogen, und ich war noch nicht lange als Berater für sie tätig, da kamen wir schon früh in unserer Zusammenarbeit auf die Bedeutung der Beziehungen zu China zu sprechen. Im Wahljahr 2005 betrug das Handelsvolumen mit China weniger als 70 Milliarden Euro, der Anteil Chinas am Welthandel lag bei 10 Prozent. Das ist noch keine 20 Jahre her, aber die Entwicklung des Landes verlief seit damals so rasant, dass man leicht dem Trugschluss erliegen könnte, wie heute sei es schon immer gewesen – doch Mitte der 2000er-Jahre hielt China sich auf der Weltbühne noch zurück, bezeichnete sich sogar selbst als Entwicklungsland – was es ja, wenn man sich das Pro-Kopf-Einkommen anschaute, auch war.

Die Kanzlerin ließ sich davon aber nicht beirren, sondern unterstrich immer wieder, dass eine Projektion der Wachstumsraten unweigerlich zu einem wirtschaftsstärkeren und damit auch politisch mächtigeren China führen müsse. Deshalb sollte Deutschland großes Interesse daran haben, mit dieser künftigen Weltmacht enge Beziehungen zu unterhalten. Sie machte gleich den Anfang und kündigte an, während ihrer Regierungszeit jedes Jahr nach China reisen zu wollen. Und sie setzte noch eins drauf: Sie wollte sich bei diesen Gelegenheiten nicht nur in Peking aufhalten, sondern jeweils auch eine Stadt in der chinesischen Provinz besuchen. Da blitzte wieder ihre so typische unbändige Wissbegier auf. Chinesische Kultur und Geschichte faszinierten sie, und sie wollte aus eigener Anschauung erfahren, wie das riesige Land sich organisierte und entwickelte. Trotz der vielen Defizite dieses Staatswesens hatte Angela Merkel großen Respekt davor, wie es ihm gelang, jedes Jahr Millionen Menschen aus der Armut zu einem gewissen Wohlstand zu führen. Ihr Bewusstsein für die Leistung der Volksrepublik und ihr demonstratives Interesse wurden ihr von der chinesischen Regierung hoch angerechnet, und das war eine günstige Voraussetzung, die es ihr erlaubte, immer auch kritische Themen anzusprechen.

Nach ihren Antrittsbesuchen in Europa, Israel, Washington und Moskau flog die Kanzlerin am 22./23. Mai 2006 zum ersten Mal nach China, und wie auch bei den späteren Reisen wurde sie von einer Wirtschaftsdelegation und einem Tross Journalisten begleitet; in manchen Fällen waren auch noch Bundestagsabgeordnete mit an Bord. Die Besuche in China gehörten sicherlich zu den anstrengendsten Reisen, der Abflug in Berlin-Tegel fand in der Regel abends statt. Da sie sich vorher schon akribisch mit dem Programm befasst hatte, ging die Kanzlerin nach dem Start zunächst mit ihren Beratern die wichtigsten politischen und wirtschaftlichen Themen sowie die Presselage durch, dann traf sie sich in einem kleinen Besprechungsraum nacheinander mit den Wirtschaftsvertretern und den Journalisten. In diesen Runden gab sie jeweils eine Einschätzung der Lage in China und zum Stand der Beziehungen zwischen unseren Ländern ab, machte sich mit den Einzelanliegen der Unternehmer vertraut, beantwortete die Fragen der Journalisten und tauschte sich gegebenenfalls mit den Abgeordneten aus.

Danach ging es hoch oben am nächtlichen Himmel zum »gemütlichen Teil« über, denn zum Bordservice gehörte ein Abendessen, und zum Abendessen gehörte ein gutes Glas Wein, oder vielleicht auch mehr, jedenfalls hatte man dann die nötige Bettschwere, und die meisten legten sich auch schlafen – um zwei, drei Stunden später wieder geweckt zu werden: Da die Reise gen

Osten führte, wurde es rasch hell, und die Landung in Peking stand bevor.

Vom Flughafen ging es nur kurz ins Hotel, dann begann auch schon unmittelbar der offizielle Teil des Besuches. Alle Mitglieder der Delegation waren unausgeschlafen, aber fortwährend gegen die Müdigkeit zu kämpfen hatten eigentlich nur die von uns, die so wie ich selbst eine eher passive Rolle innehatten. Der Kanzlerin und anderen, die im Rahmen des Besuchsprogramms aktiv waren, machte das meistens erstaunlich wenig aus. Meistens, wohlgemerkt, denn auch Angela Merkel konnte sich nicht immer der Natur widersetzen. Einmal traf sie nach einem mehrgängigen Mittagessen mit dem Präsidenten der Chinesischen Nationalversammlung zusammen und saß im großen Sitzungssaal der Halle des Volkes in einem bequemen Sessel. Neben ihr pries der Präsident langatmig die seiner Ansicht nach spektakulären Aktivitäten der Nationalversammlung und die großen Errungenschaften der Volksrepublik. Plötzlich sahen wir Delegationsmitglieder vom Rand aus, wie sich langsam Merkels Augen schlossen. Besorgt wanderten die Blicke zwischen unserer offenbar entschlummernden Chefin und unseren eigenen Reihen hin und her. Müssten wir etwas unternehmen, um zu verhindern, dass sich das große Schweigen breitmachte, sobald unser Gastgeber seinen Monolog beendet hatte? Aber die Kanzlerin konnte sich auf ihr Unterbewusstsein verlassen. Genau in dem Moment, als der Wortschwall versiegte, öffnete sie die Augen, schaute auf ihren von uns vorbereiteten Sprechzettel und setzte auch schon zu ihrer Erwiderung an.

Das chinesische Protokoll ist sehr strikt, daher verliefen alle späteren Besuche der Kanzlerin in Peking auf der formalen Seite genau wie ihr erster – oder auch umgekehrt. Es begann schon direkt beim Empfang mit militärischen Ehren, für den es eine feste Abfolge gab, die sich die Kanzlerin sorgfältig einprägte: Welche Wege musste sie gehen? Was musste sie zur Begrüßung sagen? Selbst diese kleinen Rituale waren also genau einzuhalten. Aber noch mal ein ganz anderes Kaliber war die angetretene Ehrengarde. In meinem beruflichen Leben habe ich keine beeindruckenderen militärischen Ehren erlebt als die chinesischen. Die Präzision der Parade war schlicht atemberaubend. Wenn die Soldaten im Gleichschritt mit hohem Tempo an der Kanzlerin vorbeidefilierten, befanden sich die Spitzen ihrer Degen nur Zentimeter vom Kopf des Hintermannes entfernt. Man konnte nur ahnen, wie viel Zeit sie mit diesem Drill verbracht hatten – und angesichts der blanken Waffen nur hoffen, dass es auch genug gewesen war.

Nach der militärischen Begrüßung ging es zur Begegnung mit dem Ministerpräsidenten, bei der meist ganz konkrete, manchmal auch kontroverse Themen behandelt wurden, zu aktuellen außenpolitischen Fragen etwa, oder im Wirtschaftsbereich zur Beschaffung von Airbus-Flugzeugen (was wurde da manchmal um die Zahl gefeilscht!).

Aber die Kanzlerin nutzte diese Gelegenheiten eben auch für kritische Fragen zur Menschenrechtslage in China. Ich hatte stets eine mit dem Auswärtigen Amt zusammengestellte Liste mit konkreten Menschenrechtsanliegen dabei, die ich am Rande des Besuchs einem Kollegen aus dem chinesischen Außenministerium übergab. Im Anschluss fragten wir dann nach, ob und was aus diesen Anliegen geworden war. Gelegentlich konnten wir Erfolge erzielen, immerhin, etwa als der Witwe des Friedensnobelpreisträgers Liu Xiaobo die Ausreise aus China genehmigt wurde, und diese beglückenden Erfahrungen machten die Mehrzahl der Fälle wett, in denen wir nicht erfuhren, was von chinesischer Seite unternommen worden war. Sofern überhaupt etwas unternommen worden war.

Die Übergabe dieser Liste gestaltete sich nach der Amtsübernahme durch Xi Jinping zunehmend schwierig: Die chinesischen Beamten weigerten sich schlicht, meinen Umschlag überhaupt entgegenzunehmen. So kam ich bei meinen letzten Besuchen unverrichteter Dinge zurück nach Berlin. Um trotzdem den Ball ins chinesische Feld zu spielen, gab ich den an den Botschafter bei der chinesischen Botschaft adressierten Umschlag einem Fahrer des Kanzleramtes, und wir konnten uns dann bei unseren Nachfragen auf die konkret erwähnten Fälle beziehen. Aber wie gesagt, Erfolge waren selten, China lässt sich in seiner auf staatliche Souveränität insistierenden Politik nicht beirren. Auch der mit viel Engagement institutionalisierte Menschenrechtsdialog war letztlich Teil einer chinesischen Schaufensterpolitik: »Seht her, wir beschäftigen uns mit diesem Thema, führen einen Dialog mit euch!« Aber es blieb ein Einbahnstraßendialog: Die Chinesen hörten sich das an – und taten nichts.

Allerdings konnte auch die Bundeskanzlerin stur sein: Bei allen Besuchen bestand sie darauf, dass eine Pressekonferenz mit dem Premierminister und ihr abgehalten wurde. Den Chinesen war so ein Medientermin natürlich ein Dorn im Auge, denn hier verloren sie die Kontrolle. Also versuchten sie zunächst, möglichst zu verhindern, dass Fragen gestellt wurden. Wenn das nicht ging, waren sie darauf erpicht, die Fragen zumindest zahlenmäßig zu begrenzen. Und sie wollten genau wissen, welche Fragen ihrem Premierminister gestellt würden. Doch auch hier bissen sie bei unseren Regierungssprechern – zunächst Uli Wilhelm, dann Steffen Seibert als sein Nachfolger – auf Granit. Ihr letzter Versuch bestand darin, Themen von vornherein auszuschließen. Aber auch das klappte nicht, im Gegenteil: Bei einem Besuch Li Keqiangs in Berlin drängten die Chinesen darauf, dass das Thema Hongkong nicht angesprochen wurde. Steffen schloss auch das aus, und wie es fast zu erwarten war, stellte ein Journalist prompt die Frage nach der Angemessenheit des brutalen Vorgehens der chinesischen Sicherheitskräfte gegen demonstrierende Oppositionelle. Die Verärgerung des chinesischen Ministerpräsidenten war sichtbar groß. Sein Gesicht wurde rot, seine Halsschlagader schwoll an. In seiner Antwort wich er allerdings beherrscht aus, verwies wie immer auf die chinesische Souveränität und die Aufgabe der Behörden, für Sicherheit und Ordnung zu sorgen.

Ebenfalls alles andere als erwünscht seitens der »offiziellen« Chinesen waren Treffen mit der Zivilgesellschaft, um die sich die Kanzlerin im Rahmen ihrer Besuchsprogramme bemühte. Hier wurde das Eis immer dünner, gar nicht gern gesehen wurden Treffen in der deutschen Botschaft mit den Anwälten von verfolgten und inhaftierten chinesischen Dissidenten. Wenn die Offiziellen von solchen Terminen Wind bekamen, versuchten sie, die Eingeladenen vom Betreten des Botschaftsgeländes abzuhalten. Den meisten gelang der Zutritt dennoch, aber sie mussten natürlich auch irgendwann wieder hinaus, und dann konnte ein solches Treffen mit der Kanzlerin für sie eine Befragung oder andere Schikanen zur Folge haben. Weitere Begegnungen hatte die Kanzlerin mit Wanderarbeitnehmern, Sozialarbeitern, kirchlichen Vertretern und der Landbevölkerung. In allen Gesprächen kam mehr oder weniger klar zum Ausdruck, wie schwierig es für die Menschen war, sich dem Druck und der Überwachung durch die chinesischen Behörden zu entziehen.

Und dann waren da bei ihren Besuchen auch noch die regelmäßigen Begegnungen auf der genau gegenüberliegenden Seite des Spektrums: der Empfang durch den Präsidenten und ein Gespräch mit ihm, das den großen weltpolitischen Themen gewidmet war. Xi Jinping empfing die Kanzlerin nicht nur in der Halle des Volkes zu offiziellen Gesprächen, sondern auch in einer Residenz in einem Park, idyllisch an einem kleinen See gelegen, an einem Tisch mit wunderbaren Eisskulpturen. Hier wurden die Gespräche intensiver, persönlicher. Xi hatte sich im Laufe seiner Amtszeit immer mehr zum Alleinherrscher entwickelt, der in der Partei und der Regierung – was letztlich immer deckungsgleicher wurde – den Ton angab. So gefährlich diese Bündelung von Macht in einer Person fraglos ist – eines musste man Xi Jinping lassen: Er widmete sich praktisch rund um die Uhr seiner Aufgabe. Familie nahm nach seiner Schilderung nur eine untergeordnete Rolle in seinem Leben ein. Und er erzählte bei einem dieser Abendessen, dass er im Jahr nicht mehr als einen Tag (und auch den nicht mal ganz) Urlaub nimmt.

Urlaub war es für die Kanzlerin zwar auch nicht, wenn sie im Anschluss an ihre Pekingaufenthalte – so ihr Kalender dies erlaubte – chinesische »Provinzstädte« besuchte, aber sie genoss es immer sehr, wenn sie den Vorsatz verwirklichen konnte, den sie für ihre Reisen nach China gefasst hatte. Provinzstädte stehen in Anführungszeichen, weil alle diese Städte größer waren als Berlin: Shanghai, Nanjing, Guangzhou, Xi'an, Tianjin, Chengdu, Hefei, Hangzhou, Shenyang, Shenzhen, Wuhan. Diese Provinzbesuche bereiteten der Kanzlerin großes Vergnügen. Häufig vom chinesischen Ministerpräsidenten begleitet, schaute sich die Kanzlerin historische Stätten, Ausgrabungen, Universitäten, Unternehmen, Museen, Kirchen, Märkte, abgelegene Dörfer und vieles mehr an. Sie war beeindruckt von der Vielfalt des Landes, von der Gastfreundschaft der Chinesen, aber auch von der Kontrolle, die der Staat unübersehbar überall ausübte.

In den 16 Jahren ihrer Amtszeit arbeitete die Kanzlerin mit zwei chinesischen Präsidenten und zwei Ministerpräsidenten zusammen. Bis 2012 bestand diese Paarung aus Hu Jintao und Wen Jiabao. Die zwei schienen perfekt miteinander zu harmonieren, denn beide kamen sehr konservativ und steif daher. Die Unterhaltungen folgten schematisch einer unsichtbaren Regie, und beide hielten sich an ihre Sprechzettel. Spontane Äußerungen oder gar unterhaltsame Improvisationen aus dem Augenblick heraus, wie man sie auf dem politischen Parkett etwa bei Barack Obama in Perfektion erleben konnte, waren bei diesen beiden unvorstellbar. Man merkte, dass sie fest in das Politbüro integriert waren, sich lediglich als dessen Sprecher sahen. Was dabei aber auch gilt: Beide sprachen mit Autorität, Wen eher zu Detailfragen, Hu zu den allgemeinen Themen. Mit beiden, aber insbesondere Wen, entwickelte Angela Merkel ein persönliches

Verhältnis, so schenkte er ihr von ihm selbst gefertigte Handzeichnungen. Als sie nach dem Ende seiner Amtszeit die Bitte äußerte, ihn noch mal wiederzusehen, war dies für das chinesische Protokoll etwas Ungewöhnliches. Aber Wen kam tatsächlich aus der tiefsten Provinz zu dem Treffen mit der Kanzlerin. Er freute sich über die persönliche Begegnung, hielt sich mit Kommentaren zur Tagespolitik jedoch völlig zurück. Darin zeigte sich, dass er ein pflichtbewusster Kader nach altem Schrot und Korn war, der keinerlei Ambitionen hegte, nach seinen durch chinesisches Gewohnheitsrecht festgelegten zwei Amtszeiten mit öffentlichkeitswirksamen Aktionen oder Äußerungen seinen Nachfolgern in der Regierung in die Parade zu fahren.

Mit dem Amtsantritt Xi Jinpings 2012 begann eine neue Ära in China und in Chinas weltweitem Auftreten. Zwischen Xi und seinem Premierminister Li Keqiang bestand ein völlig anderes Verhältnis als zwischen ihren Vorgängern. Xi war eindeutig der Boss, Li der ausführende Parteisoldat. Den Unterschied merkte man dann auch nach dem Ablauf ihrer zwei fünfjährigen Mandate 2022. Während Li wie selbstverständlich der ungeschriebenen chinesischen Verfassung folgte und frühzeitig seinen Rücktritt ankündigte, hatte Xi während seiner Amtszeit die Möglichkeiten, die das Präsidialamt bot, ausgenutzt und systematisch seine Position gestärkt. Er marginalisierte mögliche Gegner, entfernte mit einer Antikorruptionskampagne unliebsame Konkurrenten und bündelte alle Entscheidungsstränge sowohl der Partei als auch der Regierung in seinen Händen. Wie Putin, der parallel in Moskau seine Machtstellung ausbaute, engte er den Spielraum der politischen Opposition, der Zivilgesellschaft und der Medien erheblich ein. Und ebenfalls wie bei Putin war sein kontinuierlicher Machtzuwachs international nicht vorhergesehen worden; er wurde allmählich vollzogen. Zumindest dem Namen nach waren beide als »normale« Politiker angetreten und hatten sich nun zu Diktatoren gewandelt, die – wie bei dieser Spezies üblich –

auf Nationalismus und die vermeintliche Bedrohung durch äußere Feinde setzten, um sich die Unterstützung der einer eigenständigen Meinungsbildung entwöhnten Bevölkerung zu sichern. Die bei dieser Gelegenheit etablierten Überwachungsmechanismen wurden von Xi – mehr noch als von Putin – konsequent ausgebaut; mit omnipräsenten Gesichtserkennungskameras etwa wurden in China selbst die wildesten Orwell'schen Fantasien übertroffen.

Angela Merkel hatte Xi frühzeitig kennengelernt. Als sich abzeichnete, dass er Hus Nachfolger werden würde, besuchte sie ihn noch in seiner alten Funktion als Chef der Hochschule der Kommunistischen Partei, der chinesischen Kaderschmiede. Selbst in einem kommunistischen System groß geworden, war sie aufgrund ihrer Jahre in der DDR mit der Denkweise der chinesischen Kommunisten vertraut. Als sie nun im Rahmen eines Seminars die Frage stellte, wie sich der chinesische Kapitalismus, die Herausbildung chinesischer Multimillionäre mit den Zielen des Kommunismus vereinbaren lasse, brachte Merkel Xi vor seinen Studenten ins Schwitzen. Seine Antwort, dass die atemberaubende Zunahme der Anzahl der Reichen lediglich das Phänomen einer Übergangsphase sei, überzeugte sie nicht.

Direkte Fragen wie diese oder auch Hinweise und Ratschläge waren typisch für die Art und Weise, wie die Bundeskanzlerin vor anderen Staats- und Regierungschefs Kritik äußerte. Sie hatte auch nie Probleme damit, selbst gegenüber Diktatoren in dieser Form Klartext zu reden. Wichtig war ihr dabei aber auch immer – ob in Bezug auf China, Russland oder die Türkei –, gleichzeitig ihren Respekt vor dem Land und den Leistungen ihrer Gegenüber auszudrücken, also im Falle der chinesischen Führung, Hunderte Millionen Menschen aus der Armut geholt zu haben, oder bei Erdoğan den Ausbau der Infrastruktur und die Aufnahme von Millionen syrischer Flüchtlinge.

Im Zusammenhang mit China empfand ich es besonders gelungen, wie sie die Diskriminierung der ethnischen Minderheit der Uiguren ansprach. Es störte sie nicht, dass die chinesische Führung es hasste, auf interne Entwicklungen angesprochen zu werden, und ihre Vertreter aufgrund ihrer selektiven Interpretation des internationalen Rechts, also der Priorisierung des Souveränitätsprinzips gegenüber der internationalen Menschenrechtsordnung, dazu anhielt, das Thema immer auszuklammern bzw. vor Besuchen darauf zu drängen, dass die Situation der Uiguren (genauso wie die Unterdrückung der Tibeter oder die Verfolgung von Dissidenten) von der Kanzlerin oder anderen Offiziellen nicht angesprochen wurde.

Wie gesagt scherte sich Angela Merkel nicht darum. Mit Blick auf die Uiguren riet sie ihren Gesprächspartnern, eine Politik der Integration und nicht der Diskriminierung zu verfolgen, und verwies auf den Erfolg unserer Fußballnationalmannschaft: Ohne die Politik der Integration und die dadurch auch im Kader entstandene Diversität wäre Deutschland 2014 nicht Weltmeister geworden. Oder sie empfahl, in den – auch deutschen – Unternehmen in der Provinz Xinjiang Uiguren einzustellen, um so deren Integration und auch ihre wirtschaftliche Situation zu verbessern. Zu ihrem Bedauern gingen die Gesprächspartner auf ihre Vorschläge nicht ein, die Antwort: »Han-Chinesen wollen nicht Seite an Seite mit Uiguren Fußball spielen bzw. arbeiten«, zeugte vielmehr sogar vom ausgeprägten Zynismus, ja Rassismus der chinesischen Führung. Dazu muss man wissen, dass den Uiguren das Arbeiten auch in internationalen Unternehmen durchaus erlaubt war, aber eben getrennt von den Han-Chinesen auf eine Art und Weise, die nicht nur von Menschenrechtsorganisationen als Zwangsarbeit bezeichnet wird.

Dass diese diskriminierende Haltung in China von einer breiten Bevölkerungsschicht betrüblicherweise mitgetragen wird, verdeutlichten der Kanzlerin ihre Gespräche mit Vertretern der Zivilgesellschaft. So ließ das Schicksal der Uiguren nach meinem Eindruck die »normalen« Chinesen kalt. Und den nach der Bewahrung ihrer kulturellen Identität strebenden Tibetern wurde auch aus Reihen der Bevölkerung unterstellt, in Wahrheit Separatisten zu sein, die eine Abtrennung Tibets von China anstrebten.

Am 23. September 2007 empfing die Kanzlerin den Dalai Lama im Kanzleramt. Ein politischer Paukenschlag! Bereits als Oppositionsführerin hatte sie sich mit ihm getroffen, aber als Regierungschefin? Intern hatten wir uns überlegt, ob die Begegnung an anderer Stelle, in der CDU-Parteizentrale oder einem Hotel, stattfinden sollte, aber das hätte unnatürlich, halbherzig gewirkt.

Im Vorfeld des Besuches hob die Kanzlerin hervor, dass mit dem Empfang des geistigen Oberhaupts der Tibeter keine Abkehr von der Ein-China-Politik der Bundesregierung verbunden sei, also der Anerkennung der Volksrepublik als einzigen souveränen chinesischen Staat. Vielmehr gehe es um eine demonstrative Unterstützung der Bemühungen des Dalai Lama um die Wahrung der kulturellen Identität der Tibeter – übrigens eine Forderung, die ihre Grundlage in der chinesischen Verfassung selbst hat. Dennoch gab es seitens der chinesischen Führung die zu erwartenden Proteste, die in der Folge auch mit einigen diplomatischen Spitzen garniert wurden, doch scharfer Widerspruch kam auch aus dem Lager des Koalitionspartners SPD – Außenminister Steinmeier und Altkanzler Schröder empörten sich, die Beziehungen zu China seien zu wichtig, mit dem Empfang des Dalai Lama setze man sie aufs Spiel. Da wir fair sein wollten, hatte ich kurz vor dem Besuch den chinesischen Botschafter Ma Canrong darüber in Kenntnis gesetzt. Als ein Deutschland sehr zugeneigter Kollege zeigte er sich überaus bestürzt, und ich hatte etwas Angst um ihn, weil ich es nicht ausschließen konnte, dass Peking ihn für das Kommen des Dalai Lama mitverantwortlich machen würde. Aber er blieb glücklicherweise im Amt und unser Verhältnis auch über das Ende seines Mandates hinaus freundschaftlich. Er wusste unsere Offenheit zu schätzen.

Neben den Sozialdemokraten zeigte sich hierzulande auch die

deutsche Wirtschaft nachhaltig verärgert, Terminabsagen vonseiten der Chinesen schienen ihre Sorge um ein schlechter werdendes Verhältnis zu verstärken. Das SPD-geführte Auswärtige Amt setzte sich mit den Chinesen zusammen und verfasste eine Erklärung, in der in verschwurbelter Form Abbitte geleistet wurde. Aber auch die Kanzlerin ignorierte die negativen Reaktionen nicht, und so sprach ich auf ihre Bitte hin mit Unternehmern. Es war kein leichtes Treffen; meine Hinweise auf eine werteorientierte Außenpolitik, ohne deswegen eine Abkehr von der Ein-China-Politik zu beabsichtigen, verfingen nicht. Andererseits erhielten wir viel Lob von zivilgesellschaftlichen Organisationen.

Als ich Deutschland zehn Jahre später bei den Vereinten Nationen vertrat, erlebte ich tagtäglich, wie das Selbstbewusstsein Chinas immer größer wurde und damit auch der Wille zur Durchsetzung seiner Interessen. Die Entwicklung wurde dadurch verstärkt, dass sich immer mehr Länder wirtschaftlich von China abhängig gemacht hatten, und autoritäre Staaten begrüßten und unterstützen aus Eigennutz ausdrücklich dessen Interpretation des Völkerrechts, die schon angesprochene Unterordnung allen Handelns unter das Souveränitätsprinzip. Danach hat es keinen etwas anzugehen, was China mit seinen Minoritäten anstellt, den Uiguren, Tibetern, Mongolen, Koreanern und vielen anderen.

Dankenswerterweise ließ mich Außenminister Heiko Maas machen, und so nutzte ich die Möglichkeit, die mir die Mitgliedschaft im Sicherheitsrat 2019 und 2020 bot, gegen China (und Russland) auf Konfrontationskurs zu gehen, wenn von diesen beiden Ländern das Völkerrecht und die Allgemeine Erklärung der Menschenrechte verletzt wurden. Mein Verhältnis zum chinesischen UNO-Botschafter war ein anderes als zu Ma Canrong, seinem damaligen Kollegen in Berlin; zum Abschluss der deutschen Mitgliedschaft im Sicherheitsrat Ende 2020 schenkte er mir ein »Und tschüss, auf Nimmerwiedersehen!«, er sei froh, dass er mich los sei.

Zurück in Berlin, traf ich alsbald wieder mit deutschen Wirtschaftsvertretern zusammen, doch diesmal wurde ich anders aufgenommen als 15 Jahre zuvor. Viele Unternehmer hatten inzwischen die mit dem Engagement in China verbundenen Risiken erkannt. Bei allen wirtschaftlichen Vorteilen über die Jahre hinweg hatte sich bei den meisten die Erkenntnis durchgesetzt, dass die hohe Abhängigkeit von einem autoritären System große Risiken birgt, und die Notwendigkeit der Diversifizierung erschlossen.

Die Bundeskanzlerin hatte sich auf den Machtwechsel in China gut vorbereitet. Sowohl Premierminister Li Keqiang als auch Präsident Xi Jinping gegenüber bemühte sie sich um ein gutes persönliches Verhältnis und wurde von beiden – wie schon von deren Vorgängern – auch als Freundin Chinas betrachtet. Das half bei der Entwicklung der wirtschaftlichen Beziehungen, aber auch der Möglichkeit, kritische Themen anzusprechen – und davon gab es weiterhin zuhauf. Im Wirtschaftsbereich standen weiterhin der Diebstahl geistigen Eigentums, der Zugang zu den Märkten und unfaire Handelspraktiken auf der Tagesordnung, außenpolitisch trat China immer aggressiver auf. Das manifestierte sich insbesondere vor seiner Haustür im Südchinesischen Meer, wo es sich an seinen eigenen, willkürlich gesetzten Seegrenzen, der »9-Strich-Linie«, orientierte und die Souveränität über dieses Gebiet beanspruchte, was etwa 80 Prozent dieses Meeres zwischen China, den Philippinen, Malaysia und Vietnam entspricht.

Kritisch wurde es für China allerdings nach 2013, als sich der internationale Ständige Schiedshof in Den Haag mit der chinesischen Grenzziehung befasste und 2016 urteilte, sie verstoße gegen das Völkerrecht. Anders als es das für Russland in einem vergleichbaren Fall wäre, war der Gerichtsbeschluss für China eine mittlere Katastrophe. Während Putin sich nicht um internationales Recht schert, will China zumindest den Anschein erwecken, sich an die Regeln der Weltgemeinschaft zu halten. Zu seinem Ehrgeiz, die USA als führende Weltmacht abzulösen, passt es nicht, als Rechtsbrecher dazustehen. Da die Befassung des Gerichts nicht zu ändern war, setzte die chinesische Diplomatie schon vor dem Urteilsspruch alles daran, zu verhindern, dass der zu diesem Zeitpunkt noch mutmaßliche Rechtsbruch – die Philippinen hatten vor dem Schiedshof geklagt – thematisiert wurde. Auf dem Asia Europe Meeting (ASEM) in Mailand verbrachte Ministerpräsident Li Keqiang eine gefühlte Stunde damit, auf die Kanzlerin einzureden und sie davon abzuhalten, das Thema auf der Konferenz anzusprechen. Li war nur teilweise erfolgreich: Sie betonte die Bedeutung der Beachtung des Völkerrechts, ohne allerdings China frontal zu attackieren.

An diese Episode musste ich 2020 zurückdenken, als ein chinesisches Schiff einen einheimischen Fischkutter in der vietnamesischen Wirtschaftszone versenkte, die China allerdings nicht anerkennt. Hier ging es wieder einmal um einem Konflikt zwischen dem Völkerrecht und den chinesischen Rechtsansprüchen. Ich fragte meinen vietnamesischen Kollegen, ob er den Zwischenfall auf die Tagesordnung des UNO-Sicherheitsrates setzen wolle, der ja für die Wahrung von Frieden und Sicherheit zuständig ist. Zwar war der Botschafter erbost über das chinesische Verhalten, winkte aber ab: Für Hanoi seien die Wirtschaftsbeziehungen mit China zu wichtig. Die Angst vor chinesischen Wirtschaftssanktionen nach einer von Peking als unfreundlichen Akt empfundenen Befassung des Sicherheitsrates sei so groß, dass seine Regierung die chinesische Aggression im Südchinesischen Meer letztlich toleriere.

Doch ich merkte, dass mein Kollege über die Zurückhaltung seiner Regierung verärgert war, denn er wollte die Sache nicht auf sich beruhen lassen und kam einige Tage später mit einem Vorschlag auf mich zu: Deutschland und Vietnam sollten in New York eine Freundesgruppe zur Stützung des Internationalen Seerechts gründen. Dagegen könne niemand etwas haben, gleichzeitig sei jedem am Thema Interessierten bewusst, wem solch ein Schritt gelte. Wir einigten uns per Handschlag und begannen damit, die künftige Arbeit der Gruppe inhaltlich vorzubereiten und Mitglieder zu gewinnen. Ich hatte das Glück, dass im Auswärtigen Amt die spätere Staatssekretärin Susanne Baumann meine »Weisungsgeberin« war. Wir kannten und schätzten uns, seit sie als Referatsleiterin in meiner Abteilung im Kanzleramt tätig gewesen war. Sie hatte keine Einwände gegen die Aktion, und so trafen sich an meinem buchstäblich letzten Arbeitstag im Juni 2021 an die 100 Kollegen zur Gründungsveranstaltung der Gruppe in der deutschen UNO-Botschaft. Damit war in New York ein dauerhafter Markstein für die Stärkung des Völkerrechts gesetzt.

Die von Xi Jinping betriebene aggressivere Außenpolitik bereitete der Kanzlerin Kopfzerbrechen. Wie gesagt hatte sie sich erfolgreich um ein persönliches Verhältnis mit dem Präsidenten bemüht, was es ihr erlaubte, bei seinem Besuch in Berlin 2014 diese Politik anzusprechen. Sie führte aus, dass Deutschland – auch aufgrund seiner Geschichte – gegenüber seinen Nachbarn in Europa eine Politik betreibe, die von Rücksichtnahme auf die zumeist kleineren Länder gekennzeichnet sei. Als großer, wirtschaftsstärkster Staat in Europa sehe sie sich in der Pflicht, bei Streitigkeiten nachzugeben und Kompromisse zu suchen. Präsident Xi antwortete, dass er eine andere Schlussfolgerung aus der chinesischen Geschichte ziehe: China sei immer ein Hegemon in Asien gewesen. Die geschichtlich betrachtet kurze Schwächephase seines Landes gehe jetzt glücklicherweise zu Ende und dürfe sich nicht wiederholen. Er werde deswegen niemals auch nur einen einzigen Quadratmeter Territorium aufgeben, der irgendwann einmal Teil Chinas gewesen sei.

Doch die Bundeskanzlerin gab nicht auf, bemühte sich weiter um konstruktive Beziehungen mit dem immer selbstbewussteren und stärkeren China. Deshalb lag aus ihrer Sicht auch kein Segen auf der nicht minder aggressiven US-Politik gegenüber China. So wollte sie Huawei und dessen 5G-Technik nicht völlig vom europäischen Markt fernhalten und arbeitete bis Ende 2021 auch intensiv an der Verabschiedung eines Investitionsschutzabkommens mit China, von dem sie sich bessere Bedingungen für die europäische Wirtschaft und durch die Anerkennung der ILO-Standards vonseiten Chinas auch einen höheren Schutz für chinesische Arbeitnehmer versprach. Doch aus dem Abkommen wurde nichts. Die US-Regierung von Präsident Biden ließ die Europäer wissen, dass sie es für wenig hilfreich halte, und die Chinesen schossen ein Eigentor, als sie kritische Abgeordnete des Europäischen Parlaments sanktionierten, denn damit hatten sie das gesamte Parlament gegen sich aufgebracht, das für die Ratifizierung des Abkommens benötigt wurde.

Zum Ende der Amtszeit Angela Merkels hatte sich das deutsch-chinesische Handelsvolumen im Vergleich zu ihrem Amtsantritt mit rund 250 Milliarden Euro fast vervierfacht. Der Anteil Chinas am Welthandel hatte sich verdoppelt und lag bei 20 Prozent. Beide Seiten hatten davon profitiert: China war kein Entwicklungsland mehr, auch wenn noch nicht die gesamte Bevölkerung aus der Armut geholt worden war. Technologisch war China in vielen Bereichen in die Spitzenklasse aufgerückt. In dieser Hinsicht hatte die Abhängigkeit von Europa und den USA drastisch abgenommen, umgekehrt war die deutsche Wirtschaft zunehmend vom chinesischen Markt abhängig geworden. Viele Konzerne insbesondere in der Automobilbranche verdankten ihre guten Ergebnisse hauptsächlich ihrem China-Engagement.

Doch spätestens seit Beginn des Russlandkrieges gegen die Ukraine, die die Abhängigkeit des deutschen Energiesektors von der anderen totalitären Großmacht schmerzlich vor Augen führte, machen sich Politik und Wirtschaft vermehrt Sorgen. Was muss unternommen werden, um vor den Folgen eines möglichen heißen geopolitischen Konflikts mit China geschützt zu sein? Ein solcher könnte ausbrechen, wenn China versuchen würde, Taiwan militärisch seiner Kontrolle zu unterwerfen, wie es auf andere Weise auch schon mit Hongkong geschehen ist, denn von dem Prinzip »Ein Land, zwei Systeme«, das 1997 bei der Übergabe Hongkongs von den Briten an die Chinesen noch beschworen wurde, ist unter Xi Jinping nicht viel übrig geblieben. Er hat die Welt nicht im Unklaren darüber gelassen, dass eine »Heimholung« Taiwans auf seinem Programm steht. Und US-Präsident Biden, für den die Rivalität mit China ganz oben auf der Agenda steht, hat seinerseits angekündigt, dass ein solches Vorgehen Chinas nicht ohne schwerwiegende Konsequenzen bleiben würde. Anders als bei der russischen Aggression gegen der Ukraine hat er ein direktes militärisches Eingreifen der USA nicht ausgeschlossen.

Hier ist nicht der Ort, um weiter zu spekulieren, was alles passieren könnte. Allein, dass der Ausbruch eines Krieges um die Taiwanfrage nicht völlig abwegig ist, muss aber Anlass sein, über die Orientierung der Außen- und Wirtschaftspolitik nachzudenken und zu konkreten Schlussfolgerungen zu kommen. Aus wirtschaftspolitischer Sicht liegt es auf der Hand, was zu tun ist: diversifizieren, diversifizieren, diversifizieren! Deutsche und europäische Unternehmen müssen daran arbeiten, sowohl bei ihren Importen und Exporten als auch bei ihren Investitionen sicherzustellen, dass ein Ausfall des chinesischen Marktes nicht zu existenziellen Konsequenzen führen kann. Andere asiatische, aber auch Märkte auf anderen Kontinenten müssen ins Auge gefasst werden, auch wenn die Markterschließungen mühsamer als in China sind. Hier sollten die Wirtschaftsverbände, die Bundesregierung und die Europäische Kommission an einem Strang ziehen.

Politisch gilt es ebenfalls dagegenzuhalten. Das ist weitaus komplizierter als in der Wirtschaft, denn hierzu bedarf es eines globalen Ansatzes. Die tägliche Praxis bei den Vereinten Nationen in New York und Genf macht dem Beobachter die Lage klar: Wir befinden uns in einem Systemwettbewerb. China arbeitet konsequent daran, Unterstützer für seinen Ansatz zu finden, das

Schwergewicht auf nationale Souveränität zu legen. Internationales Recht, internationales humanitäres Recht und internationale Menschenrechte sind aus dieser Perspektive nur von untergeordneter Bedeutung. Autoritäre Staaten finden diesen Ansatz natürlich sehr sympathisch und unterstützen China, das für sich eine Führungsrolle beansprucht. Es will den bisherigen Hegemon USA ins Abseits drängen und profitiert von deren innerer Zerrissenheit und nachlassendem internationalem Engagement. Der überstürzte Abzug aus Afghanistan und der ausbleibende Gestaltungswille Washingtons im Nahen und Mittleren Osten, in Lateinamerika und Afrika bestärken Peking in seiner Absicht, die USA bzw. den »Westen« als Führungsmacht abzulösen.

Nun kann man sich mit diesem Trend abfinden und darauf hoffen, dass die neue Weltordnung eine Nische für ein demokratisches, rechtsstaatliches Europa lässt – oder man kann gegen ihn angehen. Sich erfolgreich gegen die chinesischen Ambitionen zu stellen und eine mögliche Trendumkehr zu erreichen, erfordert zunächst, dass sich die europäischen Regierungen keinen Sand in die Augen streuen, sondern die gemachte Analyse teilen und die notwendigen Konsequenzen ziehen.

Dazu gehört, dass wir die globale Natur des jetzt stattfindenden Ordnungskampfes akzeptieren. Die Kategorien des Kalten Krieges – Ost gegen West – sind überholt, auch wenn der »Westen« gern an »westlichen« Werten festhält. Aber das führt direkt in die Defensive, denn die »westliche« Führungsmacht hat in der Vergangenheit internationales Recht immer wieder verletzt: Guantanamo, Abu Ghraib, Drohnenangriffe auf Zivilisten in Afghanistan, der zweite Irakkrieg, die Verletzung rechtlich verbindlicher Resolutionen des UNO-Sicherheitsrates vom Iranabkommen über die Verlegung der US-Botschaft nach Jerusalem bis hin zur Anerkennung der territorialen Souveränität Israels hinsichtlich der Golanhöhen und Marokkos hinsichtlich der Westsahara. Genüsslich zählen die Vertreter Chinas und Russlands diese »Double Standards« regelmäßig auf, um für sich und ihren Ansatz der Überhöhung nationaler Souveränität zu werben. Das Festhalten am »westlichen« Ansatz erschwert es, die ebenfalls nicht von der Hand zu weisende Verlogenheit der russischen und chinesischen Argumentation zu entlarven. Selbst das zum Himmel schreiende Unrecht, das Russland der Ukraine antut, wird von manchen mit dem Hinweis auf angebliche Doppelstandards relativiert.

Der Systemwettbewerb kann aus meiner Sicht nur durch die Rückbesinnung auf die Grundlagen der Nachkriegszeit gewonnen werden, eine Rückbesinnung auf die Schlussfolgerungen, die die Roosevelts, Trumans, Churchills, de Gaulles und Adenauers ihrer Zeit aus dem Grauen des Zweiten Weltkriegs gezogen hatten: In Deutschland, Europa und der ganzen Welt sollte die Stärke des Rechts und nicht mehr das Recht des Stärkeren gelten. Deutschland und Mitteleuropa schenkte dieser Ansatz die längste friedliche Periode ihrer Geschichte. Da es auf globaler Ebene nur beschränkt Durchsetzungsmöglichkeiten für die Geltung des Rechts gibt und anders als in der Europäischen Union Völkerrechtsverletzer in den meisten Fällen nicht zur Rechenschaft gezogen werden, konnten sich die Charta der Vereinten Nationen und die Allgemeine Erklärung der Menschenrechte nicht im gleichen Maße Geltung verschaffen wie das Grundgesetz und die europäischen Verträge.

Aber – und das ist meine Schlussfolgerung – wir dürfen diesen Kampf um die Respektierung der durch die Vereinten Nationen vorgegebenen Grundregeln nicht aufgeben. Dies sind eben keine »westlichen« Regeln, dies ist ein globales Regelwerk, dem sich alle fast 200 Mitgliedstaaten der Vereinten Nationen verschrieben haben. Angesichts des chinesischen und russischen Angriffes auf diese Grundlage müssen wir unseren Einsatz intensivieren. Dazu gehört, dass die Europäische Union ihre Hausaufgaben macht und die Verletzung europäischen Rechts durch Ungarn und Polen nicht als Kavaliersdelikt auf die leichte Schulter nimmt. Dazu gehört, dass die USA das internationale

Recht generell akzeptieren und sich danach richten, ihren »Menu à la carte«-Ansatz aufgeben und vom »Exceptionalism« Abstand nehmen, bei dem internationales Recht nur dann willkommen ist, wenn es amerikanischen Interessen dient. Und dazu gehört, dass weltweit, auf allen Kontinenten der Kampf um die Geltung des internationalen Rechts aufgenommen und der chinesische Vormarsch gestoppt wird.

Auch hier ist Deutschland gefragt: Als viertstärkste Volkswirtschaft der Welt müssen wir Verantwortung übernehmen, nicht nur in Sonntagsreden, sondern in der Praxis, konkret etwa im diplomatischen Alltag durch eine massive Aufstockung des Personals an unseren Auslandsvertretungen außerhalb der Europäischen Union. Wir dürfen den chinesischen Großbotschaften zum Beispiel in Afrika keine Kleinstvertretungen entgegensetzen, sondern sollten die Instrumente und Mittel des Auswärtigen Amtes und des Bundesministeriums für Wirtschaftliche Zusammenarbeit bündeln, um vor Ort schlagkräftiger den Wettbewerb mit China aufnehmen zu können. Viele Länder, nach meinem Eindruck sogar der Großteil, erwarten fast sehnsüchtig unseren Einsatz. Wir verfügen weltweit durch unsere maßvolle, auf Ausgleich setzende Politik über einen hervorragenden Ruf. Unser Einsatz für die Vereinten Nationen und ihre Unterorganisationen – wir sind zweitgrößter Geber! – wird geschätzt. Und wenn wir unseren Einsatz mit dem unserer europäischen und transatlantischen Partner koordinieren, dann können wir den Systemwettbewerb gewinnen, dann können wir die vielen hin- und hergerissenen Staaten auf allen Kontinenten für das Konzept gewinnen, das die Stärke des Rechts über das Recht des Stärkeren stellt. Denn mit Rechtsstaat, Demokratie, Pluralismus und einer starken Zivilgesellschaft haben wir und andere Länder nach dem Zweiten Weltkrieg unglaubliche Fortschritte erzielt und bewiesen, dass wir totalitären Staaten überlegen sind.

Was heißt das für China? Das ist schwer vorherzusagen. Im günstigen Fall erkennt die chinesische Elite, dass der auf die

Person des Präsidenten Xi Jinping konzentrierte Ansatz in die Irre führt, und drängt auf mehr Pluralismus. Oder China verfolgt unter Xi die Putin'sche Kopf-durch-die-Wand-Politik, der wir dann hoffentlich ebenfalls eine gestärkte internationale Front entgegensetzen können.

Das Ergebnis des 20. Kongresses der Kommunistischen Partei Chinas (KPC) im Oktober 2022 lässt allerdings nichts Gutes ahnen. Dass Xi die bisherige Begrenzung der Amtsdauer des Präsidenten aufhob und das oberste Führungsgremium der Partei (und damit des Staates) nur mit loyalen Gefolgsleuten besetzte, verdeutlicht seinen absoluten Führungsanspruch. Diesen unterstrich er noch zusätzlich mit der Demütigung seines Vorgängers Hu Jintao, den er vor laufenden Kameras aus dem Parteitag abführen ließ. Auch dies ein symbolischer Akt, mit dem Xi das Ende des vom Reformer Deng Xiaoping eingeführten kollektiven Führungssystems unterstrich, für das sein Vorgänger stand. Auch der von Xi unter großem Applaus wiederholte Anspruch auf die Einverleibung Taiwans – notfalls mit militärischen Mitteln – müssen wir ernst nehmen. Angesichts der großen Wirtschaftsprobleme des Landes – Ineffizienzen in vielen staatlichen Betrieben, eine massive Immobilienblase und vor allem die negativen demografischen Aussichten – könnte Xi – wenn er wie Putin 2012 unter Druck gerät – zum Anlass nehmen, eine noch nationalistischere Politik zu betreiben und mit einem Angriff auf Taiwan die Bevölkerung hinter sich zu scharen, um den Unmut über die schlechte wirtschaftliche Entwicklung im Keim zu ersticken. Was Xi in dem Fall mit möglichen Kritikern anstellt, haben die Hongkonger Dissidenten am eigenen Leib verspürt, als sie sich gegen die verabredungswidrige Einverleibung ihrer bis dahin demokratisch regierten Stadt gewehrt hatten. Es wäre vermessen zu glauben, dass eine solche Entwicklung allein durch gutes Zureden einzelner Staats- oder Regierungschefs aufgehalten werden könnte. Dies kann nur gemeinsam geschehen, nur mit Partnern aus möglichst allen Kontinenten.

Als ich mich im Herbst 2021 anschickte, den Vorsitz der Münchner Sicherheitskonferenz zu übernehmen, einer von China wertgeschätzten Veranstaltung, klopfte plötzlich Shi Mingde, der langjährige chinesische Botschafter in Berlin, an meine Tür. Während meiner Zeit als außenpolitischer Berater der Bundeskanzlerin hatten wir ein freundschaftliches Verhältnis zueinander entwickelt. Er schien extra von Peking nach Berlin gekommen zu sein, um sich zu vergewissern, dass den chinesischen Vertreter bei der nächsten Konferenz im Februar 2022 nicht ein unfreundlicher Empfang erwartete, wie ihn seine Regierung wohl nach meiner Abschiedsrede im UNO-Sicherheitsrat befürchtete. Ich beruhigte ihn insoweit, als dass ich ihm versicherte, ich würde wie mein Vorgänger Wolfgang Ischinger großen Wert auf die Anwesenheit chinesischer Offizieller in München legen. Es würde aber sicherlich helfen, wenn sich China an internationales Recht hielte.

Außenminister Wang nahm dann tatsächlich an der Konferenz teil – anders als die Vertreter Russlands, die wenige Tage vor der russischen Invasion in die Ukraine wohl keine Teilnahmeerlaubnis mehr von Putin bekommen hatten.

10. Kapitel

Die globale Verantwortung Deutschlands: Afrika, Lateinamerika, Asien

Es dauerte bis 2007, bis die Bundeskanzlerin ihre erste Afrikareise antrat. Wie in der gesamten deutschen Außenpolitik war Afrika auch bei Angela Merkel zunächst eher ein Randthema. Die Bedeutung dieses Kontinents im Hinblick auf die Chancen, die er bietet – wie Zukunftsmärkte für unsere Exportwirtschaft, Rohstoffe und Arbeitskräfte für unser alterndes Land –, aber auch die Gefahren, die mit ihm verbunden sind – wie gewalttätige Konflikte, Auswirkungen des Klimawandels und mögliche Flüchtlingsströme –, waren den wenigsten bewusst. Wie immer bereitete sich die Kanzlerin akribisch auf ihre erste Reise vor – und man kann sagen, dass sie wie gewandelt nach Berlin zurückkam: Aufgrund ihrer persönlichen Eindrücke in Äthiopien, Südafrika und Liberia stieg der Kontinent auf ihrer Prioritätenliste auf ins Vorderfeld.

Häufig waren einzelne Persönlichkeiten mitverantwortlich für Merkels Prägung: Bob Kimmitt in Sachen USA, Shimon Stein bei Israel und nun Hartwig Fischer hinsichtlich Afrikas. Dem »Afrika-Fischer« genannten Abgeordneten gelang es, das Thema immer wieder auf die Tagesordnung der CDU/CSU-Fraktion zu setzen, wobei er im Fraktionsvorsitzenden Volker Kauder Unterstützung fand. Über den ganzen Kontinent verteilt, verfügte Fischer über ein Netzwerk an Kontakten, und mit liebenswertem Nachdruck half er nach, auch im Kanzleramt Interesse daran zu wecken. Später sollte dann Bundespräsident Horst Köhler mit seinem Engagement auf höchster Ebene dafür sorgen, dass Afrika auf der politischen Tagesordnung Deutschlands einen festen Platz erhielt. Auf ihren jeweiligen Ebenen sorgten beide auch dafür, dass sich auf unserem südlichen Nachbarkontinent viele Sympathien für Deutschland entwickelten.

Erste Station auf Merkels Reise im Juli 2007 war Äthiopien, ein für sich schon politisch wichtiges Land, darüber hinaus befindet sich in seiner Hauptstadt Addis Abeba der Sitz der Afrikanischen Union. Äthiopien ist zwar eine Demokratie, aber die vielen miteinander streitenden Ethnien lassen es bis heute nicht zur Ruhe kommen. Bisher gelang es keinem Ministerpräsidenten, für einen Ausgleich zwischen den unterschiedlichen Interessen zu sorgen, und ausgerechnet mit Abiy Ahmed im Amt explodierte die Situation im November 2020: Ein Jahr zuvor hatte er wegen seiner Versöhnungspolitik mit dem nördlichen Nachbarn Eritrea noch den Friedensnobelpreis und für die erfolgreiche Beendigung von Konflikten im eigenen Land den Hessischen Friedenspreis erhalten, nun war er verantwortlich für schlimmste Menschenrechtsverletzungen in dem als Folge von Unabhängigkeitsbestrebungen in der Region Tigray begonnenen Bürgerkrieg.

Merkels Gegenüber im Jahr 2007, Meles Zenawi, gehörte zu den tonangebenden Regierungschefs in Afrika, mit ihm konnte die Kanzlerin über das Thema gute Regierungsführung auf dem Kontinent reden, mit ihm ließ sich ein ihr sehr wichtiges Dreiecksprojekt mit Israel zur optimalen Bewässerung landwirtschaftlicher Flächen umsetzen. Abgesehen von den substanziellen Gesprächen bleibt die extravagant ausgestattete Residenz des Regierungschefs in Erinnerung, in der man aufpassen musste, nicht über einen Löwenteppich zu stolpern.

Der Afrikanischen Union schenkte Merkel besondere Aufmerksamkeit. Sie setzte viel Hoffnung darauf, dass sich Afrika ähnlich entwickeln würde wie Europa, mit einem gemeinsamen Markt und einer Bündelung der politischen Kräfte. Organisiert war die AU bereits ähnlich wie die EU, es gab eine rotierende Präsidentschaft, eine Kommission und eine parlamentarische Vertretung, allerdings klaffte noch ein großer Unterschied zwischen Anspruch und Wirklichkeit. Dieser Anspruch lautete, afrikanische Lösungen für afrikanische Probleme zu finden, aber es funktionierte nur selten, ihm gerecht zu werden oder ihn gar zu erfüllen: Zu unterschiedlich waren die Interessen, zu wenig ausgeprägt der politische Wille, zu Kompromissen zu gelangen. Gemessen daran, dass viele Länder erst seit wenigen Jahren unabhängig und noch keine gefestigten Demokratien waren, waren unsere Erwartungen an sie allerdings auch sehr hoch, vielleicht zu hoch.

Aus einem Gespräch mit dem ugandischen Präsidenten Yoweri Museveni am Rande eines EU-AU-Gipfels kam die Kanzlerin nachdenklich zurück. Unserem Sprechzettel folgend, hatte sie die Diskriminierung und Kriminalisierung von Schwulen und Lesben in seinem Land angesprochen, worauf Museveni, dem von weiteren das Gespräch verfolgenden afrikanischen Staats- und Regierungschefs zugestimmt wurde, kritisierte, dass wir an ihre noch sehr jungen Länder mit durchwegs sehr konservativen Gesellschaften dieselben Maßstäbe anlegten, wie sie für unsere reifen Demokratien gelten würden. Sollte er sich zu Hause für Schwule verwenden, würde er politisch hinweggefegt werden. Die Aussage des ugandischen Präsidenten konnte man nicht einfach beiseitewischen. Dennoch durfte sie keinesfalls als Legitimierung für die in vielen afrikanischen Ländern immer noch zu beobachtende Verfolgung – auch Strafverfolgung – von Schwulen und Lesben durchgehen. Gerade bei Museveni gesellte sich zu seiner illiberalen gesellschaftlichen Haltung die völlig inakzeptable Verfolgung der Opposition. Uganda ist der typische Fall eines afrikanischen Landes mit einer jungen, dynamischen Bevölkerung, die durch eine autoritäre Regierung an ihrer Entfaltung gehindert wird – zum Nachteil seiner wirtschaftlichen Entwicklung.

Doch trotz aller Defizite war der Kanzlerin die Afrikanische Union sehr wichtig. Ihr Wohlwollen manifestierte sich auch in der Erfüllung des AU-Wunsches nach dem Bau eines Sitzes für die mit Außen- und Sicherheitspolitik befassten Gremien. Doch auch China hatte der AU die Errichtung eines Gebäudes zugesagt. Als die Kanzlerin zehn Jahre danach zur Einweihung des deutschen Hauses wieder nach Addis Abeba kam, stand das chinesische schon längst, der Bau des Ersteren hatte sich hingezogen. Aus schweren Natursteinen errichtet, machte es aber auch einen sehr viel solideren Eindruck als das Sichtbetonhochhaus der Chinesen. Der sprichwörtliche Taxifahrer, mit dem ich bei einem späteren Besuch in Addis Abeba unterwegs war, sprach mich von sich aus auf den Unterschied an. Er beklagte die vielen schon bald nach Fertigstellung auftretenden baulichen Mängel der im Stadtbild dominierenden chinesischen Bauten und fragte, warum wir Deutsche uns nicht mehr engagierten: Wir hätten einen großartigen Ruf, deutsche Qualität sei überall in Afrika hochgeschätzt.

Südafrika, die stärkste Wirtschaftsmacht im südlichen Afrika, war die zweite Station der Kanzlerin. Sie nahm sich Zeit, besuchte die Hauptstadt Pretoria, das traumhafte Kapstadt und das Industriezentrum Johannesburg. Der Besuch zeigte ihr die Vielfalt des Landes: die grandiose Schönheit der Kapregion, aber auch die weitverbreitete Armut in den vielen Townships der schwarzen Bevölkerung. Dem nach dem Abschied Nelson Mandelas zerstrittenen und korrupten African National Congress, der dominierenden politischen Kraft des Landes, gelang es nicht, die großen Einkommensunterschiede zu verringern und für ausreichend Arbeitsplätze zu sorgen. Präsident Thabo Mbeki versuchte sein Bestes, aber er schaffte es nicht, den ANC zu reformieren. Im Gegenteil, mit Jacob Zuma übernahm dann ein die schlechten Seiten der Organisation repräsentierender Protagonist das Präsidentenamt. Südafrika gelang es weiter nicht, sein enormes Potenzial abzurufen.

Bei ihrem Aufenthalt in Johannesburg begegnete Angela Merkel der weißen Bürgermeisterin Helen Zille, die einen verwandtschaftlichen Bezug zum Maler und Fotografen Heinrich Zille hatte, der in der Epoche um die Wende des 19. zum 20. Jahrhundert mit seinen Milieustudien aus dem Berliner Proletariat berühmt wurde. Aufgrund ihrer erfolgreichen Reformpolitik war Helen Zille eine sehr angesehene Anführerin der Opposition. Merkel und sie verstanden sich auf Anhieb prima und trafen sich noch mehrfach danach. Im Rückblick vergeblich, versuchten Zille und ihre Partei das in Johannesburg gewonnene Ansehen auf die zentralstaatliche Ebene zu übertragen. Letztlich bleibt der ANC in Südafrika zu dominierend, hat sich in allen Strukturen (zu) fest etabliert.

Letzte Station von Angela Merkels erster Afrikareise als Kanzlerin war Liberia an der Atlantikküste. Das Land war noch gezeichnet vom Bürgerkrieg, gehörte zu den ärmsten in Afrika. Der Besuch Merkels galt in erster Linie der einzigen Frau in Afrika, die Regierungsverantwortung trug: Ellen Johnson Sirleaf hatte sich in demokratischen Wahlen durchgesetzt und war Hoffnungsträgerin in ganz Afrika, insbesondere natürlich für die Frauen. Sie engagierte sich mit aller Kraft für Sicherheit, Versöhnung und wirtschaftliche Fortschritte, aufgrund des hohen Ansehens, das sie genoss, wurde sie auch wiedergewählt. Die gegenseitige Sympathie zwischen ihr und Angela Merkel würde über viele Jahre halten.

Bis heute ist Ellen Johnson Sirleaf eine der ganz wenigen weiblichen Präsidenten oder Ministerpräsidenten in Afrika geblieben. Obwohl Frauen auch auf diesem Kontinent in Familie und Wirtschaft zumeist die wichtigere Rolle spielen, bleiben die obersten Machtpositionen Männern vorbehalten. Die Gesellschaften sind sehr konservativ, oft nach ethnischer Zugehörigkeit organisiert. Von Inhabern politischer Ämter wird in vielen Ländern immer noch erwartet, dass sie ihre Positionen nutzen, um ihre Familie und Clans zu bereichern. So ist Korruption weit verbreitet, die die wirtschaftliche Entwicklung beeinträchtigt. Deutsche wie auch Unternehmen aus anderen Ländern, für die Rechtssicherheit bei einer Investitionsentscheidung ausschlaggebend sind, halten sich zurück – und überlassen damit notgedrungen China den Raum, und das nicht nur beim Bau von disfunktionalen Verwaltungsgebäuden – sondern in weitaus schwerwiegenderem Ausmaß.

In den letzten Jahren ist der afrikanische Kontinent immer mehr in das Bewusstsein der Menschen gerückt, aber Deutschland – oder sogar generell der »Westen« – hinkt in seiner Politik den Entwicklungen vor Ort hinterher. Insbesondere ist uns kein Mittel eingefallen, wie wir den chinesischen Vormarsch abbremsen und Alternativen bieten könnten. Es scheint, als resignierten wir vor der geballten Kraft der chinesischen Belt and Road Initiative, die mit massivem Einsatz von Mitteln große Infrastrukturprojekte mit hoher Geschwindigkeit umsetzt. Mit den auf den ersten Blick sehr attraktiven Finanzierungsmodalitäten können wir anscheinend nicht mithalten, und gerade für autoritäre Staaten sind die ohne Konditionierung angebotenen Projekte attraktiv. Die sehr oft auftretenden Qualitätsmängel und Spätfolgen der Finanzierungsmodalitäten, die in einigen Fällen in eine »Schuldenfalle« führen, spielen zu Beginn bei vielen keine gewichtige Rolle.

Der chinesische Wettbewerbsvorteil darf aber nicht zu einer Vogel-Strauß-Politik bei uns führen. Die Tatsache, dass Deutschland mehr Entwicklungshilfe leistet als China und in den meisten afrikanischen Ländern über eine hohe Beliebtheit verfügt, sollte Ansporn sein, unser Engagement zu erhöhen. Dazu gehört in allererster Linie die Bündelung unserer Kräfte. Es kann nicht sein, dass das Auswärtige Amt und das Ministerium für Wirtschaftliche Zusammenarbeit nebeneinander vor sich hin »werkeln«. Andere Länder wie Großbritannien, Kanada und Australien haben mittlerweile die notwendigen Schlussfolgerungen gezogen und die Ministerien zusammengelegt. Der australische Botschafter in Berlin sagte mir, dass es ssich seine Regierung aufgrund der heftigen Auseinandersetzungen mit China auch um Einflussbereiche im Pazifik sich »nicht mehr leisten« könne, die Ministerien nicht zusammenzufassen. Die politische Sorge, dass für eine Koalitionsregierung nach einer Fusion weniger Ministerposten zu vergeben wären, ist unberechtigt: Dänemark hat zwei Minister im auch dort zusammengelegten Ministerium, Kanada gar drei, weil dort auch das Außenhandelsressort in das gemeinsame Ministerium eingebracht wurde.

Aber auch ein zusammengeführtes, effizienteres Ministerium wird es alleine nicht mit der chinesischen Schlagkraft aufnehmen können. Es bedarf darüber hinaus eines engstmöglichen Zusammenspiels mit den Wirtschaftsverbänden sowie den an Afrikainvestitionen interessierten Unternehmen und Investmentfonds. Auch mit Weltbank und UN-Institutionen wie der Entwicklungsorganisation UNDP muss die Zusammenarbeit intensiviert werden. Im Idealfall sollte es so aussehen, dass in afrikanischen Ländern, die sich einer guten Regierungsführung und einer unabhängigen Verwaltung und Justiz verpflichten, die internationalen Organisationen sowie das deutsche Außen- und Entwicklungsministerium die Rahmenbedingungen adaptieren und verbessern sowie Projektstudien unterstützen, aufgrund derer sich dann Privatunternehmen engagieren. Mit gebündelten Kräften sollte es gelingen, unsere Stellung und unseren Einfluss vor Ort zu stärken und die Anzahl der Länder zu erhöhen, die sich zur Charta der Vereinten Nationen, der Allgemeinen Erklärung der Menschenrechte und der regelbasierten Ordnung nicht nur rhetorisch bekennen, sondern diese auch in der Praxis verwirklichen.

Die Vereinten Nationen sind die große Bühne, auf der sich der

Wettbewerb zwischen Staaten und Systemen abspielt. Deutschland als zweitgrößter Geber des UNO-Systems hat hier einen sehr guten Ruf, unser Einstehen für die Organisation und die Kritik, die wir gegenüber denen – auch den USA – äußern, die gegen das internationale Recht verstoßen, verleiht uns Glaubwürdigkeit. Auch wenn der Sicherheitsrat durch die unabänderliche Vetomacht der USA, Chinas und Russlands in zentralen Konflikten aufgrund des schieren Eigeninteresses dieser Mitglieder handlungsunfähig ist, so bleiben die Vereinten Nationen die einzige Organisation, der sämtliche Staaten dieser Welt angehören und die sich mit den zentralen Herausforderungen unserer Welt wie Klima und Biodiversität beschäftigt. Mit den »Sustainable Development Goals« (SDGs) haben die UNO der Staatengemeinschaft langfristige Entwicklungsziele vorgegeben, deren Umsetzung ein Überleben der Erde sichern kann. Auch wenn der Bekanntheitsgrad der SDGs in der deutschen Öffentlichkeit zu wünschen übrig lässt, müssen wir der Umsetzung der Ziele hierzulande und der Unterstützung anderer Staaten bei der Erreichung der Vorgaben hohe Aufmerksamkeit beimessen. Es geht dabei u. a. um die Bekämpfung von Armut, Hungersnöten, Krankheiten und Ungleichheiten, um Bildung, Umwelt, Wirtschaft und gute Regierungsführung – allein diese Schlagworte verdeutlichen bereits, dass die Verwirklichung der Ziele in unserem ureigenen Interesse liegt. Als eine der größten Handelsnationen lebt Deutschland davon, dass die Staaten dieser Welt langfristig politisch, wirtschaftlich und sozial stabil bleiben.

Neben einem starken Engagement in Afrika müssen wir uns aber auch mehr um Lateinamerika und Asien kümmern. Auch dort haben wir viele Freunde, verfügen über historisch gewachsene Verbindungen und müssen unseren Beitrag im globalen Systemwettbewerb leisten. Nochmals: Als viertgrößte Volkswirtschaft wird dies von uns erwartet – und wir können es auch.

Im Mai 2008 unternahm die Bundeskanzlerin ihre längste

Auslandsreise: eine Woche Brasilien, Peru, Kolumbien und Mexiko. Zur Vorbereitung hatten sie und wir, ihr Team, ein Buch über die Reise Alexander von Humboldts durch Lateinamerika gelesen. Wir waren nicht nur von den Leistungen des Universalgelehrten schwer beeindruckt, sondern im gleichen Maße davon, wie präsent, bekannt und beliebt Alexander von Humboldt auch nach 200 Jahren noch war. Auch in meiner New Yorker UNO-Zeit habe ich diese grundsätzliche Sympathie empfunden, die unserem Land von den Botschaftern Lateinamerikas entgegengebracht wurde.

Neben Humboldt spielt aber auch die deutsche Wirtschaft eine große Rolle und – der Fußball. Das berühmte 7:1 gegen Brasilien im WM-Halbfinale 2014 ist jedem Lateinamerikaner in Erinnerung. Die Bundeskanzlerin hatte Brasilien zur Weltmeisterschaft zweimal besucht: für das Auftaktmatch und gemeinsam mit dem Bundespräsidenten auch zum Finale, dem 1:0-Sieg über Argentinien. Bei dieser Gelegenheit fanden am Rande politische Gespräche statt: sowohl mit der brasilianischen Präsidentin Dilma Rousseff, mit der sich die Kanzlerin sehr gut verstand, als auch mit Wladimir Putin, der dem Endspiel ebenfalls beiwohnte. Als er zum Ende der Halbzeitpause immer noch auf die Kanzlerin einredete, kürzte sie das Gespräch ab, weil sie das Spiel nicht verpassen wollte, und meinte zu Putin, Lawrow solle doch mit mir reden.

Und so musste ich mir zu Beginn der zweiten Halbzeit von Lawrow wieder mal anhören, dass Russland in der Ukraine nur Friedliches vorhabe und die Ukrainer die bösen Buben seien. Im Nachhinein war ich natürlich froh darum, dass Götze das deutsche Siegtor erst in der Verlängerung schoss, als mein unerfreuliches Gespräch mit dem russischen Außenminister lange beendet war.

Mit einer Bündelung unserer Kräfte, personell stark besetzten Botschaften, die möglichst gemeinsam mit den Auslandshandelskammern und der Durchführungsorganisation unserer wirtschaftlichen Zusammenarbeit in einem »Deutschen Haus« untergebracht sein sollten, könnten wir den Chinesen Paroli bieten. Ideal wäre ein gemeinsamer Auftritt mit den anderen EU-Botschaften und der EU-Vertretung vor Ort. Das gilt für Afrika und Lateinamerika, das gilt auch für Asien.

In diesem Zusammenhang erinnere ich mich besonders an den ersten Besuch Angela Merkels 2011 in der Mongolei (der zweite fand 2016 statt), der zudem der erste eines deutschen Regierungschefs überhaupt war. Auch dort waren die Sympathien für Deutschland sehr groß; viele Mongolen hatten in der DDR studiert oder gearbeitet. Der ehrgeizige Präsident Elbegdordsch flehte richtiggehend um ein starkes deutsches Engagement, er wolle nicht zwischen den beiden großen Nachbarn Russland und China gefangen bleiben. So vereinbarte die Kanzlerin eine Rohstoffpartnerschaft, die der deutschen Wirtschaft die Türen öffnete, doch diese nahm das Angebot, wenn überhaupt, nur sehr zögerlich an. Mit Russland und China ging es eben leichter, die mongolische Verwaltung zeichnete sich zugegebenermaßen nicht durch höchste Effizienz aus.

Dennoch: Für die Zukunft unseres Landes gilt es, Chancen, wie sie die Mongolei bietet, wie sie die ASEAN-Staaten mit Singapur an der Spitze bieten, sehr viel konsequenter wahrzunehmen. Hans-Dietrich Genscher hatte die Voraussetzungen bereits in den 70er- und 80er-Jahren des letzten Jahrhunderts intensiv vorangetrieben und persönliche Freundschaften aufgebaut. Es wäre ein Leichtes, daran anzuknüpfen.

Ausblick

Drei Tage nach dem russischen Überfall auf die Ukraine hat Bundeskanzler Olaf Scholz in seiner bemerkenswerten Rede vom 27. Februar 2022 vor dem Deutschen Bundestag den Ausdruck »Zeitenwende« geprägt. Die Bundesrepublik Deutschland durchlebt in der Tat derzeit die dritte Zeitenwende ihrer Geschichte: Die erste fand 1949 mit der Gründung unserer Demokratie und ihrer festen Integration in den Westen, aber auch ihrer versöhnenden Ostpolitik statt. Die zweite folgte 1989 mit der Wiedervereinigung und dem Fall der Berliner Mauer sowie des Eisernen Vorhangs. Die danach lang gehegte Hoffnung auf eine stabile europäische Sicherheitsordnung erfüllte sich nicht, und mit der russischen Invasion in die Ukraine erfolgte die dritte Zeitenwende, mit der gleich mehreres klar geworden ist: Putins Russland kann kein Partner mehr sein, China möchte die führende Weltmacht werden, und die USA werden sich mehr auf die pazifisch-asiatische Region konzentrieren. Dies heißt für Deutschland, dass es sich neu aufstellen und zunehmend Führung und Verantwortung übernehmen muss.

Leider besteht die Gefahr, dass auf diese dritte Zeitenwende nach ihrer Verkündung durch Kanzler Scholz inhaltlich nicht reagiert wird. Es ist nicht nachvollziehbar, dass trotz Putins zahlreicher Kriegsverbrechen, der Flucht und Vertreibung von 14 Millionen Ukrainerinnen und Ukrainern und trotz Zehntausender Menschenleben, die seinen Allmachtsfantasien zum Opfer fielen, darüber nachgedacht wird, wie man ihm einen gesichtswahrenden Ausweg aus der Sackgasse ebnen könnte, in die er sich durch sein bewusst gewähltes Vorgehen selbst manövriert hat. Und wie man den ukrainischen Präsidenten Selenski zu einem Waffenstillstand und zur Abtretung von ukrainischem Territorium überreden könnte.

Ich halte es für falsch und gleichzeitig aussichtslos, die ukrainische Regierung von außen zum Abbruch ihres Verteidigungskampfes zu bewegen. Putin würde dies als Schwäche interpretieren, und die ukrainische Bevölkerung würde ihrem Präsidenten die Gefolgschaft verweigern. Die Ukrainer, denen Putin so schrecklich mitgespielt hat, werden ihr Land nicht aufgeben, solange sie die Chance sehen, es wiederzugewinnen, und sie haben das Völkerrecht und die Moral auf ihrer Seite. Wir sollten sie humanitär, wirtschaftlich und mit Waffen unterstützen, einschließlich der von ihnen so dringend gewünschten schweren Panzer. Wir dürfen nicht vergessen, dass die Ukrainer nicht nur ihre, sondern auch unsere Freiheit verteidigen.

Wer also glaubt, man müsse Putin entgegenkommen oder die Ukraine zum Friedensschluss drängen, hat weder Putin noch die Ukrainer noch das Gesamtbild verstanden. Durch den von ihm begangenen Zivilisationsbruch hat Putin alle Brücken hinter sich abgerissen. Wer ihm jetzt hilft, das Gesicht zu wahren, würde sich mitschuldig an seinem nächsten Überfall auf ein Nachbarland machen, der nach einer Erholungsphase – davon bin ich überzeugt – erfolgen würde. Vielmehr muss Putin besser früher als später für seine Verbrechen zur Verantwortung gezogen werden. Das schulden wir seinen Opfern, es ist aber auch notwendig, um mögliche Nachahmer abzuschrecken. Da der Putin vorzuwerfende Tatbestand des »Verbrechens der Aggression« vom Internationalen Strafgerichtshof gegenüber Russland nicht verfolgt werden kann, sollte sich die Bundesregierung an die Spitze der internationalen Bemühungen um die Einrichtung eines Sondertribunals setzen, wie es dies bereits zu Jugoslawien, Ruanda oder dem Libanon gab. Viel Lobbyarbeit vor allem im Globalen Süden wäre notwendig, um dem Gericht internationale Legitimität zu verleihen, idealerweise durch die Generalversammlung der Vereinten Nationen – die im Übrigen bereits eine Resolution verabschiedet hat, mit der von Russland Reparationszahlungen an die Ukraine gefordert werden. Die riesigen Auslandsvermögen des russischen Staates, aber auch die Vermögen der Profiteure des Putin'schen Oligarchensystems müssen für die Entschädigung der Opfer und die Wiedergutmachung der massiven Schäden an der ukrainischen Infrastruktur herangezogen werden.

Was künftig in Russland geschehen wird, ist nicht vorhersehbar. Wird ein Putin vergleichbarer menschenverachtender Präsident wie etwa der tschetschenische Despot Kadyrow die Macht ergreifen oder ein liberaler Politiker, der einen ehrlich gemeinten neuen Anlauf unternimmt, damit sein Land in Harmonie mit dem Rest der Welt lebt? Wir müssen die Entwicklung abwarten – jedoch immer bereit sein, wenn die Bedingungen stimmen, die Hand Richtung Moskau auszustrecken. Allerdings nicht aus einer Position der Schwäche, sondern der Stärke.

Bedauerlicherweise besteht in dieser Hinsicht hierzulande eine weitere Gefahr, dass der besagten dritten Zeitenwende nicht angemessen entsprochen wird – indem die erforderlichen Maßnahmen in Sachen Verteidigungsausgaben nicht stattfinden bzw. der dafür notwendige Prozess in die langsam mahlenden Mühlen der Beschaffungsbürokratie gerät. Wenn man die aktuelle Haushaltsplanung betrachtet, reibt man sich die Augen: Die versprochenen 2 Prozent sind immer noch nicht erreicht, obwohl in der direkten Nachbarschaft der NATO ein Krieg tobt. Die Glaubwürdigkeit der Bundesregierung steht auf dem Spiel, wenn ihre aktuellen Vertreter Jahre nach dem Grundsatzbeschluss der NATO immer noch Ausreden finden, warum wir unsere Zusagen nicht erfüllen.

Auch muss von einem weiteren Akteur gesprochen werden: Auf dem G20-Gipfel in Bali im November 2022 hat sich China leicht von Russland abgesetzt und dessen Verurteilung nicht verhindert. Wir dürfen uns allerdings keine Illusionen machen: Peking will Russland in der vom verstorbenen republikanischen US-Senator John McCain einst charakterisierten Rolle als »Tankstelle Chinas« nicht verlieren. Präsident Xi Jinping passt es in seine Langfriststrategie, dass Russland in internationale Isolation gerät und damit in die Abhängigkeit von China. Denn es stärkt Xi in seinen Ambitionen, die USA als mächtigste Nation der Welt abzulösen und das Völkerrecht in die von ihm gewünschte Richtung zu verändern, d. h. die Subsumierung aller Rechtsvorschriften einschließlich der Menschenrechte unter die Staatensouveränität.

In etwa zeitgleich mit Putins Vorgehen in Russland hat Xi in China ebenfalls eine Diktatur und einen totalitären Überwachungsstaat errichtet. Auch Xi setzt auf die nationalistische Karte, unterdrückt Pressefreiheit, jegliche Opposition und die Minderheiten in seinem Land, allen voran Tibeter und Uiguren, deren systematische Verbringung in Umerziehungs- und Arbeitslager im gleichen Maße wie Putins Krieg einen Bruch des Völkerrechts und ein Verbrechen gegen die Menschlichkeit bedeutet. Ja mehr noch, wie bei Putin besteht auch bei Xi die Gefahr, dass er einen wirklichen Krieg beginnt: Er hat öffentlich angekündigt, dass er Taiwan der Volksrepublik einverleiben will und dabei vor dem Einsatz militärischer Gewalt nicht zurückschrecken wird!

Ich vertrete nicht die Ansicht, dass wir bei der in den USA propagierten Entkopplung der Wirtschaftskreisläufe mitmachen sollten, das widerspricht der volkswirtschaftlichen Vernunft. Aber wir müssen dringend Abhängigkeiten verringern und unsere Handels- und Investitionstätigkeit diversifizieren. Nur wenn wir eine gewisse Unabhängigkeit haben, können wir uns erfolgreich gegen eine Umgestaltung der internationalen Ordnung durch China wehren. Sonst sind wir erpressbar, und uns wird nichts anderes übrig bleiben, als mit den Schultern zu zucken, wenn China wieder mal internationales Recht bricht.

Wie bei allen früheren Konflikten in und um Europa herum sind die USA auch jetzt wieder bei der Unterstützung der Ukraine gegen die russische Invasion unersetzbar. Wer weiß, wo Putins

Truppen stünden, wenn die Amerikaner die ukrainischen Streitkräfte nicht gründlich ausgebildet und mit modernen Waffensystemen ausgestattet hätten. Aber angesichts der stärker werdenden Herausforderung durch China und der eigenen Probleme zu Hause können die USA die Rolle des allgegenwärtigen Weltpolizisten nicht mehr länger erfüllen. Als viertgrößte Wirtschaftsmacht der Welt muss Deutschland jetzt Führung und Verantwortung übernehmen, nicht in Sonntagsreden, sondern in der täglichen Praxis. Und Verantwortung übernehmen kann nicht heißen, immer nur als Letzter das Nötigste zu tun. Vielmehr gehört dazu, dass wir neben der Wiederherstellung unserer Verteidigungsfähigkeit bereit sind, zur Lösung von Konflikten auch politische Initiativen zu ergreifen, wie Bundeskanzlerin Merkel und der französische Präsident Hollande dies beispielsweise bei der ersten russischen Invasion in die Ukraine 2014/15 mit der Etablierung des Normandie-Formats getan haben.

So wie nach dem Zweiten Weltkrieg Konrad Adenauer und Charles de Gaulle die Lehren aus der Geschichte gezogen und den europäischen Einigungsprozess aufs Gleis gesetzt hatten, so wie Helmut Kohl und François Mitterrand sowohl die deutsche Wiedervereinigung als auch die Vertiefung und Erweiterung der Europäischen Union gelangen, so müssen heute Olaf Scholz und Emmanuel Macron die nationalen Egoismen überwinden und sowohl die deutsch-französischen Beziehungen als auch das europäische Einigungswerk festigen. Ohne einen engen Schulterschluss der beiden Schlüsselpartner werden die europäischen Fliehkräfte überhandnehmen; Orbáns Ungarn ist bereits dabei, sich aus der europäischen Wertegemeinschaft zu verabschieden. Und ohne eine starke politische Führung werden die deutsch-französischen Rüstungsprojekte scheitern. Wir brauchen eine europäische schnelle Eingreiftruppe, wir müssen Frankreichs Angebot annehmen, gemeinsam über die Ausweitung des französischen Nuklearschirms nachzudenken, Frankreich muss sich einen Ruck geben und seinen ständigen Sitz im Sicherheitsrat der Vereinten Nationen zur Verfügung stellen, damit dort auch europäische Positionen vertreten werden können. Angesichts der dritten Zeitenwende besteht eine weitere sehr wichtige Aufgabe deutscher Außenpolitik in einer Neuausrichtung auf den Globalen Süden. Wir können nicht zusehen, wie China in Afrika, Südamerika und Teilen Asiens die Oberhand gewinnt. Vor unseren Augen spielt sich ein Wettbewerb um die Gestaltung der künftigen Weltordnung ab. Mit der Seidenstraßeninitiative hat sich China systematisch weltweit Häfen und Rohstoffe gesichert und politische Abhängigkeiten geschaffen, die sich das Land zunutze macht und für die Verwirklichung seines Ziels einsetzt, die stärkste Weltmacht zu werden und die künftige Gestaltung des Völkerrechts in seinem Sinne maßgeblich zu beeinflussen. Um dagegenhalten zu können, müssen wir unsere außen-, entwicklungs- und handelspolitischen Instrumente bündeln. Das Auswärtige Amt muss die seit Jahren ungebremste Ausweitung der Stellen im Inland radikal umkehren und sich auf die Zeiten des erfolgreichsten deutschen Außenministers Hans-Dietrich Genscher zurückbesinnen, unter dem zwei Drittel der Diplomaten im Ausland eingesetzt waren. Wenn wir unsere Botschaften stärken und sie mit den Institutionen der Entwicklungszusammenarbeit und den deutschen Auslandshandelskammern zusammenführen, die ihrerseits deutsche Unternehmen und die großen Investmentfonds einbinden, dann werden wir in den Ländern des Globalen Südens konkurrenzfähig, werden zu ernsthaften Partnern insbesondere in Ländern, die auf gute Regierungsführung Wert legen. Diese Partnerschaften sollten wir dann auch dazu nutzen, die größte Herausforderung für die Weltgemeinschaft, den Klimawandel, zu bewältigen.

Zu unserem Engagement im Ausland, zur Übernahme von Führung und Verantwortung, gehört auch künftig der Einsatz der Bundeswehr. Das Scheitern in Afghanistan und die Rückschläge in Mali dürfen nicht dazu führen, dass wir künftig nur noch auf Bündnisverteidigung setzen. Wie bei unseren wirtschaftlichen Bemühungen sollten wir aber verstärkt auf das politische Umfeld achten. In Afghanistan haben wir die von den USA unterstützte, korrupte Ghani-Regierung zu wenig unter Druck gesetzt in Richtung gute Regierungsführung und waren völlig überrascht, dass Ghani keinerlei Rückhalt in der Bevölkerung hatte, was den Taliban die Machtübernahme erleichterte.

Ähnliches haben wir in Mali versäumt und uns mit der Rolle des Juniorpartners von Frankreich zufrieden gegeben. Wir haben zu spät erkannt, wie unpopulär der von Paris unterstützte, ebenfalls korrupte und Partikularinteressen verfolgende Präsident Keïta in der Bevölkerung war, und wir haben nicht verstanden, dass der Putschist Goïta und dessen Weigerung, rasch in Richtung einer zivilen (und damit in den Augen der Bevölkerung vermeintlich wieder korrupten) Regierung zu arbeiten, auf breite Zustimmung in der Bevölkerung stößt. In dieser Ausgangslage hilft die Beschimpfung Goïtas wenig; wir müssen Ansatzpunkte finden, ihn in Richtung gute Regierungsführung zu bewegen und damit gegebenenfalls eine Ausgangsbasis für künftiges Engagement schaffen. Im besser regierten Nachbarland Niger haben wir es so weit richtig gemacht, indem wir die demokratisch gewählten Regierungen unterstützten. Aber wenn wir dieses von Armut, Klimawandel und Terrorismus geplagte Land nicht noch massiver mit unserem gesamten Instrumentenkasten unter die Arme greifen, also mit politischen, militärischen, entwicklungs- und wirtschaftspolitischen Mitteln, besteht die Gefahr, dass wir dort Schiffbruch erleiden.

Zu der von mir geforderten Neuorientierung gehört auch eine systematische Besuchs- und Einladungspolitik, die Ausgestaltung unserer Beziehungen auf Augenhöhe, kein paternalistisches Verhalten. Und wir sollten die von Außenminister Heiko Maas initiierte Allianz für den Multilateralismus in neuem Gewand wiederaufleben lassen, in der wir Länder aus allen Erdteilen zusammenführen, die mit uns die UN-Charta, die Allgemeine Erklärung der Menschenrechte und die darauf beruhende Internationale regelbasierte Ordnung verteidigen und ausbauen wollen. All diese genannten Schritte bedürfen keiner Verfassungs- oder Gesetzesänderungen, sie setzen lediglich den politischen Willen voraus, die dritte Zeitenwende in der deutschen Nachkriegsgeschichte aktiv zu gestalten und sich nicht in der zweiten Reihe zu verstecken. Es bleibt zu hoffen, dass die neue Nationale Sicherheitsstrategie der Bundesregierung die hier skizzierten Elemente einer aktiveren deutschen Außenpolitik enthalten wird.

Dank

Als ich vor Jahren meinen französischen Kollegen Jean-David Levitte fragte, ob er über seine Zeit als Diplomatischer Berater von Präsident Nicholas Sarkozy ein Buch schreiben werde, meinte er: »Wenn ich so schreibe, wie es war, wird Sarkozy ewig sauer auf mich sein. Wenn ich ein ›diplomatisches‹ Buch schreibe, werden sich die Leser langweilen. Also plane ich nicht, zur Feder zu greifen.« Auch wenn ich diese Sorgen, was Angela Merkel anging, nicht hatte, fasste ich den Entschluss, dieses Buch zu schreiben, erst sehr spät. Nachdem ich Deutschland im UNO-Sicherheitsrat vertreten durfte und die deutsche Haltung in diesem prominenten Gremium inmitten einer immer komplizierteren und sich verändernden Weltlage von vielen verfolgt wurde, wurde ich insbesondere von meinem Neusser Freund Carl-Philipp Sassenrath ermuntert, doch darüber zu schreiben, wie mich meine jahrelange Erfahrung in Begleitung von Angela Merkel zu meinen Einschätzungen der aktuellen Herausforderungen geführt hätten. Gemeinsam mit dem Siedler Verlag überlegten wir, nicht nur darzustellen, wie Außenpolitik durch eine international so geschätzte Führungsfigur wie Angela Merkel gemacht wird, sondern auch, wie ich als ihr Berater die außenpolitisch wichtigen Fragen bewertete und wie die Bewertung in der heutigen Situation mit Blick auf die Zukunft ausfällt. So entstand *Führung und Verantwortung*, denn davon war Angela Merkels Außenpolitik als Bundeskanzlerin geprägt, so haben wir unsere Rolle als Mitglied des Sicherheitsrates der Vereinten Nationen ausgefüllt, und so sollte die deutsche Außenpolitik auch in Zukunft gestaltet werden.

Ich danke den Mitarbeitern des Siedler Verlages für ihr Engagement in der Betreuung dieses Buches. Ich bin der ehemaligen Bundeskanzlerin Angela Merkel dankbar für zwölf spannende Jahre als ihr außenpolitischer Berater. Dem verstorbenen Klaus Kinkel und Javier Solana bin ich ebenfalls sehr verbunden: auch von ihnen habe ich sehr viel gelernt. Heiko Maas danke ich dafür, dass er mich als UNO-Botschafter immer unterstützt und mir Freiraum gegeben hat, unser Auftreten im Sicherheitsrat zu gestalten, und dafür, dass er meine deutliche Kritik an Russland und China persönlich gebilligt hat. Und ich danke meinen wunderbaren Teams im Kanzleramt, an der deutschen UNO-Botschaft und bei der Münchner Sicherheitskonferenz für ihre loyale Unterstützung. Dank gilt auch meinen Wegbegleitern aus dem Ministerbüro von Klaus Kinkel und meinen beiden engsten Kolleginnen aus vielen Jahrzehnten Diplomatie, der ehemaligen Staatssekretärin und Botschafterin in Washington, Emily Haber, sowie der Generalsekretärin der OSZE, Helga Schmid, langjährige Chefin des Europäischen Auswärtigen Dienstes. Ohne die liebevolle, kritische Begleitung der Abfassung dieses Buches von Seiten meiner Frau Ina wäre aus diesem Projekt nichts geworden. Ich widme es meinen Kindern Térésa, Till-Jonas, Moritz, Hannah (†) und Leah.

Berlin/Neuss, im Dezember 2022

ANHANG

Personenregister

Abbas, Mahmud 20
Abdullah, saud. König 23
Adenauer, Konrad 26, 128
Ahmadinedschad, Mahmud 20
Ahmed, Abiy 222
Amri, Anis 111
Ansip, Andrus 89
Arafat, Jassir 20
Ashton, Catherine 93, 97
Assad, Baschar al- 104, 150 f.
Audibert, Jacques 29, 35, 148, 190

Baerbock, Annalena 167
Barroso, José Manuel 15, 19 f., 43, 45, 89
Bartoszewski, Władysław 85
Barzel, Rainer 29
Baumann, Beate 24
Baumann, Susanne 213
Beatrix, niederl. Königin 90
Benedikt XVI., Papst 91
Bennett, Naftali 134
Ben-Zeev, Yoram 129, 133 f.
Bettel, Xavier 89
Biden, Joe 74, 108, 156, 165–168, 185 f., 214 f.
Blair, Tony 45, 77 f.
Blinken, Tony 167 f.
Bolton, John 160
Borrell, Josep 15, 43, 93

Boukadoum, Sabri 109 f.
Bouteflika, Abd al-Aziz 109
Braun, Helge 57
Brende, Børge 67
Brown, Gordon 45, 78
Bruni, Carla 29
Bush, George 143
Bush, George W. 20, 67–69, 137–146, 153, 160

Cameron, David 78–82, 150 f., 156
Chirac, Jacques 15, 19, 24–30, 43, 45, 78
Chodorkowski, Michail 173, 179
Clinton, Hillary 148, 157
Corsepius, Uwe 24, 44 f.
Čović, Dragan 94
Craft, Kelly 37, 164 f.

Dačić, Ivica 97
Dalai Lama 209
Daul, Joseph 79
Davutoğlu, Ahmet 66, 119
Delattre, François 38
Deng, Xiaoping 219
Dodik, Milorad 94, 96
Donfried, Karen 167
Donilon, Tom 178
Draghi, Mario 89
Dunz, Kristina 161

Elbegdordsch, Tsachiagiin 230
Elisabeth II., brit. Königin 90
Emerson, John 153–155
Erdoğan, Recep Tayyip 36, 66, 119–123, 207
Erekat, Saeb 127

Essebsi, Beji Caid 110 f.
Étienne, Philippe 29, 38, 82

Fischer, Hartwig 221
Fischer, Joschka 136
Flynn, Michael 158 f.
Franziskus, Papst 91

Gabriel, Sigmar 184 f.
Gaddafi, Muammar al- 104, 111 f.
Gänswein, Georg 91
Gaulle, Charles de 25
Genscher, Hans-Dietrich 178 f., 230
Gantz, Benny 134
Gentiloni, Paolo 89
Ghani, Aschraf 237
Girkin, Igor 192
Glos, Michael 31 f.
Goïta, Assimi 237
Gorbatschow, Michail 171
Gourdault-Montagne, Maurice 28 f., 82
Grenell, Richard 156
Gül, Abdullah 65, 119
Gurion, Ben 128
Guterres, António 107, 113
Gutmann, Amy 156

Haakon, norw. Thronfolger 90
Haber, Emily 138, 153
Hadley, Stephen 68, 138, 142, 158
Haftar, Khalifa 113 f., 118
Hague, William 79
Haley, Nikki 164
Hecker, Jan 24, 55, 117

Hintze, Peter 11
Hitler, Adolf 84, 128
Hollande, François 24, 29 f., 33–35, 46, 148, 150, 156, 190
Hoop Scheffer, Jaap de 15, 63, 65
Hoxhaj, Enver 98
Hu, Jintao, 20, 205, 219
Humboldt, Alexander von 229
Hussein, Sadam 173

Insko, Valentin 94
Ischinger, Wolfgang 194, 220
Issacharoff, Jeremy 125, 129, 133
Izetbegović, Bakir 94

Janukowitsch, Viktor 187
Jelzin, Boris 171
Johannes Paul II., Papst 91
Johnson Sirleaf, Ellen 225
Johnson, Boris 78, 83
Jones, James L. 65, 154
Juncker, Jean-Claude 30, 81, 89
Jung, Franz Josef 177
Juschtschenko, Wiktor 68

Kaczyński, Jarosław 86
Kaczyński, Lech 69, 87
Kadrow, Ramson 172
Kallas, Kaja 89
Kaltenbach, Dorothee 132
Karadžić, Radovan 95, 196
Kauder, Volker 221
Keil, Christopher 99
Keïta, Ibrahim Boubacar 237
Keller, Petra 24

Kerry, John 134, 148
Kimmitt, Bob 141, 221
Kinkel, Klaus 89, 90
Kissinger, Henry 141
Klimkin, Pavlo 190
Kohl, Helmut 24–26, 155, 171
Köhler, Horst 17, 107, 110, 222
Komšić, Željko 94
Kotsch, Bernhard 24
Kozak, Dmitri 181
Kramp-Karrenbauer, Annegret 123, 163
Kushner, Jared 159 f., 168

Lagumdžija, Zlatko 94
Lajčák, Miroslav 94, 98 f.
Lawrow, Sergej 182, 188, 191, 229
Leancă, Iurie 180 f., 192
Lehmann-Zwiener, Simone 24
Levitte, Jean-David 32 f.
Leyen, Ursula von der 71
Li, Keqiang 203, 206, 212
Litwinenko, Alexander 179 f.
Lukaschenko, Alexander 173, 189 f.

Ma, Canrong 210
Maas, Heiko 210
Macron, Emmanuel 24, 28 f., 35–41, 58
Maizière, Thomas de 12, 112
Marcinkiewicz, Kazimierz 15, 84
Margarethe, dän. Königin 90
May, Theresa 78
Mazen, Abu 17
Mbeki, Thabo 224
McCain, John 150, 233

McDonald, Simon 82 f.
McMaster, H. R. 159
Medwedew, Dmitri 180–183
Mette-Marit, norw. Kronprinzessin 90
Meyer-Landrut, Nikolaus 24
Michel, Charles 89
Miller, Alexei 172
Milošević, Slobodan 196
Mistura, Staffan de 107 f.
Mitterand, François 28
Mladić, Ratko 196
Mogherini, Federica 93
Mohammed VI., marok. König 105 f.
Mubarak, Husni 115 f.
Mühe, Andreas 143
Mukwege, Denis 92
Murad, Nadia 92
Murphy, Phil 154 f.
Mursi, Mohammed 115, 117
Musevini, Yoweri 223
Mutter, Anne-Sophie 65
Mützelburg, Bernd 17, 18

Naga, Faiza Abou el- 118
Nemzow, Boris 179
Netanjahu, Benjamin 105, 127, 129, 132
Nimetz, Matthew 99
Nuland, Victoria 149

O'Brien, Robert 160
Obama, Barack 30, 65 f., 72 f., 112, 144–154, 154, 156–158, 160, 186, 205
Olmert, Ehud 126 f., 130–133
Orbán, Viktor 86 f.

Patten, Chris 19
Pelosi, Nancy 142
Pfaffenbach, Bernd 50
Pierce, Karen 82
Pinzler, Petra 15
Plötner, Jens 127
Pofalla, Ronald 152
Politkowskaja, Anna 179
Poroschenko, Petro 34, 46, 149, 190, 192
Power, Samantha 112
Prikhodko, Sergei 171, 177, 179, 183
Putin, Wladimir 20, 23, 28, 34, 36, 41, 46, 59, 69 f., 86, 148–152, 162, 171–197, 206 f., 211, 229

Rajoy, Mariano 88 f.
Rama, Edi 100
Rasmussen, Anders Fogh 65 f., 121
Rattle, Simon 49
Renzi, Matteo 88, 156
Rice, Condoleezza 31, 67–69, 138, 142
Rice, Susan 54, 67 f., 112, 150, 152, 157 f.
Röller, Lars-Hendrik 24, 159 f.
Romes, Thomas 24, 142
Rompuy, Herman van 15, 85
Rousseff, Dilma 229
Rülke, Petra 24
Rummenigge, Karl-Heinz 99
Rute, Mark 89

Saakaschwili, Micheil 31, 68, 70
Salamé, Ghassan 113 f.
Sandu, Maia 182
Sarkozy, Nicolas 24, 29–33, 104 f., 112
Sauer, Joachim 125, 141, 147

Schavan, Annette 92, 130
Schmidt, Christian 96
Scholz, Olaf 17
Schröder, Gerhard 15–19, 30, 137, 171, 178, 184, 209
Schwarz-Schilling, Christian 95 f.
Šefčovič, Maroš 185 f.
Seibert, Steffen 16, 24, 46, 202
Selenski, Wolodymyr 231
Sharon, Ariel 20, 126
Shi, Mingde 220
Shoukri, Sameh 118
Sinirlioğlu, Aishe 123
Sinirlioğlu, Feridun 123
Sisi, Abd al-Fattah as- 115–119
Solana, Javier 16, 18, 93, 174 f., 193
Spinner, Maximilian 191
Stavridis, James 71 f.
Stein, Shimon 125, 129 f., 221
Steinbach, Erika 84 f.
Steinmeier, Frank-Walter 71, 193, 209
Stoltenberg, Jens 65–67, 74
Suleiman, Omar 116
Surkow, Wladislaw 46, 190

Tagliavini, Heidi 192
Tawadros II., kopt. Patriarch 118
Tayeb, Ahmed el- 118
Taylor, Chales 196
Teltschik, Horst 18
Thaçi, Hashim 98
Tihić, Sulejman 94
Timken, William 142, 154
Timoschenko, Julija 68
Trump, Donald 36, 73 f., 114, 136, 144, 156–169, 185

Trump, Ivanka 161
Trump, Melania 161, 162
Tsipras, Alexis 99
Tusk, Donald 85

Uschakow, Juri 177
Verheugen, Günter 98
Verhofstadt, Guy 19 f.
Vuc, Jeremić 97
Vučić, Aleksander 94, 101

Wang, Yi 220
Weidenfeld, George 141
Weidmann, Jens 24, 50, 85
Wen, Jiabao, 205 f.
Westerwelle, Guido 153
Wieker, Volker 72
Wilhelm, Ulrich 16, 24, 46, 68, 142, 202
Williams, Stephanie 115
Wittig, Peter 112 f.

Xi, Jinping 202, 204, 206 f., 211, 213, 215, 219

Yildirim, Binali 119

Zaev, Zoran 52, 99
Zapatero, José Luis 103
Zenawi, Meles 222
Zille, Heinrich 225
Zille, Helen 225
Zimmermann, Werner 25 f.
Zuma, Jacob 225

**Ein außergewöhnliches Leben zwischen
Israel und Deutschland**

Der große Publizist Tom Segev erzählt seine Geschichte. Von der Ankunft der Familie und dem Neubeginn in Palästina, vom Aufwachsen im jungen Staat Israel und der Zeit als Korrespondent in Deutschland. Von seinen Begegnungen mit Hannah Arendt oder Willy Brandt, Mutter Teresa oder Markus Wolf. Immer wieder spürt er der deutschen Identität nach und wird dabei auch mit den historischen Lasten Israels konfrontiert. Und schließlich findet er sein Glück in Äthiopien. Ein Buch von großer erzählerischer Kraft – voller Leidenschaft, Humor und Wärme.

Siedler

Das Vermächtnis eines Jahrhundertpolitikers

608 Seiten
ISBN
978-3-570-10472-9
Dieses Buch ist auch als E-Book erhältlich.

Henry Kissinger, Jahrhundertpolitiker und Friedensnobelpreisträger, Meister der Diplomatie und politischer Stratege, zeigt in diesem Alterswerk, was Staatskunst in Zeiten von Krise und Umbruch auszeichnet. Am Beispiel von sechs Staatenlenkern, denen er persönlich verbunden war – Konrad Adenauer und Charles de Gaulle, Richard Nixon und Anwar el-Sadat, Lee Kuan Yew und Margaret Thatcher –, führt er uns vor, wie aus dem Zusammenspiel von Strategie, Mut und Charakter politische Führung erwächst. Und was wir heute, angesichts wiederaufflammender Großmachtkonflikte, von ihrer Staatskunst lernen können.

C. Bertelsmann

Ein epochales Werk

Der frühere Harvard-Professor, US-Außenminister und Friedensnobelpreisträger beschäftigt sich mit der zentralen Herausforderung des 21. Jahrhunderts: Wie lässt sich eine international anerkannte Ordnung etablieren in einer Welt mit unterschiedlichen historischen Voraussetzungen, in der gewalttätige Konflikte und ideologischer Extremismus den Ton angeben?

www.pantheon-verlag.de